A PALAVRA INQUIETA

Homenagem a Octavio Paz

Maria Esther Maciel
(organização)

A PALAVRA
INQUIETA

Autêntica

Belo Horizonte
1999

CAPA E PROJETO GRÁFICO
Jairo Alvarenga Fonseca

EDITORAÇÃO ELETRÔNICA
Clarice Maia Scotti

REVISÃO
Reynaldo Damazio
José Olympio Borges

APOIO

Fundação Memorial da América Latina

	A palavra inquieta : homenagem a Octavio Paz /
P154	Maria Esther Maciel (organizadora). — Belo Horizonte : Autêntica : Memorial da América Latina, 1999.
	248p.

ISBN 86-86583-25-1

1. Paz, Octavio, 1914 — Crítica e Interpretação.
2. Teoria literária. I. Maciel, Maria Esther.

CDU: 82.09

1999

Todos os direitos desta edição reservados à Autêntica Editora

Rua Tab. Ferreira de Carvalho, 584, Cidade Nova - 31170-180
Belo Horizonte/MG - PABX: (031) 481 4860

www.autenticaeditora.com.br

Sumário

Apresentação

A permanência como um estar em movimento: assim se define a presença de Octavio Paz nos textos que aqui se reúnem para prestar uma homenagem a esse que foi uma das vozes mais criativas da poesia e da crítica latino-americanas deste século.

Morto em abril de 1998, aos 84 anos, Paz deixou para seus leitores de todos os tempos não apenas uma lição de lucidez e sensibilidade — visto terem sido estas as qualidades mais evidentes de sua trajetória literária e intelectual —, como também uma obra inesgotável, espécie de *ars combinatoria* de linguagens e saberes múltiplos, na qual se pode entrar por diferentes vias, dependendo do que nela se deseja encontrar ou enfocar.

Transitando em distintos lugares, ao mesmo tempo que não se deixando confinar em nenhum, Paz atuou de maneira incisiva nos rumos da modernidade latino-americana em suas interseções com a diversidade cultural dos outros continentes. Mostrou, com isso, que ser mexicano ou latino-americano é também um exercício de cosmopolitismo e de abertura à alteridade, dando-se a difícil tarefa de traduzir e entrecruzar culturas nos inúmeros textos que escreveu e que hoje se nos apresentam também como uma espécie de "mapa das navegações" do poeta-pensador ao longo de quase todo este século.

Um de seus maiores méritos foi, sem dúvida, ter dedicado praticamente toda a sua existência ao exercício e à defesa da poesia, ainda quando desempenhava outras atividades intelectuais. Tendo convivido, desde criança, com os livros da grande biblioteca do avô, teve um contato precoce — através da leitura — com os grandes poetas da língua castelhana, passando a cultivar, desde então, o apreço pela palavra poética e o desejo de praticá-la. Em nome dela, deu-se a desafiante tarefa de decifrar os signos culturais, políticos, históricos, lingüísticos e estéticos do presente e do passado.

Ao eleger a poesia como ponto de irradiação de todo o seu trabalho e experiência vivencial, Paz adotou uma maneira prismática de pensar e de escrever, pautada no que ele mesmo chamou de "modo de operação do pensamento poético". Movida por essa lógica poética — desencadeadora de paradoxos, metáforas, sonoridades, ambigüidades, dúvidas, contradições e interrogações — toda a obra paziana aí se consubstancia, oferecendo-se como um desafio aos discursos de feição racionalista e rompendo com os binarismos redutores no trato de questões literárias, políticas e culturais.

Além de ter enriquecido consideravelmente a poesia de língua espanhola, por delinear no horizonte poético hispano-americano o que Haroldo de Campos chamou de uma "zona de rigor", de "constante questionamento criativo da medula da linguagem", Paz converteu-se também numa espécie de guardião da palavra, da imaginação, do desejo e da lucidez crítica, no contexto deste final de século. Preocupado com os rumos da palavra poética no mundo contemporâneo, visto que, para ele, o que hoje ameaça a sobrevivência da poesia (e, por conseqüência, da humanidade) é um "processo econômico sem rosto, sem alma e sem direção", empenhou-se em defender, nestes últimos anos, a reabilitação do espírito crítico — elemento vital, segundo ele, da poesia de todos os tempos e que, na modernidade, se afirmou como um valor. "Pensar o hoje significa recobrar o olhar crítico", pontuou. Ao que se soma a necessidade de os poetas de agora exercitarem, mais do que nunca, a liberdade de imaginação, contra os estereótipos produzidos e propagados pela lógica do mercado.

Octavio Paz acreditava no poder iluminador da "outra voz", representada pela poesia, enquanto um antídoto eficaz contra a fixidez da sensibilidade, a reificação do desejo e o obscurecimento da lucidez crítica. Idealismo ou não, insistiu — com veemência — que o tempo privilegiado dos poetas contemporâneos é o instante e que o exercício poético, embora convertido em um ritual quase secreto, subterrâneo, é a forma privilegiada de se compreender o agora deste fim de século. E por isso afirmou: "O agora nos mostra que o fim não é distinto ou contrário do começo, mas é seu complemento, sua inseparável metade. Viver o agora é viver de frente para a morte. No agora nossa morte não está separada de nossa vida: são a mesma realidade, o mesmo fruto".

Os textos deste livro buscam ler e traduzir alguns momentos da obra de Paz, sem qualquer propósito de confiná-la a lugares fixos da tradição literária ocidental, mas respeitando-a em sua inquietude e suas contradições. A vida do poeta, tomada menos como uma referência para o entendimento de seu trabalho intelectual, do que como uma via de interseção capaz de elucidar certas nuanças desse trabalho, entra também em vários dos ensaios aqui presentes.

Estudiosos do Brasil, México, Argentina, Uruguai, Peru, Alemanha, Hungria participam desta homenagem. Uma entrevista com Haroldo de Campos e o texto integral de uma mesa-redonda com a participação do próprio Paz e nove intelectuais brasileiros, realizada em 1985, na ocasião em que o poeta mexicano visitou o Brasil, também integram a coletânea e contribuem para que o conjunto de textos funcione também como uma combinatória de vozes, uma constelação.

A primeira parte reúne ensaios mais abrangentes sobre a vida e a obra do autor, seguida de um conjunto de textos voltado para o tema da "tradição da ruptura", onde são abordados os vínculos de Paz com as vanguardas, com ênfase na poesia concreta brasileira.

A terceira seção apresenta seis ensaios que tratam de temas variados e mais específicos do universo paziano, como o erotismo, o surrealismo, a "mexicanidade", a "outridade", a viagem da escrita e da reescrita. Estudos comparativos, que enfocam as confluências entre Paz e outras vozes, compõem a quarta parte, à qual se segue a última, onde se lê o texto integral da conversa entre o poeta mexicano e vários intelectuais brasileiros.

Como organizadora, quero agradecer a generosa acolhida que todos os colaboradores dispensaram a esta iniciativa. Agradeço, em especial, a Haroldo de Campos, que desde o início apoiou com entusiasmo o projeto, facilitando-me contatos e fazendo-me sugestões preciosas. Não posso deixar de mencionar também a gentileza do jornalista Nilo Scalzo, que autorizou a inclusão neste volume do texto integral da já referida mesa-redonda, originalmente publicado no Suplemento *Cultura* do jornal *O Estado de São Paulo*. Menciono ainda o apoio de Hugo J. Verani que, além de ter sido um importante interlocutor ao longo do processo de organização do livro, viabilizou-me o acesso a textos e pessoas do meio literário hispano-americano.

Outras pessoas imprescindíveis para a viabilização do projeto: José Olympio Borges (meu cúmplice, em todos os momentos), Horácio Costa, Marina Heck, Reynaldo Damazio, Rejane Dias, Nelson Ascher, Georg Otte, Marcos Áureo e Rômulo Monte Alto. A todos, meu respeito e minha gratidão.

Maria Esther Maciel

Um sol mais vivo

Sua palavra se ajustava à criação e à crítica*

Celso Lafer

A forma que se ajusta ao movimento/é pele — não prisão — do pensamento, indica um poema de Octavio Paz (em tradução de Haroldo de Campos). Essa indicação corresponde à sua obra e à sua pessoa. Com efeito, se os escritores se classificam pela sua linguagem, a palavra viva e vivida de Octavio Paz ajustava-se ao movimento da criação e da crítica. Por isso não era prisão, mas *Libertad bajo Palabra*: tem som e sentido.

Liberdade, para Paz, é, em razão do jogo de afinidades e oposições que ele apreciava, tanto singularidade e exceção quanto pluralidade e convivência. Daí, no plano da poética, o seu gosto seja pela poesia da solidão — introspectiva — seja pela poesia da comunhão. A isso equivale, no plano da política, uma conclusão à maneira das fórmulas aforismáticas de Ortega y Gasset: "Sem liberdade a democracia é despotismo; sem democracia a liberdade é uma quimera".

Criação e reflexão foram, na experiência de Octavio Paz, vasos comunicantes. Por esse motivo, na família dos escritores, integrava, como Dante e Goethe, a dos grandes poetas-pensadores. Entretanto, com Dante, e mesmo com Goethe, o poeta-pensador ainda detém o poder de nomear as coisas e a palavra alcança uma correspondência analógica com a realidade. Não é o que ocorre desde o romantismo, e Paz, como um poeta-pensador contemporâneo, da mesma maneira que Valéry, lida com a mudança e confronta-se com a modernidade — segundo ele uma palavra em busca de significado.

A tradição poética da modernidade é, assim, a de uma "quête', no sentido alegórico e cavalheiresco que tinha essa palavra no século 13. Um fragmento dessa demanda de Octavio Paz, do inefável Santo Graal, tive o privilégio de ouvir, de viva voz, no curso sobre a poesia, do simbolismo aos nossos dias, que com ele fiz em Cornell, em 1966, quando o conheci. Falo da voz viva de Paz porque, se ela tinha as várias tonalidades dos múltiplos códigos que ele manejava — inclusive o diplomático —, era na sua essência a de um poeta — um bardo crítico que, no seu percurso,

---

* Publicado originalmente no jornal *O Estado de São Paulo*, 26/04/98 — Caderno 2, p.01.

associou a seriedade e o lúdico. Evoco, nesse sentido, o momento único, mágico, que foi em 1985, na USP, o *solo a dos voces* da leitura que ele fez, com Haroldo de Campos, de *Blanco* e *Transblanco* (a admirável transcriação em português, de Haroldo, de *Blanco*).

Blanco é, como poema, um "modelo dilemático". Representa o como e o porquê, na sua criação e reflexão, Paz busca redescobrir a figura do mundo na dispersão dos fragmentos. Os signos estão em rotação em razão do senso de incongruência entre o criar e o viver na civilização contemporânea. Nesse contexto, o que caracteriza a força e a inteireza de caráter do poeta-pensador Octavio Paz é a resistência de um olhar crítico. Foi isso que o tornou um dos maiores intelectuais latino-americanos e um dos grandes intelectuais do século 20, que ele viveu com intensidade e percorreu no espaço e na história, nas suas múltiplas e contraditórias dimensões.

Na relação de oposições/afinidades da interação dialética entre o nacional e o regional de um lado e o universal de outro, Paz adverte que a repetição do repertório universal leva à petrificação e a falta de crítica à imobilização. No diálogo que Paz instaura entre o nacional e o universal não há imobilismo petrificante. Sua língua é o espanhol e, portanto, tem origem na "excentricidade por inclusão" que, segundo ele, caracteriza a Espanha — um país no qual, no domínio da "intra-história" das mentalidades, subjacente ao catolicismo vitorioso dos visigodos, pulsa a civilização árabe e a vivência judaica. O seu chão é o México, no qual a excentricidade hispânica se reproduz e se multiplica no contato com as antigas e brilhantes civilizações pré-colombianas, derrotadas, mas presentes no cotidiano nacional. É por isso que desde *O labirinto da solidão*, sua primeira grande decodificação do México e livro ímpar na bibliografia internacional das identidades coletivas, Paz sabe lidar com a alteridade e o outro. Daí a sua capacidades de entender, na interação nacional/universal, outras culturas — como a Índia, o Japão e a China —; as conjunções e disjunções das temperaturas das civilizações; as artes plásticas (por exemplo Duchamp e Rufino Tamayo); o cinema filosófico de Buñuel; outras tradições poéticas, distintas da espanhola, inclusive a portuguesa (Fernando Pessoa), numa transcriação dialógica que nunca petrifica ou imobiliza.

Há muitos anos, em 1972, Haroldo de Campos e eu organizamos, para a Editora Perspectiva, uma antologia de textos de Paz, que foi um primeiro esforço de divulgar a sua obra no Brasil. Nesse livro, que denominamos *Signos em rotação*, em razão desse ensaio central nele incluído, publiquei um texto intitulado "O Poeta, a Palavra e máscara — sobre o pensamento político de Octavio Paz". Nele procurei mostrar que o seu método de análise política é de operação ativa da crítica da linguagem dos signos do espaço público. Isso corresponde ao seu fazer crítico-reflexivo de poeta que busca o sentido visível e invisível das palavras. "Arrancar as máscaras da fantasia, cravar uma lança no centro sensível: provocar a irrupção", como indica ele em "Para o poema (pontos de partida)".

Uma vocação libertária e não conservadora instiga a análise crítica da política de Octavio Paz. Ele permeia a discussão do Estado em *El ogro filantrópico* (1979); perpassa a análise do cenário internacional em *Tiempo nublado* (1983), no qual dá antecipado destaque à sublevação dos particularismos, e percorre, em *Pequeña crónica de grandes días* (1990), a avaliação do significado da queda do Muro de Berlim. Essa vocação é inerente à sua sensibilidade de poeta e ao não convencionalismo de seu pensamento. Isso me parece paradigmaticamente claro num trecho de "A busca do presente" — sua conferência Nobel de 1990, com a qual concluo este texto de homenagem e saudades, devolvendo-lhe, com admiração e concordância, a palavra:

"Pensar o hoje significa, antes de mais nada, recuperar o olhar crítico. Por exemplo, o triunfo da economia de mercado — um triunfo por défaut do adversário — não pode ser unicamente motivo de regozijo. O mercado é um mecanismo eficaz, porém, como todo mecanismo, não tem consciência e tampouco misericórdia. É preciso encontrar a maneira de inseri-lo na sociedade para que seja a expressão do pacto social e um instrumento de justiça e eqüidade."

O poeta do tempo capturado[*]

Gyorgy Somlyó[**]

Gyorgy Somlyó, nascido em 1920, é um dos principais poetas, ensaístas e tradutores de poesia da Hungria. Ele vem estreitando, há tempo, seu contato com a América Latina, traduzindo e escrevendo sobre sua poesia (a de Neruda, de Paz e de tantos outros). Seu contato com nosso idioma também se fez sentir nas suas traduções (as melhores para o húngaro) de alguns poemas de Fernando Pessoa. É bom observar que o ensaio ora apresentado (escrito em 1971 e, portanto, anterior a várias obras importantes de Octavio Paz, mas nem por isso menos válido) deriva da circunstância privilegiada de tradutor e amigo do poeta em questão que, além do mais, também traduziu alguns de seus poemas, auxiliado pelo autor, no volume "Versiones y Diversiones".

Nelson Ascher

"Ensaiar a explicação de uma obra é, sobretudo, saber — e confessar — o quanto ela nos atravessou, quanto ela nos ajuda a reconhecermo-nos através dela.

Octavio Paz

No meu posfácio à primeira edição da tradução húngara de "Piedra de Sol" (1964), publicado em forma ampliada várias vezes desde então, esbocei o que seria útil, para o leitor húngaro interessado na poesia de Octavio Paz, saber sobre sua vida.

Avesso à repetição e também à aversão que esta possa despertar em parte dos leitores, prefiro pedir desculpas à outra parte, remetendo seu interesse ao estudo mencionado. Repito, aqui, apenas alguns dados, complementando, somente, os anteriores.

Aludiria, antes de mais nada, às circunstâncias imediatas da vida do poeta: o avô, um dos precursores mexicanos do movimento indianista, ou voltado para o problema índio, na literatura hispano-americana; o pai,

---

[*] Artigo publicado, originalmente, no *Folhetim* (Folha de São Paulo), n. 375, em 25 de março de 1994.

[**] Traduzido por Nelson Ascher.

advogado e partidário do líder revolucionário camponês Zapata, um dos planejadores da reforma agrária que este principiara e, depois, representante de Zapata nos Estados Unidos; sua mãe, a filha culta de espanhóis recém-imigrados. Aludiria, portanto, à tradição revolucionária familiar que sempre, e por vários desvios, foi um dos determinantes de sua múltipla obra de poeta e pensador. Num dos raros poemas que chamaríamos de "públicos", ele recorda o próprio vulto do pai e do avô, vestindo-os, na intimidade da mesa de jantar, com um significado histórico mais amplo. Assim como este "círculo familiar" transforma-se em "hino nacional" no poema, torna-se também (remetendo à história de seu país, no último século, com traços simples porém amargos) aquela "canción mexicana" que seu título propõe.

Seu engajamento voluntário, quando jovem, na guerra civil espanhola, conclusão lógica e imediata de seus antecedentes, permanece, até hoje, um ponto de partida sólido e recorrente, "parte de seu ser" que "não o deixa", pois: "Quem vislumbrou, uma vez, a Esperança, não pode mais esquecê-la". Seu envolvimento posterior com a segunda (ou talvez já com a terceira?) geração do movimento surrealista francês terá sido ocasionado (se não estamos enganados e pudermos arriscar, tão casualmente, esta suposição) pelo reconhecimento precoce e agudo das distorções do movimento revolucionário internacional. Em todo caso, se sua carreira, descontada a literatura de seu país, começou sob influência de autores europeus ou americanos como Eliot, Saint-John Perse e Ezra Pound, logo se tornaria primordial a influência de personagens centrais do surrealismo como André Breton e Benjamin Péret (o eminente tradutor francês de "Piedra de sol"), com os quais manteria estreito contato durante duas longas estadias em Paris (1946-50 e 1959-62). Na antologia representativa da poesia surrealista publicada em 1964 (Seghers, Paris), ele é o único dos poetas que não escreve em francês. No entretempo, durante a Segunda Guerra Mundial, passou uma longa temporada nos Estados Unidos como bolsista da Guggenheim. Após seus anos de diplomacia em Paris, trava contato pessoal, enquanto embaixador de seu país na Índia, com o Oriente e sua cultura, que já o seduziam há muito e passam a determinar tanto o tema quanto o espírito de sua lírica mais recente. Assim, após as encostas do oeste, ele percorre a *ladeira leste*.

Cabe aqui a única complementação substancial do esboço biográfico de 1964. Octavio Paz, como tantos poetas hispano-americanos anteriores ou contemporâneos (recentemente, o próprio Neruda), procurou e achou, por longo tempo, a profissão mais condizente com seu aprimoramento poético e intelectual na carreira diplomática. E esta foi, por um longo período, compatível com sua consciência revolucionária e com a natureza de sua inspiração. "Devo dizer que, na prática de minha profissão, jamais tive que me bater com considerações de ordem moral", declarou certa feita. "A política externa mexicana, em seu todo, serve da melhor maneira possível aos interesses do país."

A credibilidade desta declaração só pode ser reforçada pelo fato de que, quando na política interna ocorrem eventos tais que nem mesmo a "melhor política externa possível" pode justificar, Octavio Paz renuncia ao cargo sem vacilação. Durante o verão de 1968, no limiar das olimpíadas do México, os turbulentos estudantes do país pretendem, com manifestações de massa, chamar a atenção do mundo para os problemas sociais não resolvidos do México. O governo sufoca brutalmente as manifestações. E o poeta, que jamais considerara (menos ainda, posteriormente) a poesia como arena do panfletarismo, escreve versos "atuais", ligados aos eventos, um ou outro dos quais é uma "canción mexicana" ainda mais amarga: "(Os empregados / municipais lavam o sangue / na Praça dos Sacrifícios)". Assumindo o exílio voluntário, então, despede-se, em carta aberta, de seu cargo de embaixador. Depois, não retornou mais ao México. Em 1969, lecionou em universidades americanas. Em 1970/71, ensina literatura e poesia espanhola em Cambridge.

O filho pródigo

A vida errante, assumida enquanto bolsista e diplomata ou exilado e "escritor ambulante" por várias décadas, é tanto conseqüência das circunstâncias quanto concretização de um programa de vida conscientemente elaborado. "Os primeiros escritores hispano-americanos que tiveram consciência de si mesmos e de sua singularidade histórica — escreve em seu artigo "Literatura de fundação" — formaram uma geração de desterrados". E sua própria aspiração consciente é "tornar-se cada vez mais mexicano, cada vez mais universal", sabendo também que esta dupla tarefa se resume, a bem dizer, numa única: chegar ao particular apenas pelo universal e vice-versa. Isto diz respeito sobretudo àquelas nações de história singular que se formaram no continente hispano-americano e cujas peculiaridades Octavio Paz analisa (com mais coragem e agudez, talvez, que qualquer outro) tanto no referido artigo quanto no livro O labirinto da solidão. Nações que "no curso de sua história tornaram-se agora, pela primeira vez, contemporâneas dos outros homens". O novo mundo, criado artificialmente, que "ainda não havia sido inteiramente descoberto e já fora batizado", vitória do nominalismo, cujo nome engendrou a realidade, que "antes de ser, já sabia como iria ser" — esta é a "realidade utópica" que só se pode conhecer caso se reconheça o mundo antigo que o engendrou, a história européia da qual é "criação premeditada". A singularidade da condição mexicana — ou hispano-americana em geral — deriva do fato de que sua tradição nacional, no sentido mais restrito, — caso a perceba efetivamente — equivale à cultura de dois hemisférios. (Aliás, esta percepção, principiada pelos "modernistas" na virada do século, talvez tenha sido elevado ao seu ponto mais alto até hoje justamente por Octavio Paz). Onde se esconde, enfim, o espírito peculiarmente mexicano? No riso misterioso das estatuetas de barro totonacas sobre o qual escreve um de seus melhores ensaios ("Riso e penitência")? No *Diccionario etimológico de la lengua castellana*, situado, segundo o ensaio, exatamente ao lado de uma das estatuetas "na terceira prateleira" da estante do apartamento parisiense do poeta? Mágico sorriso totonaca e gramática neolatina lógica, calendário pré-colombiano e dialética materialista, noites primitivas de Teotihuacan e movimentos revolucionários modernos — eis os limites sempre mais amplos deste universo intelectual.

A obra poética e crítica de Octavio Paz — como a de outros, sobretudo aqueles cujas vicissitudes nacionais excluíram da assim chamada "literatura universal", que sequer se aproxima de seu nome — "é uma luta em duas frentes". E, nos terrenos mais abertos, ele se engaja na batalha pela sua própria totalidade não-mutilável. No combate ao isolamento nacional, o passado pré-colombiano mostra-se tão erudito e culto quanto, através de sua aquisição extática e de sua elaboração cada vez mais orgânica da cultura antiga e moderna do ocidente e do oriente, a "literatura universal" se revela uma imitação superficial.

O "modo de ser" aproximado desta batalha é a representação estrangeira e o desterro, a peregrinação e a volta ao lar — o desafio e a realização da sina de filho pródigo. "Para podermos voltar ao nosso lar é preciso arriscarmo-nos antes a abandoná-lo. Somente os filhos pródigos podem voltar", escreve (e a revista que editara na juventude chamava-se "Filho Pródigo"). "Censurar à literatura hispano-americana o seu desenraizamento permitiu-nos recobrar nossa porção de realidade. Desenraizada e cosmopolita, a literatura hispano-americana é regresso e procura de uma tradição. Ao procurá-la, a inventa."

A partida é a condição da volta, assim como a volta o é da nova partida, sobretudo se, como ele, sabemos que a poesia é a "consciência das palavras ou, em outras palavras, nostalgia da verdadeira essência das coisas".

O tempo encarnado

O tempo, durante muito tempo, foi, para o homem, dado e unilinear, assim como a terra sobre a qual vivia, só que ao contrário. Simplificando, e muito: a linearidade da sucessão, uns sobre os outros, de minutos e séculos, na comensurabilidade da cultura européia, tomou o tempo como dado; a imobilidade piramidal-solar ou tântrica, na incomensurabilidade das culturas diferentes, extra-européias, orientais, pré-colombianas ou primitivas, capturou o tempo em seu ciclo recorrente. Para uma, era um rio no qual nunca se "entrava duas vezes", mas de cujo curso tampouco se podia sair; para a outra, era um mar, ondulando sempre no mesmo lugar, onde quer que fosse adentrado, mas do qual se podia sair por meio da condição específica do espírito.

Em nossa época, acompanhando a crise da cosmogonia, da matéria e do espírito, estas ordenações temporais também desabaram. Antes de tudo, a própria *ordem cronológica* tornou-se insegura, "relativa". Desapareceu todo o seu caráter monolítico-piramidal, sua qualidade unitária, sua continuidade composta de pequenas unidades mensuráveis. As concepções de tempo das diversas culturas, antes isoladas, confrontaram-se, mesclaram-se e se enredaram mais ainda com as novas hipóteses das ciências naturais e sociais. Tivemos que capturar tempos infinitamente menores (milionésimos de segundo ou menos) e maiores (bilhões de anos) do que as unidades até hoje empregadas. Tivemos que conceber o macro e o microcosmo e, entre eles, a história humana, vendo nisto tudo mediações verdadeiras da vida do homem que as atravessa e reconhece.

Nada perturbou tanto as artes literárias em nossa época quanto estas mudanças que se introduziram no modo de conceber o tempo. Nos gêneros narrativos, os eventos entraram em nova correlação com o tempo, enquanto que, nos gêneros líricos evocativos, foi a própria existência.

O âmago da poesia de Octavio Paz já nem se resume nestas novas correlações, mas sim no "tempo mesmo". O tempo — e os tempos. O "presente eterno" e o "presente derrotado pelo instante", sua duplicidade continuamente entrelaçada.

Mesmo quando compara os "dois pintores mais influentes" de nossa época, segundo ele, Picasso e Marcel Duchamp. A base da comparação é engendrada pela relação ligada ao tempo. A obra de Picasso "não é o jorro do puro tempo mas o tempo mesmo, com sua urgência brutal, com a presença imediata do instante. Duchamp, desde o princípio, confrontou a vertigem da urgência com a da demora... Picasso é o que vai acontecer e o que acontece, o porvir e o primevo, o distante e o próximo... Pinta apressadamente; é, de fato, a pressa que pinta com seu pincel: ele é o tempo que pinta. Os quadros de Duchamp são a exposição do movimento: análise, desmoronamento e reverso da rapidez. "Comparando os dois pintores, revela da duplicidade da forma mais íntima de experiência temporal: os dois modos que nomeia e aos quais se dirige de diversas maneiras em seus poemas e ensaios, mas que estão sempre interligados. A duplicidade do tempo, aqui formulada enquanto oposição entre o "puro tempo" e o "tempo mesmo", formula-se, nas análises históricas de O labirinto da solidão ou em "Piedra de sol" (poema auto-recorrente e retesado numa única frase versificada como se a acompanhar o trajeto celeste de Vênus) enquanto "cronológica" e "mítica". E é como o jogo das mesmas palavras usadas no paralelo Duchamp-Picasso, num de seus poemas de juventude, onde quem lembra aparece na própria fotografia que, por sua vez, "não tem lembrança", "nem é apressada ou retardada por nada".

O famoso "Verwile doch! du bist so schon!"goetheano, embora o instante interrupto, como antes em Shakespeare e outros, aparecerá apenas enquanto desejo irrealizável, exibindo, em seu sentido, homem e tempo confrontados e mutuamente excluídos segundo uma unilinearidade clássica — já sugere, no nível terminológico, o conseqüente conflito posterior no âmago do tempo e sua fissão, quando presume que o tempo (o "instante", Augenblick) pode não apenas passar (sua natureza clássica), mas também demorar-se (weilen) de modo aparentemente contrário à sua natureza, comportando-se, porém, pelas nossas concepções atuais, apenas "de acordo com sua outra natureza". O que para Goethe era um desejo ousado e impossível, tornou-se, em nossos dias, um lugar-comum barato de música-popular cotidiana: "O tempo se interrompe..."

A dupla natureza do tempo, ininterrupto e interrompível, tensiona a poesia de Octavio Paz, sobretudo os grandes poemas da fase mais recente de sua carreira, como "Piedra de sol", "El mismo tiempo", "Vrindaban", "El balcón", "Viento entero", "Blanco".

No mesmo estudo sobre as estatuetas de barro totonacas, delimita, também, de outra forma, os dois pólos entre os quais sua poesia oscila em círculos. "Pois desapareço no tempo infinito, que não teve princípio nem terá fim", porém/ e assim "chamo-me tempo..." O homem é simultaneamente algo que, na sua finitude, desaparece sem traço no infinito externo a ele, sendo, por outro lado, ele mesmo este infinito. As partes do tempo revoltam-se contra sua totalidade. Sua natureza perecível luta continuamente com a imperecibilidade. O presente "imperecível" aniquila-se, consigo, em si mesmo — "o presente derrotado pelo instante". Eis, assim, "o presente eterno", pois/porém "o presente não é tempo — o tempo não é presente", "o tempo devora continuamente o presente". O vivido nunca é "tempo", mas "vida"; tempo é o que nunca viveríamos e denominamos "passado" e "futuro". Ou existe somente o "tempo mesmo", conferindo-nos existência, ou existimos nós apenas, dando forma ao tempo. Este é "avidez de se encarnar", enquanto o homem é "conhecimento e mão para capturá-lo". Isto, para que possa existir a existência e se convalide, ininterruptamente "no remoinho das desaparições/o torvelinho das desaparições".

"A poesia da gramática"

Os versos citados acima apontam para o cerne ardente da poesia de Octavio Paz não apenas com seu sentido, mas também com suas figuras poéticas de linguagem.

Os componentes da poesia, ao que parece, são constantes, em grande parte, desde seus primórdios. Variam apenas sua inter-relação e distribuição — significativamente, porém — nos diversos estilos. Qualquer estilo, tendência ou escola poética poderia ser caracterizada — com a inevitável simplificação — pelo elemento que, entre os constituintes da poesia, posiciona-se sobre os outros. Na escola romântica, por exemplo, impera o verbalismo; na simbolista, a simbologia; na impressionista, a cor e a música da palavra; na expressionista, a alocução e a apelação; na surrealista, a imagem; etc. Uma das tendências — felizmente, ainda sem nome (sem rótulo?) — importantes da poesia mais recente é o paralelismo na estrutura da linguagem, ou seja, as simetrias e assimetrias do enunciado — aquilo que o genial poeta e esteta inglês do fim do século passado, Gerald Manley Hopkins, chamou, pela primeira vez, de "figura de gramática" e Roman Jakobson, depois, colocou no centro de suas pesquisas lingüístico-poéticas. "Nos poemas sem imagens, são geralmente as figuras de gramática que dominam e substituem os tropos". O princípio central do método de Octavio Paz tampouco poderia ser caracterizado com mais precisão do que com esta asserção jakobsoniana. Em outras palavras: embora os surrealistas o considerassem um dos seus e, como já vimos, ele mesmo se aproximasse, ao menos por certo tempo, deste movimento, o mais surpreendente na sua poesia é justamente a ausência da característica essencial do surrealismo — a imagem. Tal poesia não carece apenas dos elementos tradicionais a cuja falta, aos poucos, já nos habituamos mesmo na tradicionalista poesia húngara: rima, metro regular, estruturação estrófica, brilho verbal, sabor e colorido idiomático, mas, até mesmo, do principal recurso da poesia "moderna" (ou assim considerado), a própria imagem, tanto a arcaica comparação comodamente iluminadora, quanto o lampejo da metáfora.

Em lugar destes elementos, começam a funcionar, de modo cintilante e exato, quase eletrônico, correspondência e diversidade, paralelismo e oposição de categorias gramaticais, mudanças de posição, inesperadas e cheias de expectativa, de palavras e conceitos, semelhanças e oposições sintáticas ou semânticas, o uso dos mesmos modelos frásicos com distintos vocabulários, o posicionamento das mesmas palavras em funções gramaticais opostas. A poesia de Octavio Paz não se diferencia do modelo surrealista, ou daquele tido por moderno no passado mais próximo, somente através do desprezo pelas imagens tradicionais e mesmo pelas modernas — diferencia-se sobretudo por substituir o pretenso e declarado "automatismo" da linguagem pela estruturação lingüística diametralmente oposta. Ela expressa, senão tudo, o essencial não com sons, cores e sabores lexicais, mas com nuances de estruturas gramaticais.

Eis alguns exemplos deste método cada vez mais soberano em sua poesia: "chama de água ou / pura gota de fogo" — "tudo se inchou / da cor à forma / da forma ao fogo / tudo se dispersou" — "a fala inexistente / faz existir o silêncio" — "tudo o que vejo, eu o crio / tudo o que eu vejo me cria" — "vestimenta que te deveste" — "de teu corpo cais na tua sombra / de tua sombra cais no teu nome / de teu nome cais no teu corpo".

Eu acrescentaria que a esta seqüência potencialmente infindável somente a rápida demonstração de que tais ecos não tensionam apenas um ou outro verso internamente, tensionam também, através de vários versos, toda a sua obra, segura por uma estreita unidade estrutural. Veja-se estes exemplos, colhidos em três poemas diferentes: "minha mão / descobre um novo corpo no teu corpo"— "há no tempo também um outro tempo" — "na vida há uma outra vida ainda".

O último dos versos citados articula-se, também, numa "figura de gramática", com uma frase em prosa do poeta onde ele formula, talvez, a idéia principal de sua visão de mundo: "Pois, em todo homem, oculta-se a possibilidade de se tornar outro ou, mais precisamente, de poder tornar-se outro".

O sujeito da poesia de Octavio Paz é o homem que pode se transformar, transformável, é o "conhecimento e mão", aqui presente, "para a captura do tempo", o homem que assume novas e novas formas no tempo, realizando continuamente a "outra vida" existente na vida. É aquele para quem a possibilidade mesma de poesia equivale à possibilidade de transformar-se, de tornar-se outro. A poesia é uma atividade "que pode transformar o mundo e o homem", sendo, por isto, "na sua essência, um ato revolucionário". Ambas as transformações, contudo, ocultam-se dentro de nós apenas enquanto possibilidades: temos que nos tornar capazes de perfazê-las. O poema não constitui seu próprio objetivo. Tampouco é algum tipo de resultado empírico e imediato no sentido mais restrito. "A arte objetiva não a obra, mas a liberdade". E, "quando a história desperta... a poesia adentra o campo da ação". Pois, como Octavio Paz, avançando "para o poema", nos adverte e desperta, não basta sonhar: temos também que merecer os nossos sonhos.

O traduzir como necessidade e como projeto: Octavio Paz

Horácio Costa

Quanto mais reflito sobre a obra protéica de Octavio Paz, mais parece-me que o estabelecimento nela de um núcleo central de valores pode desenvolver-se ao redor da idéia de tradução, entendida antes como o traduzir do que como o ato circunscrito de verter um texto de uma língua a outra — o que, diga-se de passagem, e como é sabido, o poeta mexicano praticou com notável mestria.

Muitos foram, e são, os críticos e leitores de Paz que tentaram chegar a uma "figuração mínima" que, desde o seu significado, irradiasse sobre a obra paziana toda uma gama de possibilidades interpretativas. Assim, não poucos assumiram a noção de "conciliação de contrários" como a de base para o entendimento do grande edifício de relações internas que Paz construiu ao longo e extenso de sua vida intelectual. Neste sentido, remeto-me, por exemplo, aos estudos de Enrico Mario Santí e de Manuel Ulacia, que desenvolvem com indubitável proficiência esse princípio analítico. Ainda, e por outro lado, uma e outra vez enfatizou-se a importância decantada, e moderníssima — no sentido do Alto Modernismo internacional, do qual sem dúvida Octavio Paz fez parte galardoada —, "postura crítica" frente à tradição, aos movimentos estéticos em geral, e aos diferentes hemisférios das ciências sociais, que em si "explicasse" o grande poeta desaparecido há alguns meses. O próprio Octavio Paz inúmeras vezes, como o que poderia ser visto como uma espécie de "espírito de cruzada", chamou atenção para essa noção como definitória da atitude do poeta moderno; por extensão, tal fato corroboraria a importância deste "império da crítica" como central para qualquer avaliação de sua obra, no particular. Ainda, uma terceira via de entrada a esta é dada por uma noção complementar às anteriormente expressas, a de "diálogo". Crescentemente em seus ensaios tanto sobre a literatura e a arte como sobre a vida política mexicana e internacional, Paz afirmou a postura dialógica, para ele sempre associada ao conceito de pluralismo, como dorsal tanto para o exercício aberto da crítica, como um verdadeiro fermento para a criação literária mesma.

Sem prejuízo dessas noções de fato básicas para a compreensão da obra paziana, e de forma complementar, parece-me que o ato de traduzir, em seus multímodos aspectos, dá o estofo aos impulsos criador e interpretativo em Paz: sem ele, creio eu, não é possível entender a sua entrada ao mundo, nem o que, no mundo, a sua obra significa. No presente ensaio, quero tecer considerações sobre a importância do ato de traduzir em sua postura intelectual, sem remeter-me, entretanto, à sua atividade tradutória *latu-sensu*. Para tanto, em primeiro lugar será necessário brevemente estipular o que entendo por traduzir, no presente contexto. Depois, não escaparei a considerar alguns biografemas de Octavio Paz. Em terceiro lugar, procurarei avançar alguns exemplos tirados da obra do poeta. Finalmente, suponho que não será demasiado, a partir desta breve análise, generalizar o legado do traduzir na obra paziana, no contexto mais amplo da cultura latino-americana.

"Traduzir", no sentido mais amplo do termo, implica conciliar, criticar e dialogar, e também relativizar, "transicionalizar", se é possível arriscar o neologismo. Só pode traduzir quem assume uma postura transicional: o tradutor está, literalmente, em trânsito, não apenas entre o que verte e o vertido — quando se dá, no âmbito da tradução literária, e como tão bem postula Haroldo de Campos, a re-criação —, mas também, no processo tradutório, encontra-se este criador *sui-generis* traduzindo-se a si mesmo, em trânsito em, e para, si mesmo. A partir desta ampla e convergente postura transicional, eminentemente transitiva, dialógica, pode o tradutor tornar relativos os contextos dos quais, nos quais, e para os quais traduz; ora, isto significa o abrir-se ao exame de modo contínuo, e o constantemente pôr em cheque o núcleo atributivo da identidade, sem o objetivo de perdê-lo ou dobrá-lo, porém simplesmente em aras de conhecê-lo mais intensa e extensamente.

Pensando em termos abrangentes, e longe do exercício circunscrito e convencional da tradução, tal postura poderia ser considerada como ameaçadora do núcleo-duro da identidade, seja ela concebida em termos do indivíduo ou da coletividade, uma vez que o traduzir faz aquilo que responde pela identidade, o *quid* individual ou coletivo, defrontar-se com conteúdos exógenos. Sob o ponto de vista autoritário, ao longo da história, o traduzir, este lançar-se ao diálogo, sempre foi visto como tal. Neste ponto, recordemos que toda esta mecânica foi brilhantemente problematizada por Bakhtin que, sem o intuito específico de politizá-la, a dimensionou no horizonte do confronto entre as mentalidades monoglóssica e a poliglóssica, numa concepção particularmente significativa se considerada no contexto da secular história russa.

No âmbito dos estudos literários, esta concepção progressiva do traduzir encontra um símil acabado na noção barthesiana que opõe "texto" (*"texte"*) a "obra" (*"oeuvre"*), tendendo aquele à abertura e ao futuro tanto quanto esta ao fechamento e ao passado — ou, se quisermos, associando aquele, ainda que antes em seu horizonte epistemológico que não no teórico-factual, ao mundo "poliglóssico", e esta, por oposição binária, ao "monoglóssico". Poeta cuja formação antecede às vogas estruturalista e pós-estruturalista, que erigiram essa idéia de "texto" como um instrumento todo-poderoso para o exercício intelectual, daí, portanto, sem diretamente acreditar nela — antes, diga-se de passagem, tratando de menosprezá-la quando a oportunidade se apresentava, isto é, duvidando dela ao considerá-la uma espécie de "pau para toda obra" destituída de valor intrínseco —, Paz, entretanto, parece ter feito do ato de traduzir textos e contextos, e não obras isoladas, a chispa central de toda a sua atividade analítica, que sempre tendeu mais ao sistêmico que ao pontual.

Tudo isto posto, mesmo que um tanto contraditoriamente ou *à rebours*, segundo a avaliação do poeta, tal fato não pode surpreender-nos, se considerarmos sua extração social e sua trajetória vivencial. Octavio Paz nasce no seio de uma família cujas principais figuras masculinas apresentam entre si o conflito básico, que caracterizou a história mexicana no último século. Neto de avô conservador, prócer do regime autoritário e "modernizador" encabeçado pelo general e ditador Porfirio Díaz, Paz é filho de um militante da linha mais radical da Revolução Mexicana, a zapatista que, nos nossos dias, conheceu um novo florescimento, aliás para o desconcerto do último Octavio Paz. Em resumo, se o seu avô era um membro do *establishment* do país, que preconizava a manutenção, ou inserção definitiva, do México no sistema capitalista internacional, custasse o que custasse — isto é, inclusive através da perversão do sistema democrático na versão liberal-burguesa —, seu pai defendeu às últimas conseqüências — isto é, com a própria vida — a ideologia de restauração de uma espécie de "idade de ouro" meso-americana anterior à colonização européia. O cosmopolitismo afrancesado e o indigenismo utópico contrapõem-se nos perfis do avô e do pai de Octavio Paz; sem pretender reduzir esta situação a um freudismo caricatural, talvez não fosse demasiado considerar o que esta dupla origem antipódica representou em sua obra. Em poucas palavras, traduzir — e, se se quiser, conciliar e criticar — essa disjuntiva foi uma constante na atividade intelectual de Paz.

Se desde a origem a situação familiar de Paz revela este caráter diverso e conflitivo, o mesmo México, especialmente na tradução de Paz, apenas termina por reiterar tal visão. Octavio Paz nunca cessou de enfatizar a excentricidade mexicana no contexto ocidental, sua simultânea pertença e diferença histórica e cultural com relação ao *logos* europeu. Em poucas palavras, todo o seu trabalho de tradução do México ancestral e histórico está marcado por sua visão de constantes que em princípio, isto é, em termos ideais, se deviam excluir mutuamente; uma e outra vez, ao longo de sua ensaística, percebemos o fascínio do poeta com relação a esta espécie de subversão histórica, que faz com que a cultura mexicana contemporânea surja de forças que de fato são contrárias mas que coincidem para criar a particularidade e a identidade do México no contexto internacional. Neste sentido, não nos deve surpreender que, num esforço símile ao México que ele está traduzindo com uma fidelidade e uma acuidade algo obsessivas, Paz não se encaminhe às culturas aparentemente mais próximas à mexicana, tais como aquelas que, nas Américas, vivem ou viveram uma situação colonial e pós-colonial, ou na velha Europa possivelmente entrevista como casa comum, mas sim em contextos históricos e sociais aparentemente outros, como o da Índia. Os Estados Unidos ou o Brasil ou a mesma América Hispânica não são similizáveis ao traduzir mexicano de Paz; a França e a Espanha e mais ainda Portugal, onde o poeta jamais pisou, se apresentam *données* culturais interessantes ao Paz leitor de clássicos e modernos ou tradutor de textos de seus pares poéticos, não o interessam em seu traduzir profundo. A Índia, entretanto, com seu panteão perfeitamente obscuro para os estrangeiros não iniciados, com sua culinária feita de condimentos contrastantes, remetem-lhe às divindades pré-hispânicas e aos sabores familiares. Neste sentido, tampouco surpreendamo-nos que as referências mais importantes de seus principais poemas, *Piedra de Sol* e *Blanco*, sejam dadas pelo monolito-chave da cultura asteca, o calendário chamado "Piedra de Sol", que se encontra no Museu de Antropologia da Cidade do México, e pela filosofia tântrica hindu, que desde a epígrafe (By passion the world is bound / by passion it is released", do *Havajra Tantra*), vertebra *Blanco*, um poema de alto nível de abstração, melhormente decodificável, ou entendível, quanto mais próxima a leitura se der considerando o hinduísmo como intertexto.

Em meu entender, na verdade Octavio Paz traduz, no sentido que aqui manejo, adentrando territórios diferentes das ciências humanas, porque sente que a excentricidade mexicana, vivida por ele literalmente *in embryo*, não pode ser devidamente traduzida se não por um discurso que erija a hibridez de registros como a sua marca própria. Daí o caráter inquietantemente ecumênico de sua escritura ensaística; também daí, se quisermos, a quantidade de registros, não menos ecumênicos, que incidem em sua poesia.

Como anedota, vale mencionar uma observação de Octavio Paz que não recordo de ter visto escrita em seus ensaios, porém que dele ouvi numa ocasião social, sobre a poesia de Pound, um mestre da abertura referencial na escritura poética. Paz aponta nela uma falha em seu escopo tão ideologicamente inclusivo: ao lado das referências à poesia oriental, ao cânone clássico ou à lírica trovadoresca, o mexicano se ressente da ausência do mais latamente americano em Pound, que jamais incluiu a poesia, a cultura préhispânica, em seu vigoroso e enciclopédico *paideuma*. Por que não colocar um glifo maia ou asteca ao lado de um ideograma chinês?, perguntava-se Paz. Em poucas palavras, o poeta nunca esquece a sua radicação excêntrica e excentralizadora. Se quisermos, além das diferenças históricas vividas por todos os mexicanos com relação aos Estados Unidos, de sobejo conhecidas, é essa exacerbada consciência de sua excentricidade o que marca a talvez ressabiada distância do poeta frente aos seus contemporâneos norteamericanos: Paz, tantas vezes considerado pela esquerda latino-americana, e particularmente a mexicana, como reacionário, apesar de ter sido o único intelectual latino-americano realmente influente no contexto do país vizinho desde o cubano José Martí, sempre criticou as debilidades dos Estados Unidos em seus próprios termos, altaneiramente brandindo a sua excentricidade, por ele traduzida e dimensionada para a contemporaneidade, como atestado de certificação para tal.

Sem dúvida, o *opus magnum* da ensaística paziana, *Sor Juana Inés de la Cruz o las trampas de la fe*, publicado em 1983, revela um esforço de tradução notável, o mais apto para ser considerado, entre todos os estudos produzidos por Octavio Paz, como um clássico da moderna ensaística em espanhol. Um livro de concepção magistral, conforma um tipo de estudo nunca antes empreendido em relação à vida e à obra, mas também ao contexto cultural, social e político local e internacional, que haja cercado um longínquo intelectual representativo da vida colonial hispanoamericana. Para encontrarmos algo parecido na ensaística em língua espanhola recente, no meu entender, devemos referir-nos ao não menos singular *El otro Andrés Bello*, de Emír Rodríguez-Monegal, o crítico uruguaio com quem Paz manteve uma longa amizade, no qual a dinâmica cultural e política da Hispano-América pós-colonial é detalhada em função da vida e da obra do intelectual romântico chileno.

Seguindo sua veia de escrever a partir de um registro múltiplo e híbrido, Paz utiliza habilmente toda a fortuna crítica já acumulada sobre a voz mais distinguida entre as dos poetas do México colonial; o resultado não é apenas, como seria de prever-se, uma recriação da Nova Espanha e de seus avatares, mas uma mirada incandescente de Paz sobre as condições, as constrições, do intelectual latino-americano de todos os tempos. Em sua tradução do México seiscentista, Paz indiretamente traduz-se a si próprio, nas não menos hieráticas cifras do seu meio mexicano contemporâneo: de fato, eu não conheço nenhuma outra obra de sua autoria na qual o poeta mais se desvele ao público leitor, isto, obviamente, sem referir-se a si próprio. Na biografia — porque ao fim e ao cabo, *Sor Juana Inés de la Cruz o las trampas de la fe* deve ser classificado como tal — assoma o perfil histórico de Paz: como Sóror Juana, um espírito vasto demais para o seu contexto e que se percebe como tal, marcado por contradições embrionárias, experimental e inclusivo, e consciente de sua própria estranheza histórica. Esta, a Sóror Juana segundo Octavio Paz, e a maneira tão incisiva quanto apaixonada com a qual ele retrata o mundo dela, tão próxima àquela com a qual ele se refere, em seus ensaios de cunho político e cultural, à sociedade e ao mundo do poder mexicano atual.

Finalmente, a resplandecente leitura que Paz processa do longo poema de Sóror Juana, *El Sueño*, de longe a mais eivada de noções seminais para a sua interpretação, segundo a crítica responsável, parece sugerir a abertura, o vôo, que Paz desejaria para a leitura de seus próprios poemas de maior respiração, entre os quais os já mencionados *Piedra de Sol* e *Blanco*. Justamente, em sua exegese de *El sueño* —, Paz avança o que poderia ser visto como um método de interpretação poética, baseado numa incansável pluralização de referentes e, para dizê-lo numa só palavra, *no risco da leitura* — mas não, tão galicamente, no hedonismo mal disfarçado do "prazer do texto" — no qual, para lá da fidedignidade no levantamento das fontes, da exatidão na consideração da estrutura vérsica, etc., tal e como se processa convencionalmente, o poema é visto como um "duplo do mundo" ("un doble del universo"), um reflexo escritural que almeja a perfeição e nem por seu inevitável falhanço torna-se menos sintomático dela e, simultaneamente, também das circunstâncias que o assistem, e, porque não dizer, tornando-se outrossim um objeto feito de palavras que reclama o seu estatuto sempiterno de barroquismo, perfeitamente concebido em sua peculiar e irrepetível unicidade, e que, por toda esta cara, toda esta ambição, necessita de uma malícia de hibridez, de uma vertente cultural dir-se-ia mestiça, excêntrica, para ver atingida a sua melhor economia de leitura.

Mas voltemos ao nosso ponto de interesse focal. No princípio deste ensaio, formulei que queria abordar, com a rapidez que é devida à presente circunstância, quatro pontos. Chegamos ao último deles, referente a uma possível generalização do traduzir em Paz como exemplar no contexto latino-americano do século vinte. Antes, entretanto, permito-me um excurso.

Octavio Paz não apresenta exatamente aquilo que se considera "um desafio de leitura", no sentido usual do Alto Modernismo internacional, cuja epítome é, *et pour cause*, a milimétrica textualidade joyceana. Sua complexidade e interesse, antes de residir no texto produzido, está na amplitude e profundidade do seu impulso tradutor. Sem desdouro da alta qualidade, do alto nível de polimento sempre presente em seus textos poéticos, isso é o que lhe garante um lugar de proa na cultura latino-americana do século que finda. Em poucas palavras, sua originalidade maior está na sua postura tradutória. Aceitar a sua tremulante e muitas vezes aparentemente arbitrária lucidez, a extensão e a coragem nas suas ilações sobre aquilo que pensava-se encontrar-se dormente ou distante ou inconexo, mas que conflui para desenhar o reconhecível, é o desafio maior com o qual se defronta o seu leitor e intérprete. Se isto assume a figuração de conciliação de contrários ou do *diktat* da crítica omnidirecionada, tanto melhor, e mais enriquecedor. O que eu me permito divisar nesse sentido é, antes de mais nada, um exemplo preclaro de atividade de grande poeta, que não esmorece frente à imensidade do seu trabalho e à incompreensão geral sobre o mesmo durante a maior parte de sua vida, e que não claudica na eleição dos tópicos que desenvolve, sequer na forma e no discurso com os quais os desenvolve. Octavio Paz situar-se-á, se é que já não está situado, entre os mais significativos nomes do Modernismo internacional: pode-se discordar de muitas das teorias que maneja ou das interpretações que produz; o que não se pode fazer é deixar de admirá-lo em seu exemplo de liberdade intelectual e no cuidado apaixonado com o qual trata a sua própria e conflitiva origem.

Voltemos ao nosso assunto. Dadas as circunstâncias de seu nascimento e do momento histórico vivido por Paz durante o século vinte na sociedade mexicana, tão marcada pela gesta revolucionária — que não poucas alternativas, todas mais ou menos originais, ofereceu à comunidade latino-americana —, esse seu traduzir não podia senão responder a uma necessidade, totalmente legítima, de poeta frente a um mundo cifrado, e por demais enigmático, como o que lhe foi dado. De um intelectual que viva num mundo cifrado só é legítimo esperar o seu deciframento empenhado deste: aqui, a velha incumbência dos que tratam das coisas da mente. Entretanto, nem todos os que se engajam nessa empreitada podem fazê-lo traduzindo-a e não apenas decifrando-a, e simultaneamente criando sobre o seu próprio ato de traduzi-la. Em poucas palavras, nem todos o fazem em função de um projeto original e totalizador, em essência civilizacional, como o soube fazer Octavio Paz. Na verdade, Paz foi um dos grandes arquitetos da cultura latino-americana atual: um projetista tenaz, mesmo obsessivo, que preocupou-se, como convém a um mestre, antes em projetar o passado a partir de sua escrutação de si mesmo e de seu contexto cultural, que a projetar o futuro, já que o mesmo, como todos sabemos, é campo de pascento para economistas, santos, eleitoreiros e, no mais das vezes, falsos profetas.

Ao transformar a sua necessidade legítima em projeto e ato de civilização, e ao projetar não como se estivesse imbuído do sopro de um providencialista ou de um visionário, mas sim como um tradutor privilegiado, e sabendo trazer o sopro liberador da poesia a este seu esforço tradutório, Paz oferece um poderoso, e porque não dizer, central paradigma do intelectual latino-americano do século que viveu quase que por completo.

A poética de Octavio Paz*

Bella Jozef

Octavio Paz
(1914-1998)

Pérdida irreparable
Para las letras del siglo XX

La peor noticia que puede recibir
El lector absoluto
Desde la muerte de Rubén Darío

Con un punto a favor de Octavio:
Que se mantuvo lúcido hasta el fin:

No se dejó tragar por el poder.

Hubo un malentendido entre nosotros
Pero toda la culpa la tuve yo
Que la verdad no quede sin ser dicha:

Marco de referencia no negociable
Para los exploradores del siglo XXI.

Nicanor Parra[1]

Em 1990, o poeta e ensaísta mexicano Octavio Paz (1914-1998) foi laureado com o Prêmio Nobel de Literatura, a merecida consagração para uma das mais importantes expressões líricas da modernidade e um dos pensamentos mais coerentes da cultura ocidental.

Embora tenha dito, certa vez, referindo-se a Fernando Pessoa (num belo estudo que lhe consagrou)[2] que *"os poetas não têm biografia, sua obra é sua biografia"*, no caso de Octavio Paz não podemos deixar de referir-nos à geração que lhe tocou viver, a de 1930, marcada pela Guerra Civil

---

* Veja-se: JOZEF, Bella. *O jogo mágico*, Rio de Janeiro, Livraria José Olympio Editora, 1980, p.190-182 e *A máscara e o enigma*. Rio de Janeiro, Editora Francisco Alves, 1986, p.116-128, onde abordo alguns dos aspectos desenvolvidos no presente ensaio.

espanhola, a turbulência das Frentes populares e radicalismos ideológico-políticos. É uma geração de rebeldes, de que fazem parte Alberti e Eluard, Orwell e Camus. Um fato merece destaque em sua vida diplomática: em 1968, em total desacordo com a política de repressão adotada pelo Governo do México ante o movimento estudantil e para protestar contra a matança da Praça de Tlatelolco, demissiona do cargo de Embaixador.

A obra de Octavio Paz insere-se em amplos esquemas, profundamente influenciada pelo barroco espanhol, sobretudo Góngora e Sóror Juana Inés de la Cruz, pelos surrealistas e os franceses Baudelaire, Mallarmé, os românticos alemães, os ingleses Blake, Donne e Whitman. Paz mantém verdadeiro diálogo com a arte e seus criadores e considera todo texto um tecido de relações. Somos uma realidade em movimento (*Corriente alterna*).[3]

Assumiu suas raízes hispânicas: tanto sua poesia como sua obra crítica partem de uma leitura pessoal de algumas vozes como Unamuno e Machado, além de José Bergamín.

Em pensamento tão coerente não podemos precisar o que surgiu primeiro — o ensaio ou a poesia. A crítica é função complementar da criação poética e esta uma necessidade de transcender, de profundas raízes metafísicas.

Dois símbolos se contrapõem na poesia de Paz: o do espelho (essência que desumaniza: "*el espejo que soy me deshabita*", "*insomnio, espejo sin respuesta*") e o da água, imagem do viver, no seu fluxo e refluxo. A catarse e a imanência poética cedem lugar ao cósmico. O poema permite-nos manipular o fogo do céu. Nela se processa a união da água e do fogo, a "agua quemada" dos astecas.

Sente, não obstante, o vazio do mundo, que se deve ao descontentamento:

"*O homem moderno [diz Octavio Paz] já não está de acordo consigo mesmo, nem com seu corpo nem com seu espírito. Todos voltamos à solidão e o diálogo está roto como rotos e quebrados estão os homens. Movemo-nos sem direção*".

Desterrado, vendo apenas o tédio e o vazio, o homem caminha só, infatigável e eterno:

Encarcelado en su infinito como un solitario pensamiento, como un fantasma que buscara un cuerno,

e a alma é apenas uma praça abandonada. Esta imagem — a da alma como uma praça abandonada — como a do eterno fluir da vida lembram, a nosso ver, a poética de Antonio Machado. Outros símbolos da lírica espanhola tradicional estão na poesia de Paz, aproximando-o de Quevedo e dos conceitistas espanhóis.

O poeta procura o que está além das aparências: *"voy entre transparencias"*[4] (trans-aparências). Em certo sentido, representa uma retomada de posição romântica quando rejeita um mundo criado pela razão e cuja ênfase está no utilitarismo e no qual os indivíduos são instrumentos.

> *No es la razón que da sentido a lo humano, sino lo humano que confiere utilidad*
> *y ser a la razón.*

Vemos, além disso, que Paz considera a razão impotente para penetrar no sentido total da existência, colocando-se entre os anti-racionalistas. Isto não significa a negação da realidade, mas o seu aprofundamento numa tentativa de captar o funcionamento espontâneo da vida mental. O poema é algo mais que um propósito pessoal. É a criação do poeta, pois abrange tudo, desde um olhar até uma concepção política da sociedade.

Com sua experiência, o poeta rompe a solidão e o homem, junto aos demais seres, torna consciência do próprio ser:

> *Soy otro, cuando soy, los actos mios*
> *Son más mios si son también de todos*
> *Para que pueda ser he de ser otro,*
> *Salir de mi, buscarme entre los otros.*[5]

É, portanto, uma solidão dinâmica que procura participar do social. Proclama que a máscara que separa o homem de seu semelhante é a forma externa, simulação, defesa e desintegração. A negativa de participação faz desejar o instante que passa: *"Esta noche me basta, y este instante"*, dirá em *Piedra de Sol*.[6]

O poema, pensado como linguagem, inventa e inaugura uma realidade: *"pueblo la noche de estrellas, de palabras, de la respiración de un agra remota que me espera donde comienza el alba.*[7] Permite, assim, captar o sentido da realidade vital, através da palavra, que rompe todas as limitações. As palavras percorrerão seu antigo caminho na fronteira exata da luz e da sombra e o homem se objetivará através da poesia. A contradição resolve-se em síntese perfeita:

> *Todos los nombres son un solo nombre*
> *Todos los rostros son un solo rostro*
> *Todos los siglos un solo instante.*[8]

A síntese será conseguida com o restabelecimento da unidade do homem. Seu conceito de tese-antítese-síntese está ligado ainda ao de ritmo, como sucessão de movimentos alternados: *"el ritmo es como una síntesis del ritmo del planeta"*. Portanto, a aspiração de comunicação e comunhão é realizada através da poesia, que também é revelação do mundo.

Formalmente, há em Octavio Paz o emprego verbal em suas maiores possibilidades expressivas e poderoso dom metafórico. Sua obra poética é esforço constante para chegar a uma síntese das idéias estéticas de seu tempo. Em seuprimeiro livro, *Raiz del hombre* (1937),[9] o erotismo surge como força lírica e no decorrer de toda a sua obra é visto como poder de liberação e afirmação do absoluto e reencontro com a unidade perdida do homem; em *A la orilla del mundo* (1942)[10] pergunta-se pelo sentido da existência; em *Liberdad bajo palabra* (1949),[11] *Semillas para um himno* (1954)[12], nos poemas em prosa de *¿Águila o sol?* (1951)[13] e *La estación violenta* (1958)[14] volta a seus temas constantes: a sensualidade, a beleza e o reino secreto da poesia.

À medida que descobria seu lirismo, sentia a necessidade de explorar criticamente o mundo. Sua exposição, sendo reflexiva, está dotada de uma apreensão poética do universo, a crítica soma-se à estética, dando mostras de penetração e de certo domínio visionário, em que o poeta deixa transparecer uma sólida cultura e uma lucidez surpreendentes. Forjou um instrumento crítico pessoal, uma doutrina de pensamento coerente a que foi fiel. Transmite-nos as experiências de seu trabalho criador num discurso ancorado no humanismo. Intelectual a quem não interessa o que está definido nem cristalizado, prefere perguntar a afirmar, sugerir a indicar. Quando escreve sobre matérias tão diversas como o erotismo ou a filosofia oriental, o pensamento de Lévi-Strauss ou a consciência marxista, incorporando as conquistas da psicanálise e a subversão do surrealismo, o que faz é iluminar os problemas cardiais de nossa época para delimitar o espaço das possíveis respostas. Como demonstrou em *O mono gramático*,[15] a obra é um campo de trabalho em que criação e crítica se dão simultaneamente. Apresenta como Alfonso Reyes, outro mexicano ilustre, uma prosa iluminada pela paixão poética. Sua perfeita manipulação da linguagem torna seus ensaios esclarecedores, ato supremo de liberdade:

> *"el poeta no se sirve de las palabras, es su servidor. Al servirlas, las devuelve a su plena naturaleza, las hace recobrar su ser. Gracias a la poesía el lenguaje reconquista su estado original".*

A crítica de Paz é uma crítica da linguagem, isto é, do homem e da realidade. Ele não esquece que o ser humano se interroga, esforçando-se em compreender sua essência e seu destino. O pensamento de Paz nunca foi estático nem imobilista. Suas reflexões têm sido revistas e ampliadas, desde *O labirinto da solidão,* que se completa com uma *Posdata* (1970),[16] escrita a partir do terrível episódio de Tlatelolco e centrada em uma interpretação do significado ritual do sacrifício aparentemente inexplicável de vidas que ocorreu nesse dia trágico de 1968. Numa releitura da cultura mexicana e hispano-americana, invoca o poder da palavra para mover a realidade. *"No hay distancia entre el nombre y la cosa y pronunciar una palabra es poner en movimiento a la realidad que designa".* Quer explicar o ser mexicano, as "secretas raízes" que motivam a conduta do homem e o ligam a sua cultura. Isto o faz ir à mitologia e à história, dando como resultado esse livro complexo, denso e rico. Perscruta e inquire o "pachuco", tomando-o como modelo, com sua vontade de *ser*, isto é, de não ser como os outros que o cercam.

A ruptura é, pois, um abandono do pré-estabelecido e caracteriza a arte contemporânea. Inscrida em toda obra artística, pode ser considerada como uma fuga aos padrões comunicacionais, como ineficácia do discurso poético, ao fazer da palavra um objeto. A literatura apresenta-se de forma contraditória porque irá afirmar e negar a fala, seu meio de expressão mais legítimo. A palavra poética se sustém pela negação da palavra. A literatura, servindo-se da palavra, retrata a depreensão momentânea de uma realidade presente, que se tornará passado e futuro. Poesia é, então, a reconciliação do ontem, hoje e amanhã.

A interpretação da Revolução Mexicana é mítico-poética.[17] Propõe-se transcender a solidão do homem para erigir uma sociedade nova, fundada na liberdade criadora.[18]

A razão humana fez-nos crer que o outro não existe, afirma a epígrafe de Antonio Machado, como se *um e mesmo* equivalessem à realidade e à identidade. Mas o outro não se deixa eliminar. Imobilidade e movimento são ilusões, a projeção do *mesmo* que se rejeita e que é sempre mutável. Posteriormente, na experiência viva que terá do Oriente, como Embaixador do México na India, Paz encontrará a chave para dissolver as contradições do pensamento ocidental: um sistema que permite aceitar a existência do "outro" e a eliminação do eu, uma concepção do tempo como algo cíclico, precisamente formulado na segunda edição de *O arco e a lira.* Como assinalou Gustavo Correa[19], podemos situar em oposição dialética os dois ensaios fundamentais de *El arco y la lira* e *El laberinto de la soledad*: "Se o primeiro deles constitui um tratado de poética em que se acha explorada a capacidade da consciência para revelar-se como um tender a outra coisa a fim de descobrir a condição originária do homem, no segundo revela-se o outro aspecto da consciência humana, ou seja, o de seu encerramento em si".

A existência de um sentimento do real poderia explicar parcialmente a reserva com que o mexicano se apresenta aos demais. Mais vasto que esse sentimento é o da solidão: *"Somos, na verdade, diferentes. E, na verdade, estamos sós"*.[20] O mexicano procura sua origem: sucessivamente afrancesado, hispanista, indigenista, "pocho", a solidão

> *"é uma fuga e um regresso, tentativa de restabelecer os laços que nos uniam à criação [...] A solidão, fundo de onde brota a angústia, começou no dia em que nos desprendemos do âmbito materno e caímos em um mundo estranho e hostil. Caímos; e esta queda, este haver caído, torna-nos culpados. De que? De um delito sem nome: o haver nascido"*.[21]

No apêndice "La dialéctica de la soledad", Paz estabelece claramente que se, por uma parte, *"O homem é o único ser que se sente só"*,[22] por outra *aspira a realizar-se em outro e é, por isto,* "nostalgia e busca de comunhão". O conceito de solidão é correlato à premissa da ruptura — pedra angular de sua interpretação da história do México. Paz concebe a realidade mexicana como um ritmo que oscila entre os pólos de solidão e comunhão. Analisa os subterfúgios que emprega o mexicano para negar sua solidão, concluindo que "o mexicano e a mexicanidade definem-se como ruptura e negação [...] como busca, como vontade de transcender este estado de exílio".[23]

Grande parte da obra de Paz caracteriza-se, assim, por uma busca da unidade e da comunhão. O esforço de conseguir a comunicação pode ser o poema, o gesto, a música, a pintura e, como indica Levi-Strauss, a linguagem.

A trajetória de sua poética indica que ele se deslocou de uma expressão pessoal a outra que, deixando de ser desesperançada, integra objetivismo. Esta diminuição do pessoal é acompanhada por um sentido de comunhão e este desenvolvimento relaciona-se com o fascínio crescente de Paz pela forma e pela estrutura.

Com uma obra crítica que abarca desde a análise dos trágicos gregos ao cinema de Buñuel, as sociedades primitivas e o zen budismo, com um juízo rigoroso e estudo consciencioso, a aproximação à obra de Paz poderia fazer supor que se trata de um pensar disperso. Nada mais errôneo. A diversidade e a multiplicidade supõem a unidade. O impulso unificador de que é imbuído tende à síntese, à conciliação dos contrários. O pensar de Paz é aberto, não possuindo, portanto, uma doutrina rígida. Sua principal preocupação tem a ver com o *ato de nomear,* a doação de um significado. Seu comércio com a linguagem revestiu a forma de uma relação pessoal com uma coisa viva e humana. Na linguagem, nas palavras, busca-se a si mesmo e busca a ponte de comunicação com todos os homens.

Não é uma procura isolada, embora só possa fazer-se na solidão; dela participam todos os seres humanos. Sua poesia tenta converter essa busca em lucidez, intensificar a consciência do objeto buscado. Tal objeto deve entender-se fenomenologicamente como "correlato intencional", é o núcleo que estabelece a unidade entre as diversas manifestações literárias de Octavio Paz.

Em *O arco e a lira*[24] admite a distância entre a palavra e o objeto por ela designado. Prolonga-se em 1965 em um ensaio, *Os signos em rotação,* (nota: incorporado como epílogo à segunda edição daquela obra). *Las peras del olmo*[25] inaugura uma série de coleções de artigos que em 1966 aumentará com *Puertas al campo.*[26]

Em obras posteriores, como *Corriente alterna*[27] (1967), admite que "o problema da significação em poesia esclarece-se apenas se se percebe que o sentido não está fora mas dentro do poema: não no que dizem as palavras mas no que dizem entre si". Quando escreve sobre Breton, assinala que "o inspirado, o homem que verdadeiramente fala, não diz nada que seja seu: por sua boca fala a linguagem".[28] Ao comentar a obra de Lévi-Strauss afirma que, para o antropólogo francês, " é a natureza que fala consigo mesma através do homem sem que este se dê conta".[29] Quão longe está da afirmação de O *arco e a lira:* "Todas as obras desembocam na significação; o que o homem roça se tinge de intencionalidade, é um ir para... O mundo do homem é o mundo do sentido".

Octavio Paz não vê a cultura, isto é, "a soma de invenções e criações pelas quais o homem se fez homem, como o reflexo das cambiantes forças sociais ou como o imperfeito modelo das idéias mutáveis". A cultura é liberdade e nela intervêm todas as forças do imaginário. Contudo, isto não o impede de considerar a existência de um estilo de época, a marca de uma temporalidade histórica, não abstrata.

A autonomia da obra de arte, segundo Paz, diante dos determinismos históricos e sua inserção numa época e numa sociedade parecem idéias contraditórias, mas a própria realidade é contraditória: "*de uma sociedade numa dada época é um sistema de vasos comunicantes que se irrigam e se relacionam. É impossível reduzir esse conjunto de ações e reação a um determinismo estrito; também o é negar a conexão das partes entre elas e com o todo*".[30] Na verdade, a idéia de causalidade não goza da simpatia de muitos historiadores modernos. Além da ação das chamadas causas, é perceptível a do *acidente*, algo que a razão e os métodos de investigação de que dispomos são impotentes para prever. Entretanto, Paz julga fecundar a idéia de causa no campo da história. O espaço do poético dá-se na história, o homem tem a capacidade de dotar de sentido a inerte materialidade do real. Mas a poesia "nega a história: em seu seio resolvem-se todos os conflitos objetivos e o homem adquire consciência de ser algo mais que trânsito".

Carregada de temporalidade, a reflexão paziana transcende o tempo, situando-se no Outro, o eu que *é* e se torna *ser e tempo*. Imbuído do conhecimento racional e do conhecimento poético, o ser humano é sempre o centro de suas reflexões.

A independência e anti-dogmatismo manifestados por Octavio Paz devem ser um exemplo que alenta na conquista da liberdade. Pensamento que foi do individual ao social e do social ao filosófico, apresenta uma visão universal do homem como unidade histórica, como transcendência e imanência. Negador de determinismos, seu compromisso sempre foi com a liberdade e a defesa da democracia, numa profunda crítica do autoritarismo: "Sem tolerância e sem liberdade de crítica não há modernidade".

No nosso século, um dos mais críticos da história da humanidade, num universo que se desagrega, Paz oferece-nos a esperança de uma palavra poética que será a própria história e vida. Num mundo em dispersão, caberá à linguagem dar presença aos outros. Através da arte haverá a possibilidade de escapar à massificação. Por isso, insiste em que a poesia é o descobrimento da "outridade". Somos contemporâneos de todos os homens pela palavra:

> *contra el silencio y el bullicio invento*
> *la palabra, libertad que se inventa y*
> *me inventa cada día.*[31]

Negador de determinismos, seu compromisso foi com a liberdade, tema fundamental de sua obra: *"el poema seguirá siendo una manifestación de la liberdad del ser humano, una imagen del hombre que se crea a si mismo por la palabra."*

Assim, a palavra é meio de libertação e comunhão de "homens mundificados" e de "mundo humanizado". Através da palavra o homem passa a existir e à poesia cabe a função de revelar nossa condição original e recuperar o reino perdido.

Restitui à fala "seu parentesco com o ser, sua errática cidadania pela casa do cosmos". Memória e tempo, passado e esquecimento são identificados pela linguagem. A linguagem nos diz e diz de nossa origem. Só o poeta pode purificar a palavra e devolver à linguagem seu caráter originário para que o homem encontre sua perdida unidade. A palavra é mais soberana que o próprio eu. No entanto, cada experiência resulta de um passado: a poesia é a linguagem da história. Seu sentido dual a faz negar o tempo que tudo destrói e afirmá-lo. O poema transcende a linguagem e só ele pode lutar contra a incomunicação para comunicar-nos a vida. Paz concebe o poema como "o lugar de encontro entre poesia e o homem", organismo verbal que contém, suscita ou emite poesia.

Para ele, o pensamento político deve ter por tarefa reconstruir a pessoa humana. Ao receber o "Prêmio Jerusalém 1977", Octavio Paz afirmou: "O verdadeiro mistério não está na onipotência divina mas, sim, na liberdade humana'.

Sem renunciar ao futuro nem esquecer o passado, sua obra viverá em nós, em alta claridade, num presente perpétuo, onde habita a palavra verdadeira.

Notas

[1] Agradeço a Nicanor Parra a permissão para publicar este poema inédito, que me ofertou em Santiago do Chile, julho de 1998.

[2] PAZ, Octavio. *Cuadrivio*. México, Joaquín Mortiz,2ª ed. 1969, p.131-163.

[3] Idem. *Corriente alterna*, México, Siglo XXI, 1967.

[4] Idem. "Arcos". *Libertad bajo Palabra*, México, FCE, 1960, p.35.

[5] Idem. "Piedra de sol". *Libertad bajo palabra*, México, FCE, 1960,p.252

[6] Ibidem, p.245.

[7] Ibidem,p.9.

[8] Ibidem, p.241.

[9] Idem, *Raiz del hombre*, México, Simbad,1937.

[10] Idem, *A la orilla del mundo*. México, Compañía Editora y Librera Ars, 1942.

[11] Idem, *Libertad bajo palabra*. México, 1949

[12] Idem, *Semillas para un himno*. México,Tezontle,1954.

[13] Idem, *¿Águila o sol?* México, Tezontle,1951.

[14] Idem, *La estación violenta*, México FCE,1958.

[15] Idem, *El mono gramático*, Barcelona, Seix Barral, 1974.

[16] Idem, *El laberinto de la soledad*, México, FCE, 1959. Existe uma tradução ao português: Paz e Terra, trad. de Eliane Zagury, 1976.

[17] Ibidem, p.134.

[18] Ibidem, p.173.

[19] CORREA, Gustavo.."Las imágenes eróticas en *Libertad bajo palabra*".*El café literario* (8), Bogotá, marzo-abril 1979, p.18.

[20] PAZ, Octavio. *El laberinto de la soledad, p.22.*

[21] Ibidem, p.23.

[22] Ibidem, p.175.

[23] Ibidem.

[24] PAZ, Octavio. *El arco y la lira*, México, FCE, 2ª ed. 1967. Em português: *O arco e a lira*, Nova Fronteira,trad. de Olga Savaryy, 1982. O volume em espanhol prolonga-se em um ensaio: *Los signos en rotación*, incorporado como epílogo à segunda edição.

[25] Idem, *Las peras del olmo, México, UNAM, 1957.*

[26] Idem, *Puertas al sol*, México, UNAM,1966.

[27] Idem, *Corriente alterna*, México, Siglo XXI, 1967.

[28] Idem, "André Breton o la búsqueda del comienzo", in: *Corriente alterna*, México, Siglo XXI, 1967,p.53. Para Octavio Paz, Mallarmé é um dos iniciadores da tradição moderna e de uma nova forma poética, *"una forma que no encierra un significado sino una forma en busca de significación"*, in: *Poesía en movimiento*, México, Siglo XXI, 1966.p.11.

[29] Idem, *Claude Lévi-Strauss o el nuevo festín de Esopo*, México, Joaquín Mortiz, 1967, p.9.

[30] Idem, *Soror Juana Inés de la Cruz. As armadilhas da fé*, São Paulo, Editora Siciliano, 1998, p.643.

[31] Idem, *Libertad bajo palabra*, p.9.

Clareiras de radicalidade

Entrevista com
Haroldo de Campos sobre Octavio Paz[*]

Maria Esther Maciel

Octavio Paz e Haroldo Campos mantiveram, ao longo das últimas três décadas, um intenso diálogo crítico-criativo através de cartas, ensaios e traduções. Em "conjunção galática", como diria Rodríguez Monegal, e compartilhando, cada um à sua maneira, um vivo interesse pela obra de Mallarmé, impulsionaram pela via poética o até então quase inexistente intercâmbio intelectual entre México e Brasil.

Paz, provocado pela radicalidade experimental da poesia concreta, não apenas se interessou pelo que de inquietante essa estética de ruptura trazia para o cenário contemporâneo da poesia ocidental, como também chegou a incorporar em seu trabalho poético certos procedimentos defendidos pelo grupo de *Noigandres* e *Invenção*. Campos, por sua vez, seduzido pela vigorosa inovação que a poesia de Octavio Paz trazia para o contexto da poesia latino-americana de língua espanhola a partir da primeira metade dos anos 30, dedicou-se tanto à tarefa de traduzir para o português vários poemas do poeta mexicano, quanto à reflexão crítica sobre as idéias estéticas que atravessam a vasta obra paziana. Esse intercâmbio, movido por afinidades e diferenças entre os dois poetas, culminou na publicação de *Transblanco*, por Haroldo de Campos, obra centrada na transcriação do poema *Blanco*, de Paz, e que reúne textos diversificados sobre o poeta mexicano, além da correspondência trocada entre ambos.

Nesta conversa-entrevista, Haroldo de Campos trata, com acuidade, de vários temas referentes ao universo poético paziano, elucida questões teóricas pertinentes ao debate contemporâneo sobre a poesia deste final de século, revisita, à luz da "agoridade", as principais manifestações poéticas da modernidade latino-americana, além de discorrer sobre suas próprias inquietações estéticas atuais.

* * *

[*] Entrevista realizada em São Paulo, em novembro de 1993. Publicada na *Revista Nossa América/Nuestra América*. São Paulo: Memorial da América Latina, 1995, n. 12.

Maria Esther: *Como o senhor situaria Octavio Paz no contexto da poesia moderna hispano-americana?*

Haroldo de Campos: Octavio Paz prestou um grande serviço à poesia latino-americana de língua espanhola, por representar um antídoto contra a produção retórica de feição nerudiana. Sobretudo a partir do último Neruda, o do *Canto General*, a poesia de língua espanhola se transformou em um imenso e enfadonho discurso, em um dispositivo de facilidade. O grande Neruda, que é o de *Residencia en la tierra*, é um poeta de metáforas vigorosas, que coincide com o Garcia Lorca de *Poeta en Nueva York*. Realmente, o grande introdutor da metáfora neo-barroca, de tipo surreal, supra-real, associando ou pondo em contraste faixas dissonantes da sensibilidade numa síntese extremamente expressiva, foi o Garcia Lorca de *Poeta en Nueva York*. Em seguida, com alguns poucos anos de distância, temos o primeiro e o melhor Neruda, que é, a meu ver, o de *Residencia en la Tierra*.

O Paz, embora seja um grande admirador do Neruda e tenha em relação a ele uma certa indulgência da qual não compartilho, representa a tradição anti-retórica, tendo alterado sensivelmente o panorama da poesia de língua espanhola. Sua poesia liberou os jovens poetas daquele fascínio nerudiano predominante, além de ter retomado uma linha construtiva e crítica que antes existia na poesia latino-americana: a linha de Huidobro, no próprio Chile, de César Vallejo, no Peru, e de um poeta sobre o qual o Paz pouco fala, mas que sem dúvida pertence também a essa linha de metalinguagem, de busca do cerne da linguagem, que é o argentino Girondo.

M.E.: *Se Paz representa uma tradição anti-Neruda, como explicar a sua "indulgência" para com o poeta chileno?*

H.C.: O Neruda foi o grande poeta da admiração de Paz quando este era mais jovem. Não sei exatamente qual a diferença de idade entre eles, mas o Neruda está para o Paz como para a minha geração está o João Cabral. Só que o João Cabral é um poeta rigoroso, tem um nível despojado e o Neruda é exatamente o contrário. O Neruda seria no Brasil o Jorge de Lima da *Invenção de Orpheu*, que é um poeta extremamente desigual, extremamente prolixo. Apesar de a poesia de Paz ser um antídoto da poesia nerudiana, ele aprendeu com o Neruda. Uma das fases de sua primeira poesia é metafórica. Esse debate, aliás, você pode acompanhar na nossa troca de cartas, que está no *Transblanco*, quando Paz, respondendo uma questão minha, justifica a fase metafórica da poesia dele. É quando eu digo que há duas linhas na sua poesia que me interessam: a linha Hai Kai, a linha enxuta, sintética, e a linha da poesia metalingüística; mas que havia alguma outra coisa na poesia dele que respondia a um tom mais comum da poesia latino-americana, que era a metáfora genitiva. Aí ele fica um pouco "queimado", "provocado", com as colocações que fiz. As minhas relações com o Paz não foram estabelecidas em torno de amenidades, mas em torno de um questionamento estético. Como diz Ezra Pound, "uma pessoa civilizada é aquela que responde de uma maneira séria uma questão séria". Eu coloquei uma questão séria para o Paz e ele, que é um homem extremamente civilizado, me respondeu de maneira séria. Generosamente se viu na contingência de me explicar porque na poesia dele existia e a que tradição respondia essa linha metafórica. O que ele diz a respeito disso é bastante procedente: ele mostra como procurou dar um rigor a esse tratamento da metáfora. Rigor, aliás, que se espelha no poema-partitura *Blanco*, onde a metáfora atinge o seu máximo de concreção, deixando de ser meramente decorativa para ser uma metáfora essencial.

M.E.: *Em que medida Octavio Paz pode ser considerado um poeta de vanguarda?*

H.C.: Sem dúvida o Paz é um poeta moderno. É extremamente moderno, mas não é propriamente um poeta de vanguarda. Ele jamais foi um poeta radical e nem tem com a tradição a mesma relação que tem, por exemplo, um tipo de poesia de vanguarda tal como eu a entendo. A poesia de vanguarda brasileira teve uma característica específica: ela não apenas propôs um *paideuma*, ou seja, um conjunto de autores básicos para a produção da poesia nova, mas também uma revisão do passado, do ponto de vista sincrônico, a partir desse *paideuma*. O que permitiu a essa poesia redescobrir, por exemplo, Sousândrade, que era praticamente ignorado pelos nossos historiadores literários, e rever Oswald de Andrade, que estava silenciado por uma campanha de descrédito, num momento em que o meio universitário só falava de Mário de Andrade. Foi o trabalho da poesia concreta que reverteu essa expectativa. Não que se possa dizer que se tenha feito uma campanha contra o Mário. Quem diz isso fala uma coisa inconsistente. Basta ver o meu caso: tenho um livro inteiro sobre o Mário e nenhum sobre o Oswald. Assim, a poesia concreta tomou essas atitudes radicais em relação à programação do futuro, ou seja, do que seria a nova poesia e a revisão do passado, inclusive do passado mais imediato, que seria o passado dos modernistas.

O Paz é um poeta que também tem muito essa preocupação, vide o trabalho que fez sobre Sor Juana Inés de la Cruz. Mas pode-se dizer que ele tem uma relação mais matizada com a tradição. Primeiro, porque a poesia dele nunca foi uma poesia especificamente de orientação vanguardista. Há o poema *Blanco*, mas antes e depois desse poema, não encontramos outros que apresentem a mesma radicalidade. Paz não é um poeta de vanguarda, na medida em que ele nunca teve uma postura programática em relação à própria poesia.

M.E.: *Mas ele teve fortes vínculos com o movimento surrealista francês.*

H.C.: Sim, ele participou do movimento surrealista e foi até certo ponto surrealista, mas nunca foi um surrealista de preceito como os franceses que seguiram Breton. Ele é um poeta que utilizou coisas do surrealismo, mas não foi um sectário surrealista no México. Foi alguém que respeitava muito Breton, que tem para com o surrealismo um apreço que nós, brasileiros, não temos. O surrealismo foi absolutamente importante para Paz e para todo o mundo hispano-americano, e para nós não teve muito interesse. Na nossa poesia o surrealismo teve uma influência muito relativa. Aqui no Brasil, talvez o único poeta surrealista (que também não foi de preceito) tenha sido Murilo Mendes. O João Cabral absorveu traços da estética surrealista no seu primeiro livro, *Pedra do Sono*, mas sem aderir aos preceitos do movimento. O Paz também, apesar de ter freqüentado em Paris o grupo de Breton, não foi inteiramente surrealista: ele usou o surrealismo como técnica de metáfora, como incorporação do elemento onírico e do elemento erótico.

Assim, eu diria que Paz é um poeta moderno, um poeta que dentro de sua modernidade chegou a um nível de culminação e de radicalização no poema *Blanco* e que sempre mantém na sua poesia essas clareiras de radicalidade. Ele é um poeta que está interessado no novo, interessado numa tradição de renovação. O Paz pode ser considerado um dos maiores poetas da língua espanhola, um clássico sempre interessado no novo.

M.E.: *Octavio Paz, em seus estudos sobre a poesia deste final de século, fala da crise da modernidade e do esgotamento da potencialidade criativa das vanguardas. Para ele, a arte que desponta, longe de se pautar no culto vanguardista da ruptura e do futuro, inscreve-se numa estética da agoridade. Como o senhor vê essa questão?*

H.C.: Acredito que a crise das ideologias criou uma crise da utopia e a crise da utopia gerou uma crise da vanguarda. Sem utopia não há vanguarda, pois vanguarda é um projeto coletivo e precisa de um horizonte utópico. Daí, nas minhas mais recentes reflexões sobre poesia do nosso tempo, eu preferir usar o termo "pós-utópico" ao invés do "pós-moderno". Eu considero que ainda estamos no espaço da modernidade, aberto por Mallarmé, ou no espaço da pós-modernidade, se considerarmos que moderno foi Baudelaire. Não esgotamos esse espaço. O que aconteceu foi que, a um certo momento, esse espaço foi assaltado por um instante pós-utópico, que pôs em crise a programação do futuro. Então estamos vivendo um momento da poesia da presentidade e nisso eu coincido muito com o Octavio Paz. Chega de programar o futuro, vamos tentar pensar criticamente a poesia do presente. Eu, pessoalmente, estou fazendo esse tipo de poesia, desde o meu livro *Educação dos cinco sentidos*.

A vanguarda, para mim, entrou em crise no momento em que a esperança coletiva que a animava foi questionada pela crise da ideologia. O que não quer dizer que no futuro não possa haver novas condições para a vanguarda. Quem nos dirá, por exemplo, que dentre esses poetas russos que estão vivendo um momento muito especial de descrédito do comunismo soviético, de repensamento de sua própria sociedade, não surgirá de repente um grupo que pense a poesia soviética num horizonte utópico? Eu não sei dizer, isso vai depender das condições históricas da Rússia.

M.E.: *O próprio Paz, mesmo ao afirmar o fim das utopias, insiste, em* La otra voz, *na idéia de que a poesia, "modelo de fraternidade cósmica", poderá transformar a humanidade no século XXI. Ele não estaria se agarrando, com isso, a uma "utopia pós-utópica" e reeditando uma das crenças dos poetas surrealistas?*

H.C.: Ninguém abdica totalmente dos resíduos utópicos, muito menos daquele elemento crítico que faz parte da utopia. É óbvio que quando a gente fala da poesia da presentidade, da poesia pós-utópica, isso se coloca na circunstância em que estamos vivendo. Eu não sei o que vai acontecer na sociedade depois do ano 2000 e nem quero ser pitonisa. Apenas posso dizer que, assim como essa circunstância pós-utópica poderá prolongar-se por muitos anos, nada impede que uma nova circunstância utópica emerja. Por exemplo: assim como o Paz pensa na possibilidade de uma nova sociedade, de novas bases, você pode pensar no que os novos *mídia* nos conduzirão a fazer em termos poéticos. Basta ver o que um computador Macintosh permite a um poeta fazer hoje. Eu, por exemplo, falo isso com toda tranqüilidade, porque não opero nenhum computador. Eu sou um homem do verbal, mas meu irmão, que é um poeta intersemiótico por definição, que maneja o código musical, o código pictórico, além do código verbal, está trabalhando diretamente no Macintosh. O novo livro dele, que reúne os poemas dos últimos dez anos, é um livro que ele programou desde a capa até todos os poemas. Aliás, os poemas são muito complexos, muito trabalhados e envolvem desde o alfabeto braille para ser lido por tato, até cores e elementos mais diferentes que os novos *mídia* eletrônicos permitem configurar. No passado, nos anos 50, houve momentos em que a gente pensava em letras luminosas para fazer um poema, mas aquilo era realmente utópico. Hoje não, pois já projetamos aqui em São Paulo, na Av. Paulista, poemas em raio laser nos edifícios. O laboratório de computação gráfica da Escola Politécnica da USP já fez comigo um poema num imenso computador que eles têm, que é uma coisa maravilhosa; o resultado, meu vídeo-poema "crisântempo", parece um buraco cósmico aparecendo na tela. Então, por aí, se poderá até pensar que futuramente grandes possibilidades se evidenciarão em termos de linguagem e de repente isso pode coincidir com um momento de uma esperança projetual. O fato de dizermos que estamos vivendo uma crise das ideologias, num momento pós-utópico, não significa que outros momentos utópicos não possam surgir no futuro e em outras partes do mundo.

M.E.: *O senhor mencionou, agora há pouco, o trabalho que o concretismo realizou em termos de revisão sincrônica da literatura do passado e reconhece que Octavio Paz também se interessou por essa tarefa, ao reler e recuperar, à luz do presente, a obra de Sor Juana. Mas me parece que Paz, mesmo adotando uma visão sincrônica, não abdica da diacronia, mas as coloca em relação. Como o senhor vê isso?*

H.C.: Em termos de sincronia, a própria lingüística, particularmente a de Jakobson, afirma que ninguém é absolutamente sincrônico. Toda sincronia tem aspectos diacrônicos e toda diacronia tem aspectos sincrônicos. Para se descobrir, por exemplo, a importância de um poeta como Sousândrade, é preciso fazer um corte sincrônico, mas este corte se faz sobre uma espessura diacrônica. Quando Sousândrade publicou seu primeiro livro, *Harpas selvagens*, em 1857, Baudelaire lançava *As flores do mal*, e pouco tempo depois Casimiro de Abreu publicava suas *Primaveras*. Então, em relação a quê Sousândrade representa um desvio da norma? Ele representa o desvio daquela norma que foi cultivada pelo Casimiro de Abreu, daquela poesia do coração, sentimental, quase infantil, que hoje nos parece até *kitsch*, que era a poesia da sensibilidade do tempo. Foi contra essa tendência romântica que reagiu a poesia de Sousândrade, a ponto de Sílvio Romero considerar o poeta ilegível, achando que ele tinha inabilidade formal. Isso, porque Sousândrade fazia uma poesia que se afastava dos cânones daquilo que se entendia por poesia. E o que se entendia por poesia se encaixava dentro dos cânones de um romantismo exterior, já que no Brasil nunca houve um romantismo intrínseco de tipo inglês ou alemão, mas sim um romantismo extrínseco, aquele das efusões de sentimento e pouco afeito aos jogos da linguagem. Nós não tivemos um Novalis, tivemos um Casimiro de Abreu; não tivemos aqui, por exemplo, um Byron do *Don Juan*, mas tivemos o Byron da convenção biográfica romântica, do satanismo; tivemos um Castro Alves que pega o lado mais retórico de Victor Hugo. O nosso poeta que fez na linguagem a grande poesia romântica foi Sousândrade. Sobretudo ao escrever *Guesa*, ele levou ao total desconcerto os modelos do tempo, não sendo compreendido pelos seus contemporâneos. É claro que se não tivéssemos os parâmetros da poesia moderna, não teríamos parâmetros para avaliar o Sousândrade e estaríamos no mesmo pé que o Sílvio Romero. As pessoas que se acham isentas no julgamento de um autor estão enganadas. Todo mundo julga com parâmetros. As pessoas, por exemplo, que não aceitam os parâmetros da modernidade, julgam com os parâmetros parnasianos ou românticos. Todo mundo faz um corte sincrônico. Só que o corte sincrônico feito por muitos é o que está no horizonte de Olavo Bilac ou de Castro Alves, enquanto o meu corte sincrônico, que incorpora o passado da literatura brasileira, tem como parâmetros a linguagem da poesia brasileira a partir do modernismo de 22.

Assim, quando recuperamos Sousândrade, não estamos apenas fazendo um corte sincrônico, mas estamos também examinando a diacronia. Veja então que não há uma sincronia pura, já que esta opera dentro da diacronia. E assim é o caso de Octavio Paz. Ao trabalhar com a Sor Juana, ele só pode reconhecer que o *Primero Sueño* é um poema precursor de Mallarmé, porque conhece e aprecia Mallarmé. Se não conhecesse, ele diria o que disseram os outros, antes dele, ou seja, que a Sor Juana tinha sido apenas um epígono do Góngora. Mas como Paz tinha outros parâmetros, ele pôde fazer esse corte sincrônico e trazer Sor Juana para a modernidade. Mas, para isso, ele fez um profundo estudo da situação histórica e biográfica da escritora. Geralmente as pessoas que acusam a abordagem sincrônica de ser a-histórica, não estão interessadas nem na história nem na modernidade, mas querem preservar uma imagem passada da literatura.

M.E.: *Esse corte sincrônico que tanto o senhor quanto o Octavio Paz fazem da literatura seria um procedimento próprio dos chamados poetas-críticos? Leyla Perrone, num ensaio sobre os escritores-críticos modernos, aponta como traço comum a todos eles essa opção pela sincronia. O senhor concorda?*

H.C.: Conheço o trabalho da Leyla, que é muito bem estruturado, e ela terá provavelmente razão, embora possa ocorrer o fato de que não-poetas, dotados de um sentido muito profundo da poeticidade, possam seguir a mesma opção. É o caso de Jakobson e de outros lingüistas, inclusive de filólogos, como o Rodrigues Lapa. Eles são sensíveis à estética da linguagem, têm uma percepção da relação entre som e sentido e valorizam a forma significante do poema. É claro que isso tem acontecido mais sistematicamente com poetas que refletem sobre o próprio poema, mas não podemos nos esquecer, por exemplo, de um Walter Benjamin, que não era poeta nem prosador de ficção, embora tivesse ambas as qualidades. Ele traduziu poemas, traduziu Baudelaire, Proust. Ele é um ensaísta criativo e o seu ensaio é escritural. Se ele não tivesse convivido com o expressionismo na Alemanha e com o surrealismo na França, não teria recuperado o barroco alemão. Benjamin também viu o barroco sob o ponto de vista sincrônico. Tanto, que ele projeta o problema da alegoria barroca do ponto de vista de Baudelaire.

M.E.: *Por falar em Walter Benjamin, percebo que há certos traços comuns entre a teoria benjaminiana e a de Octavio Paz. O senhor mesmo chegou a afirmar que o método analógico, infiltrado de ironia, adotado por Paz, teria uma semelhança com o método alegórico, sempre assaltado pela idéia de ruína, adotado por Benjamin.*

H.C.: Tenho a impressão de que são coincidências que existem na maneira de pensar de cada um deles. Embora haja pontos de contato entre eles, ambos chegaram a essas formulações por caminhos diferentes. É um tema a ser aprofundado. O Benjamin não é um autor presente na obra de Octavio Paz e nem contribuiu para a formação dele. Parece-me que Paz tem inclusive uma certa reserva em relação ao Benjamin, da mesma forma que tem em relação a Derrida e aos pensadores desconstrucionistas. O que não deixa de ser intrigante, pois eles têm muita coisa em comum com o pensamento de Paz. Penso que a aversão dele por Derrida é menos por Derrida do que pela caricatura que fizeram do Derrida. Houve uma espécie de recepção um tanto deformante do pensador francês nos meios universitários norte-americanos, tanto que o desconstrucionismo não é uma tendência da crítica francesa, mas da crítica americana. O Derrida tem muito mais audiência nos Estados Unidos do que na própria França. Nos EUA ele tem uma audiência que tomou um caráter epigonal, ou seja, por toda parte se fala em desconstrucionismo. É talvez esse modismo que irrite um pouco o Paz.

M.E.: *Octavio Paz, ao optar pelo método analógico, confere à analogia um lugar especial nas suas reflexões sobre o poético e a história da poesia moderna. Como o senhor vê isso?*

H.C.: De fato o Paz usa a analogia como instrumento de reflexão crítica e sua poesia é muito armada em termos de construção analógica. Ele trabalha com uma espécie de jogo de yin e yang, através do qual os contrários ora coincidem, ora se resolvem e depois voltam a se opor. Aliás, a estrutura do *Blanco* é muito assim. Isso é uma característica singular do Paz. A ensaística dele também apresenta uma espécie de balanceamento do movimento que é também parecido com o da poesia.

M.E.: *Mas ele coloca a analogia como a base da construção poética, ou seja, ele diz que a poesia é analógica por natureza. Isso se evidencia no momento em que trata o poema como um duplo do universo, como um jogo de correspondências universais. Idéia que também está presente nos primeiros românticos alemães e ingleses, no projeto mallarmeano do Grande Livro, na "Biblioteca de Babel" do Borges e até mesmo nas suas Galáxias...*

H.C.: Isso existe sim. A perseguição de certas metáforas fundamentais pelos poetas realmente acontece. Só que, naturalmente, cada poeta formula isso de uma maneira diferente. Como abordamos na questão anterior, aquilo que Paz chama, por exemplo, de visão analógica, Benjamin chamaria de visão alegórica. Eles tratam do mesmo problema com nuances e com algumas diversidades, o que mostra como inflexões diferentes de dois pensadores autônomos de repente se encontram em conclusões que, até certo ponto, são semelhantes. O fato é que essas questões batem com certas propostas básicas da modernidade. Eu tenho tido muita preocupação, talvez pela minha herança poundiana, com o problema da escrita ideogrâmica, da justaposição de opostos. Isso tem sido para mim muito importante, seja do ponto de vista da reflexão crítica, seja para a construção da minha própria poesia.

M.E.: *E mesmo para o seu trabalho de tradução, não é mesmo?*

H.C.: Ah, sim. Tanto para mim quanto para o Paz, a tradução é um trabalho de construção poética e motivo de reflexão teórica. Uma prática sistemática. No meu caso, inclusive, uma prática muito mais sistemática do que no caso do Paz. Nele, a tradução existe com bastante intensidade, mas não chegou a ser teorizada de uma maneira tão detalhada e à luz de tantos elementos diferentes como no caso da minha ensaística. Até por força de questões didáticas, tenho dedicado grande parte de meus ensaios à tradução. Na Pós-Graduação da PUC dei vários cursos sobre a poética da tradução. E a cada tradução que faço, busco ampliar as minhas reflexões sobre essa poética. Aliás, estou preparando um livro específico sobre tradução, onde vou reunir os trabalhos que publiquei dispersamente. Ele já tem um título: *Da transcriação: poética e semiótica da operação tradutora*. Não pude integrar ainda todos esses textos dispersos, por falta absoluta de tempo. Eu trabalho sozinho, sou o datilógrafo de mim mesmo, sou um arquivista de mim mesmo. Não tenho um aparato de secretaria. E minha mulher, que sempre pôde trabalhar comigo, ultimamente tem tido outras tarefas de interesse dela que não me permitem solicitá-la. Eu nem sequer trabalho ainda com um processador de textos. Não sou muito afim a computador, sou muito viciado em escrever à mão e à máquina de escrever. Até hoje escrevo muito à mão.

M.E.: *Já que tocamos nessa questão da tradução, eu gostaria de saber um pouco sobre o seu empenho em traduzir textos hebraicos. De onde vem esse seu interesse pela tradição judaica?*

H.C.: Isso tem muita relação com amigos meus. Desde os anos 60 convivo com representantes importantes da inteligência judaica aqui em São Paulo, dentre eles, Jacó Guinsburg, diretor da Perspectiva, a mulher dele, que foi assistente do Mário Schenberg, o próprio Mário Schenberg, que foi meu amigo, o Boris Schnaiderman, a Regina Schnaiderman. Enfim, tenho essas amizades desde a década de 60. Convivendo com o Jacob, fiquei muito exposto a aspectos da cultura hebraica, até que resolvi traduzir textos da Bíblia, considerando que, ao lado dos poemas homéricos, são o grande paradigma da literatura ocidental. Para esse trabalho, fiquei seis anos estudando hebraico. No início, eu tinha uma aula por semana, com duas horas de duração, e depois cheguei a ficar um dia por semana, à parte, estudando por conta própria. Hoje sou praticamente um rabino laico: o que tenho de bíblias, livros sobre a Bíblia, dicionários...

M.E.: *Esse seu interesse não tem nenhuma ligação com a ordem do sagrado?*

H.C.: Não tem, embora muitas vezes essa ordem me inquiete. Tenho muito respeito por ela, mas meu trabalho está voltado sobretudo para o poético. Evidentemente, como diz o Novalis, "quanto mais poético, mais verdadeiro". Assim, para quem tem sensibilidade poética e religiosa, ler uma transcriação da Bíblia que preserve os valores escriturais do texto é muito mais satisfatório do que ler uma tradução banal, que às vezes transforma o texto bíblico num *kitsch*. O hebraico tem uma poesia fantástica. Se há alguma coisa que justifique a função poética do Jakobson é a Bíblia Hebraica. Jakobson tem um trabalho em que tematiza a poesia bíblica, mostrando as grandes técnicas da poesia oral que existem na escritura bíblica: o jogo das rimas, do paralelismo, as técnicas combinatórias e paronomásticas. A oralidade não significava menos sofisticação que a tradição escrita. A Bíblia, antes de ser fixada na escrita, teve uma imensa tradição oral, tanto que um dos nomes da bíblia hebraica não é *escritura,* mas *leitura*. Era para ser lida dentro da comunidade, nas sinagogas.

M.E.: *Bem, aproveitando essa deixa do sagrado, faço mais uma pergunta sobre Octavio Paz: o senhor veria uma dimensão mística na obra dele?*

H.C.: É curioso observar que ele tem uma relação com o sagrado pelo viés do tantrismo. Há um momento em que o erótico e o sagrado, para ele, estão muito próximos. Não é por acaso que dentre as várias tradições do budismo, a que toca mais de perto o poeta seja a do budismo tântrico, que está expressa no *Blanco*. Também o interesse dele pela Sor Juana envolve essa dimensão do sagrado. Nesse caso, com outras preocupações. O fascínio que o Paz tem pela Sor Juana, essa monja que, ao mesmo tempo, era uma filósofa, uma poeta, uma pensadora, que viveu no contexto colonial mexicano, repressivo e machista, envolve a dimensão do sagrado, uma vez que esta era a dimensão da época. Agora, na poesia dele, não vejo essa dimensão, a não ser, como eu já disse, no plano erótico.

M.E.: *Mas na teoria já fica mais evidente esse vínculo com o sagrado, quando ele relaciona, por exemplo, poesia e mito, quando fala da linguagem primordial, do retorno às origens.*

H.C.: Ah, sim, um sagrado mítico, não religioso-confessional. Isso é verdade. Também a preocupação com o budismo, se é que se possa considerar o budismo uma religião. Talvez seja mais uma filosofia, uma atitude perante o mundo. Paz viveu um longo período na Índia e lá teve contato direto com coisas míticas e místicas. Na sua obra essa vivência realmente aparece.

A radicalização do signo*

*Manuel Ulacia***

O Oriente e a poesia concreta brasileira

Um dos diálogos mais frutíferos que se deram neste século entre a tradição poética de língua espanhola e a portuguesa foi o que mantiveram Haroldo de Campos e Octavio Paz. Sem nenhuma dúvida, a obra de cada um deles teve um importante impacto na do outro. Se a leitura processada por Paz dos poemas concretos do brasileiro — e, por extensão, do movimento da Poesia Concreta — deixa marcas tanto na poesia como na produção teórica de Paz, a que faz Haroldo de Campos do mexicano leva-o não apenas a traduzir *Blanco* e um conjunto de poemas curtos ao português, mas também a dialogar com Paz em sua própria produção poética.

É indubitável que a leitura de Octavio Paz da poesia de Haroldo de Campos em sua estadia na Índia marcaria profundamente sua escritura. Este diálogo é conseqüência das relações que Paz tinha estabelecido tanto com a tradição de vanguarda no Ocidente como com sua leitura da tradição oriental, e dá-se, precisamente, no momento em que sua obra sofre as transformações às quais já me referi nos capítulos precedentes; é, portanto, quando Paz começa a conceber o poema como um signo que aponta à alteridade.

Como já assinalei acima, até finais da década de cinqüenta grande parte de seus poemas tinham sido discursivos. A partir de sua estadia na Índia, e das leituras que faz da arte e da poesia orientais, unidas à de alguns teóricos como Lévi-Strauss e alguns lingüistas, sua escritura poética toma outros rumos. O encontro com a obra de Haroldo de Campos, nesse momento, viria a confirmar estes sentidos. Uma das primeiras pessoas que soube ver essa transformação na obra de Paz foi o poeta brasileiro mesmo. Na primeira carta que envia a seu amigo em Nova Délhi, diz:

---

* Este texto é um dos capítulos da terceira parte do livro *Octavio Paz: el árbol milenario*, que está para ser publicado no México.

** Traduzido por Horácio Costa.

A leitura de Libertad bajo palabra *permitiu-me identificar, creio, ao lado da poesia de tradição metafórica e retórico-discursiva característica da expressão espanhola e hispano-americana deste século, algo mais particular, uma outra linha, talvez menos evidente e freqüentada, que não obstante, ao que me parece, desempenha em sua poesia uma função medular: refiro-me aos poemas breves, despojados, que têm a ver com o haicai e a sintaxe de montagem; e também aos poemas sobre a mecânica do próprio poema — "poemas metalingüísticos" como eu gostaria de chamá-los —, nos quais a poesia se faz do seu próprio fazer. Estas duas vertentes são as que me parecem, em sua poesia, mais sensíveis ao desafio do "lance de dados" mallarmeano...*[1]

Frente a este julgamento crítico, Octavio Paz responde-lhe defendendo aquela parte de sua obra discursiva. Nesta carta lê-se:

Discordo de sua caracterização da poesia hispano-americana como "de tradição metafórica e retórico-discursiva". Não porque não seja exata a definição, mas por seu tom desdenhoso. Por um lado, não tenho nada contra essa tradição. É a de uma grande poesia viva; por outro, não é uma tradição privativa da língua espanhola: é a tradição do Ocidente, desde suas origens até nossos dias, sem excluir a poesia contemporânea em francês, inglês, alemão, português, italiano, russo, etc.[2]

Depois de enumerar os grandes poemas longos da primeira metade do século XX, pertencentes a essa "tradição metafórico-discursiva", entre os quais menciona os de Pound, Eliot, Stevens, Apollinaire, St. John-Perse, Pessoa, Maiakóvski, Breton, Michaux, etc., Paz agrega, na mesma carta, que a poesia concreta também é metafórica, e põe-lhe como exemplo um poema seu, que qualifica de "extraordinário", no qual descreve-se a cristalização da forma ("cristal/fome = fome de forma, forma de fome = cristal = forma").[3]

Apesar de que Octavio Paz tivesse dirigido a poesia que escrevera nos últimos vinte anos em direção ao signo, pode-se observar uma diferença óbvia entre a poética de ambos poetas. Essa diferença está marcada, sobretudo, pelo fato de que Paz — depois de escrever, como veremos mais adiante, dois livros de poesia próximos à poética concreta —, voltaria com a escritura de *El mono gramático* (1970) e mais tarde nos seus livros *Vuelta* (1969-1975), *Pasado en claro* (1974) e *Árbol adentro* (1987), ao poema discursivo, mesmo que nesses livros, e especialmente no primeiro deles, o signo tenha uma importância essencial.

Em sua carta, Haroldo de Campos expressa sua predileção por aqueles poemas breves e concisos dos anos quarenta, inspirados, como já assinalei noutro capítulo, na leitura que faz de Tablada e, anos depois, dos poetas do extremo oriente.[4] Se o poeta brasileiro se interessa por este aspecto da obra de Paz, sem dúvida isto se deve ao parentesco que estas composições mantêm com sua própria escritura. De alguma maneira, Campos contempla esses poemas como um elo da tradição na qual insere a sua própria obra.

Nessa carta, Octavio Paz diz que se interessou pelas manifestações teóricas e práticas da poesia concreta justo antes de redigir em 1964 "Los signos en rotación", e que o seu interesse por esse movimento surgiu da leitura que tinha feito tanto de algumas publicações de Hamilton Finlay e de seus amigos ingleses, como da antologia de Emmett Williams. Nesses livros apareceram parcialmente representados dois dos poetas brasileiros.[5] Será precisamente nesse ensaio, como já pudemos observar, onde o poeta se pergunta se "o poema não é esse espaço vibrante sobre o qual se projeta um punhado de signos como um ideograma que fosse um manancial de significações?"[6] Como podemos ver, a leitura da poesia concreta desde 1964 incidiria em alguns poemas incluídos em *Hacia el comienzo*, como "Custodia", ou na escritura de *Blanco*. Entretanto, será em seus dois livros de poema seguintes, *Discos Visuales* (1968) e *Topoemas* (1968), nos quais a marca da poesia concreta faz-se mais evidente. Mais ainda, manifesta-se como um diálogo. Que Octavio Paz entenda o poema como "um ideograma... manancial de significações" é resultado tanto da evolução de sua própria obra, como das leituras que a alimentaram, incluindo a mesma poesia concreta. Na carta citada, Paz medita amplamente sobre a forma na qual as obras de Mallarmé, Pound, Joyce, Cummings, e os mesmos poetas concretos, estao relacionados com o conceito de ideograma. Nela, afirma que "um poema concreto é como um ideograma; ou seja, não é realmente um ideograma",[7] diga-se, é a metáfora do mesmo. E ao referir-se à tradição compartilhada tanto pelos poetas concretos como por si próprio, diz-nos que o caso de Mallarmé (e, em menor medida, o de Cummings) é diferente do de Pound, que descrevia ideogramas. Em Mallarmé e em Cummings, agrega, não há descrição, o discurso reduzindo-se quase à enunciação. "Mallarmé vê a palavra como um centro de irradiações semânticas, mas nenhuma das suas palavras é auto-suficiente. (...) A revolução de *Un coup de dés* é a rotação das frases. O texto em movimento anula os significados anteriores ou os desvia e de ambas maneiras emite outros que, por sua vez, se anulam." O poema de Mallarmé é uma crítica do discurso poético, através do discurso. "...Em Pound", assinala o poeta mexicano, "também há uma crítica do discurso, porém sem o radicalismo metafísico de Mallarmé. Na realidade, Pound reinstala o discurso, que identifica com o curso da história... A negação do discurso *pelo discurso* é talvez o que define a toda a poesia do Ocidente." E ao referir-se aos surrealistas, diz-nos que estes negam o discurso lógico e, por um movimento inverso ao de Pound, introduzem o discurso onírico. E, ao meditar sobre a obra de Joyce, assinala que a conjugação e a copulação verbal também "estão nos antípodas do ideograma chinês: é o fluxo e refluxo circular da linguagem. A poesia moderna é a dis-persão do curso: um novo dis-curso. A poesia concreta é o fim desse curso e o grande re-curso contra esse fim."[8] Todos esses posicionamentos, que aparecem na referida carta, estão relacionados com o que já disse sobre "Custódia" e *Blanco*, mas também, como mais adiante assinalarei, são um possível diálogo com o manifesto de Haroldo de Campos chamado "A obra de arte aberta", escrito na década de cinqüenta, e incluído depois no livro *Teoria da poesia concreta.*[9]

Quanto aos poemas de Paz, ambos por serem a representação metafórica de um mandala, se apresentam a si mesmos como o ideograma ou conjunto de ideogramas que indicam o caminho à alteridade. Apesar de que a escritura de *Blanco* esteja intimamente relacionada, como vimos no capítulo anterior, com Mallarmé e com o tantrismo — tanto nas suas manifestações verbais como plásticas —, também podem ser encontrados vínculos com a poesia concreta. Não é por acaso que tenha sido Haroldo de Campos quem traduziu este poema ao português. Nele, o poeta brasileiro encontrou realizados muitos dos aspectos teóricos que o preocupavam desde os anos cinqüenta. Entre eles, a organização do poema como um espaço sobre o qual projeta-se uma série de fragmentos — os seis poemas centrais que desembocam no alvo e os oito poemas que incidem sobre o poema central, e que assinalam os oito pontos cardeais —, que constroem, através de núcleos de significados, o mandala explicado. Mas também Paz encontrou nos poemas de Haroldo de Campos o que estava desenvolvendo durante esses anos. Podem-se encontrar paralelos. Penso, por exemplo, no poema de Haroldo de Campos chamado "Poemandala",[10] que aqui reproduzo:

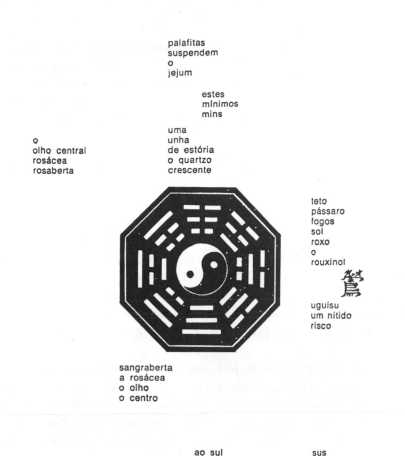

palafitas
suspendem
o
jejum

estes
mínimos
mins

uma
unha
de estória
o quartzo
crescente

o
olho central
rosácea
rosaberta

teto
pássaro
fogos
sol
roxo
o
rouxinol

uguisu
um nítido
risco

sangraberta
a rosácea
o olho
o centro

ao sul
o azul
cônsul
ruiu

sus
penas
apenas
penso

Também nesse poema pode-se observar uma série de núcleos de significados organizados como um mandala, em cujo centro há os oito trigramas do *I Ching* e dos dois signos ("yin" e "yang") do *Tao*. Além deste paralelo, podem-se encontrar outros, como a criação de metáforas através de texturas sonoras, a utilização de uma "sintaxe da montagem" e uma disposição tipográfica semelhante. Claro está, estes paralelos estão dados pela tradição que alimenta de maneira simultânea cada um desses poetas. Entretanto, ao passo que o poema de Paz se aproxima mais de *Un coup de dés*, o de Haroldo de Campos, segundo penso, tem uma origem poundiana.

Em 1968, Octavio Paz, em colaboração com o pintor Vicente Rojo, projeta e publica seu livro *Discos visuales*.[11] A escritura dos mesmos está feita a partir da leitura feita por Paz da vanguarda e da poesia concreta. Isso pode-se observar na nota mesma que aparece na terceira capa do livro:

Brinquedo e cerimônia que é ao mesmo tempo um brinquedo, os Discos visuales
propõem uma leitura linear que cancela a nossa passividade como leitores e nos
permite participar no processo criador. Esta intervenção complementar e esta
renúncia à fixidez distinguem os Discos visuales *de experiências artísticas*
afins, como o poema-objeto surrealista e as obras da poesia concreta.[12]

Com esse comentário, Paz aceita de antemão o seu diálogo com o
Surrealismo e com o Movimento da Poesia Concreta. Ao dizer que "os
Discos visuales propõem uma leitura linear que cancela a nossa passividade de leitores e nos permite participar no processo criador", coincide com
os posicionamentos que Haroldo de Campos apresentou pela primeira
vez no manifesto anteriormente citado, chamado "A obra de arte aberta"
e que, como já assinalei, foi o motivo da meditação que Paz enceta na
carta mencionada. É necessário recordar que o termo "obra aberta" e grande parte da teoria que Campos emprega nesse manifesto foram explora-
dos, mais tarde, por Umberto Eco e Julio Cortázar, entre outros.

Nesse manifesto, Haroldo de Campos diz:

Para objetivar o que, numa postulação voluntariamente drástica, no sentido
pragmático-utilitário que assume a teorização poundiana, poder-se-ia definir
como o campo vetorial da arte poética do nosso tempo, de cuja conjunção de
linhas de força resultantes previsíveis e outras imprevistas, podem surgir à
solicitação do labor criativo, bastaria indicar como eixos radiais as obras de
Mallarmé (Un coup de dés), Joyce, Pound, Cummings.[13]

Dentro desse eixo situa-se a obra de Haroldo de Campos e a incidên-
cia que ela assume sobre os livros de Octavio Paz. A "obra de arte aberta"
propõe o leitor como um participante ativo em si mesma.

Além desse paralelo, outros podem ser estabelecidos. Por exemplo, a disposição tipográfica que permite uma "leitura combinatória" e,
também, a indeterminação semântica que se apresenta em alguns dos
Discos. Entretanto, se a "renúncia à fixidez", mencionada na citação, distingue os *Discos visuales* dos poemas-objeto dos surrealistas e daquelas
obras da poesia concreta, esse mesmo recurso os aproxima daquela corrente cinética da "Optical Art", que surge na Europa simultaneamente ao
Movimento da Poesia Concreta.

Por outra parte, do ponto de vista formal, os quatro poemas que
conformam os discos visuais estão aparentados com aqueles poemas
breves e concisos que Paz começaria a escrever desde os anos quarenta,

inspirados pela leitura de Tablada e dos poetas orientais. Inclusive o poema "Juventud" fecha, com uma tipografia fixa, a coleção de poemas incluídos em *Ladera Este*:

> El salto de la ola
> > > más blanca
> cada hora
> > más verde
> cada día
> > más joven
> la muerte[14]

No *Disco visual* (cuja reprodução aqui é impossível, por razões óbvias), a combinatória oferece leituras múltiplas. Ao girar o disco, surge o "manancial de signos", que possibilita a variedade de leituras. É o leitor ativo quem arma o poema. Por exemplo: "Más verde" / "cada hora" / "más joven" / "más blanca" / "la muerte" / "el salto de la ola". Outras combinações poderiam ser feitas. Entretanto, todas elas desembocam, graças à unidade do fraseio, isto é, dos *signos* e da sintaxe quebrada, caudatária da tradição que antes mencionei, no título revelador. A mesma coisa poder-se-ia dizer dos demais *Discos visuales*.

Esta característica nos distancia, por sua vez, da poesia concreta. As leituras combinatórias que propõe cada qual dos *Discos visuales* estão baseadas nas relações relativas que se estabelecem entre as diferentes frases e não entre a palavra signo destituída das relações sintáticas convencionais.

Como podemos observar na rica correspondência entre Haroldo de Campos e Octavio Paz, publicada em *Transblanco*, é enorme o interesse do poeta mexicano, ao redor de 1968, pelo Movimento da Poesia Concreta. Na sua primeira carta, Octavio Paz diz a seu contemporâneo brasileiro o que até então conhece do Movimento.[15] Apesar de que o seu conhecimento parcial o tivesse levado a esse diálogo a que nos referimos, com a leitura dos livros enviados por Haroldo de Campos à Índia — primeiro a *Antologia noigandres* e a *Teoria da poesia concreta* (que inclui textos críticos e manifestos escritos pelos participantes do Movimento entre 1950 e 1960), e mais tarde o "Plano Piloto para a Poesia Concreta" — Paz "projeta" sobre o papel seis poemas concretos, que chama *Topoemas*. Em sua segunda carta a Haroldo de Campos, o poeta mexicano, ao contar-lhe a sua aventura, explicita:

> É uma homenagem, como digo no comentário final, a antigos e novos mestres da poesia — e entre estes últimos, em primeiro lugar, aos poetas brasileiros de Noigandres e Invenção.[16]

E, nas notas que inclui na publicação de seu volume *Poemas* (1935-1979), ao expressar com maior detalhe a tradição que homenageia, menciona a:

> *Juan José Tablada, a Matsuo Basho e a "seus discípulos e sucessores" (e a R. H. Blyth, pelos quatro volumes de seu* Haikú *e a Donald Keene que me abriu as portas da poesia japonesa); aos poetas e calígrafos chineses (e a Arthur Waley, por seus* Chinese Poems, The book of songs, The life and times of Po-Chü-I, The poetry and carrier of Li-Po, *e tantas outras traduções); a Apollinaire, Arp e Cummings; e a Haroldo de Campos e o grupo de jovens poetas brasileiros de* Noigandres *e* Invenção.[17]

Com esta dedicatória, Paz nos diz em qual tradição insere os *Topoemas*. O título dos mesmos também é explicado por Paz em suas notas. Nelas, nos revela: "Topoema = topos + poema. Poesia espacial, em oposição à poesia temporal, discursiva. Recurso contra o discurso." (p.693). E, na sua primeira carta ao poeta brasileiro, ao comentar as obras dos concretos, diria: "Os senhores descobriram — ou inventaram — uma verdadeira topologia poética".[18] É a partir deste comentário que Paz projeta os seus poemas. Na palavra "topologia" está a clave: topos + poesia = poesia, isto é, poesia concreta. Se a palavra "topos" significa em grego "lugar", "topoema" significa então "o lugar do poema".

A aglutinação de duas palavras para criar uma terceira, além de ser, como veremos a seguir, uma das técnicas que Paz encontra na Poesia Concreta, também a encontraria em alguns poetas de língua espanhola, tais como Huidobro ou Vallejo, ou em outros de língua inglesa, como o mesmo Joyce ou cummings. Em muitos poemas podemos encontrar a criação de uma nova palavra a partir da união de duas palavras para criar um signo, uma imagem. Por exemplo, o título do poema reproduzido: "poemandala" que está formado das palavras poema + mandala. Em muitos de seus poemas, podemos encontrar uma variedade de casos como esse. Não é necessário mencioná-los.

Nas mesmas notas que acompanham a edição de *Topoemas*, Paz diz: "os seis poemas são signos ("sinos")[19] a ...Marie-José e a um grupo de amigos".[20] Deve-se sublinhar que a palavra "sino" (n. do t.: "sina", em português) também significa, em espanhol, segundo Casares: "fado, destino". O sino/signo é o destino em direção à experiência poética. É aqui onde se encontra o paralelo na intenção de emprego da criação de uma palavra a partir da união de duas, como signo/sino em ambos os poetas. Ambos concebem seus poemas como signos em direção a uma outra dimensão: a alteridade, a metalinguagem.

O primeiro dos *Topoemas*, "Palma del viajero" (n. do t.: "palmeira do viajante", em português), está mais próximo, por sua composição, aos "ideogramas líricos" de Fillippo Tommaso Marinetti.[21] É necessário que a palavra "viajero" (n. do t.: "viajante", em português), dentro do esboço da paisagem apresentada (o caminho e a palmeira), aparece como um sujeito em movimento:[22]

Mas também recorda os "Caligrammes" de Apollinaire ou alguns poemas visuais de Huidobro ou do próprio Tablada.

Os outros cinco poemas estão mais próximos da poesia concreta. Por exemplo, "Parábola del movimiento", inspirado no capítulo 56 de *Rayuela* de Cortázar, recorda tanto pela disposição tipográfica sobre a página, como pela seqüência de afirmações e negações que se dão num espaço aberto, os poemas de Haroldo de Campos, tais como "Fome de forma" ou "nascemorre".[23] Voltemos aos posicionamentos que Haroldo de Campos expõe no seu manifesto "A obra de arte aberta". Como é possível ver neste tipo de composições, o leitor participa ativamente *re*-criando o texto. Curiosamente, os mencionados poemas de Haroldo de Campos apareceram na antologia de Emmett Williams antes mencionada, e que Paz conhecia desde o princípio.

Outro exemplo notável é o *Ideograma de la libertad*. Esse poema funciona, ainda, como um mandala. Devemos observar que o título não aparece no poema a não ser na nota que o acompanha. Entre as múltiplas leituras que oferece, ao ser lido de baixo para cima, parte de uma afirmação e uma negação: "*No*" "*Si*". Depois aparecem dois traços que lembram a escritura ideogramática chinesa, e que nos indicam o caminho à terceira palavra, conciliação dos dois princípios (o masculino e o feminino, "yin"e "yang", *karuna* e *prajna*, *lingam* e *yoni*, *Rasañã* e *Lalañã*, etc.), o *signo* "*SINO*".[24] Aqui reproduzo o poema:

Na nota a esse poema, Paz refere-se a ele como: "Uma constelação semântica, no sentido figurado ou no literal: "*sino* é o duplo semiculto de *signo*: sinal celeste, constelação (*signum*)... A diferença gráfica entre 'sino' (n. do t. : como já dissemos, "sina") e 'signo' só muito tardiamente foi estabelecida". (Joan Corominas: *Diccionario crítico-etimológico de la lengua castellana*, p.695). A palavra "SINO" é também o *signo* que desemboca no branco da página. Devemos recordar que o título aparece só na nota citada. O espaço em branco, dentro do sistema de sistema ao que viemos aludindo ao longo dos últimos capítulos, adquire como significado "a liberdade". Numa leitura ocidental, de cima para baixo, o signo / SINO desemboca na afirmação e na negação acima assinalada. Este jogo de afirmações e de negações, como um "barroco moderno" — utilizando a terminologia de Haroldo de Campos em seu texto "A obra de arte aberta"— pode ser encontrado em muitos de seus poemas.

Outros exemplos poderiam ser dados. Todos notáveis. Creio que não é necessário. Não obstante, dever-se-ia mencionar que a lógica da conciliação dos contrários, que deve tanto ao *I Ching* como ao *Tao*, e ao budismo em geral, unida à intenção caligráfica oriental, está presente em todos.

Na obra de Haroldo de Campos, Octavio Paz encontra o emprego do *signo* como poucas vezes fora usado na poesia, assim como, igualmente, uma crítica ao discurso poético no Ocidente, o que tanto lhe preocupou.

Notas

1 PAZ, Octavio /CAMPOS, Haroldo de. *Transblanco*. Rio de Janeiro: Guanabara, 1986, p.94.

2 Ibidem, p.97. Cito em português porque esta carta apareceu publicada nesse idioma. Não figura na edição *ARCHIVO BLANCO* (México: Ediciones el Equilibrista, 1995), feita por Enrico Mario Santí.

3 *Transblanco*, p.98.

4 Refiro-me às composições breves incluídas em *Condición de nube* (1944) e aos que formam a série chamada *Piedras sueltas* (1955), e a alguns outros pertencentes a *Salamandra* (1958-1961).

5 A antologia de Emmett Williams que cita Paz chama-se *An anthology of Concrete Poetry*. New York, Something Else Press, 1967. Cf. *Transblanco*, cit. pp.96-7.

6 *El arco y la lira*, p.270. N. do T.: no original em espanhol, a citação de Paz lê-se: "el poema ¿no es esse espacio vibrante sobre el cual se proyecta un puñado de signos como un ideograma que fuese un surtidor de significaciones? "

7 *Transblanco*, p.101.

8 As citações são tiradas da carta que aparece em *Transblanco*, p.101.

9 CAMPOS, Augusto de, PIGNATARI, Décio e CAMPOS, Haroldo de. *Teoria da poesia concreta (textos críticos e manifestos 1950-1960)*. São Paulo: Duas Cidades, 1975. O texto de Haroldo de Campos a que me refiro foi publicado no *Diário de São Paulo*, 3 de julho de 1955, republicado em *O Correio da Manhã*, Rio de Janeiro, 28 de abril de 1956. É possível que Haroldo de Campos tenha enviado esse manifesto a Octavio Paz na Índia, na década de sessenta. Apesar de que o manifesto tenha como título *A obra de arte aberta*, nele o próprio Haroldo de Campos diz: "Pierre Boulez, em conversa com Décio Pignatari, manifestou o seu desinteresse pela obra de arte 'perfeita', 'clássica', de 'tipo diamante', e enunciou a sua concepção da *obra de arte aberta*, como um "barroco moderno". *Teoria da poesia concreta*, p.33.

10 CAMPOS, Haroldo de. *Xadrez de estrelas*. São Paulo: Perspectiva, 1976, p.157.

11 Lamentavelmente, este livro nunca foi impresso.

12 *Discos visuais*. Informação contida na terceira capa. N. do T.: Assim lê-se o original em espanhol: "Juego y ceremonia que es a la vez un juego, los *Discos visuales* proponen una lectura lineal que cancela nuestra pasividad de lectores y nos perite participar en el proceso creador. Esta intervención complementaría y esta renuncia a la fijeza distinguen a los *Discos visuales* de experiencias artísticas afines, como el poema-objeto surrealista y las obras de la poesía concreta."

[13] *Teoria da poesia concreta*, p.30.

[14] N. do T.: A numeração usada por Ulacia aqui, e a que estará presente em todas as citações subseqüentes de Octavio Paz não discriminadas empé de página, refere-se a: *Poemas 1935-1975*; Barcelona: Seix Barral, 1979, p.445. Traduzo o poema ao português: *O salto da hora / mais branca / cada hora / mais verde / cada dia / mais jovem / a morte.*

[15] *Transblanco*, p.96.

[16] *Transblanco*, p.102.

[17] N. do T.: assim lê-se no original: "Juan José Tablada, a Matsuo Basho y a sus 'discípulos y sucesores' (y a R.H. Blyth por sus cuatro volúmenes de su *Haikú* y a Donald Keene que me abrió las puertas de la poesía japonesa); a los poetas y calígrafos chinos (y a Arthur Waley, por sus *Chinene Poems*, The Book of songs, *The life and times of Po-Chü-I, The poetry and career of Li-Po*, y tantas otras traducciones); a Apollinaire, Arp y Cummings; y a Haroldo de Campos y el grupo de jóvenes poetas brasileños de *Noigandres* e *Invenção* (p.694).

[18] Ibidem, p.227.

[19] N. do T.: Há um jogo fônico, devido à homofonia, entre "signos" e "sinos" ("sina", isto é, "fado" ou "destino" em português) no original em espanhol, impossível de traduzir ao português, ao qual mais adiante no mesmo parágrafo o ensaísta alude.

[20] Os "topoemas" estão dedicados da seguinte maneira: Marie José, "Palma del viajero"; Julio y Aurora, "Parábola del movimiento"; Ramón e Ana, "Nagarjena"; Charles e Brenda, "Ideograma de la libertad"; Antonio e Margarita, "Monumento reversible"; Carlos y Rita, "Cifra". Em *Poemas*, p.694-695.

[21] Ver os que aparecem no livro de Anne Coffin Hanson. *The futurist imagination*. New Haven: Yale University Art Gallery, 1983.

[22] Na nota referente a este poema, diz Paz: 1. *Palma del viajero* (Ravenala madagascariensis): "A tree whose leaves are arranged in a peculiar fanlike shape. The sheathing leaf-bases from receptacles in which considerable quantities of water are stored and hence the name". Guia de los Royal Botanical Gardens de Paradeniya, Kandy); p.499. A nota de Paz evidentemente supõe uma leitura na qual se faça presente a ironia.

[23] Reproduzo o segundo, incluído em *Xadrez de estrelas*, sem página.

```
                    se
                    nasce
                    morre nasce morre
                            renasce remorre renasce
                                   remorre renasce
                                          re
                re
       desmorre desnasce
desmorre desnasce desmorre
       nascemorrenasce
          morrenasce
             morre
              se
```

[24] N. do T.: "Sino" — como disse em nota anterior, corresponde a "sina" (fado, destino) em português, e é homófono, em espanhol, de "signo"; outras acepções, mais usuais e com as quais "brinca" Octavio Paz, são "senão", "ainda que", "em vez de", em português.

Octavio Paz — Haroldo de Campos: Transblanco. Um entrecruzamento de escritas líricas da modernidade*

*Klaus Meyer-Minnemann***

Na modernidade, que pode ser concebida como processo de diferenciação do estético em campo autônomo, conseqüência da "racionalização de todas as áreas da sociedade e do saber"[1] iniciada no século XVIII, duas tendências opostas de escrita lírica podem ser determinadas. Ambas têm como pressuposto a dissolução das poéticas classicistas durante o Romantismo e passam a se transformar em escritas com caráter normativo. Uma delas caracteriza-se pelo desprendimento do discurso lírico das regras coercitivas da métrica e da estrofe, para se converter num discurso que se entende como livre fluir. No plano do conteúdo, ela se expressa, pela primeira vez, no famoso poema de Rimbaud, *Le bateau ivre*; realiza-se, na forma, no *vers libre* dos simbolistas, e é levada ao seu ponto culminante, finalmente, na *écriture automatique* dos surrealistas. A característica da outra tendência é a paralisação do discurso lírico enquanto fluxo, que significa, para o destinatário, uma suspensão da linearidade do falar/escrever. Essa tendência, cuja marca principal é a combinatória dos elementos lingüísticos baseada em semelhanças e contrastes fônicos, morfológicos e semânticos, inicia-se com *Un coup de dés* de Mallarmé e alcança seu auge na Poesia Concreta.

É possível resumir a oposição das duas escritas líricas nos seguintes pontos: o desprendimento do discurso das regras coercitivas da métrica e da estrofe para se transformar num livre fluir acentua a discursividade do poema e, assim, o caráter temporal do falar. Por outro lado, a combinação

---

*Agradeço muito a Haroldo de Campos pela leitura amável do presente trabalho e pela sua generosidade de ter colocado à disposição um material de difícil acesso para mim. Além disto, obtive indicações úteis de Inke Gunia, Katharina Niemeyer e Sabine Schlickers, todas elas de Hamburgo.

Este ensaio foi publicado, em alemão, em *Romanistisches Jahrbuch*. Vol. 47, 1996. Berlin, New York: Walter de Gruyter, p.320-335.

** Traduzido por Georg Otte.

dos elementos lingüísticos em função de semelhanças e contrastes fônicos, morfológicos e semânticos tende a uma espacialização, que suprime o caráter processual do poema e, conseqüentemente, seu caráter temporal. O livre fluir do discurso poético é associado a uma riqueza de imagens, sobretudo de metáforas. O princípio básico desta última é a analogia que se torna opaca no Romantismo. Ao contrário disso, a escrita da paralisação do discurso lírico, inaugurada por Mallarmé, reside, graças à combinação não-linear dos elementos lingüísticos, na concretude do material lingüístico usado, ou seja, em sua materialidade (sons, morfemas, lexemas). Quanto aos tropos, ela privilegia a metonímia, devido à sua relação "real" (quantitativa, causal, final, etc.) com a palavra de partida, ao invés da relação "análoga".

As duas escritas marcaram também a lírica da modernidade latino-americana. O Eu lírico de um grande número de poemas de Pablo Neruda pode ser considerado como exemplar para o livre fluir do discurso poético. Seu dizer, embora ocasionalmente perpassado pela idéia da paralisação (como p.ex. em *Galope muerto*), está marcado pelo fluxo livre da palavra.[2] A maior parte da poesia de Octavio Paz, que, durante muitos anos, estava em contato íntimo com os surrealistas parisienses do pós-guerra, também se enquadra nessa escrita. No entanto, há na sua lírica vários exemplos que se opõem a um desprendimento do discurso que visaria à liberdade do falar fluente.[3] O outro tipo de escrita da suspensão da linearidade do discurso poético encontra-se de maneira paradigmática na Poesia Concreta brasileira, que participa da fundação do movimento da Poesia Concreta nos anos 50.[4] Nela, a linearidade do falar, caracterizada por relações contíguas, é substituída por uma conexão dos elementos lingüísticos, que se baseia em relações fônicas, morfológicas e semânticas, e que acaba numa dinâmica nova e não-linear do material léxico.[5]

Em 1986, Haroldo de Campos publica sua versão do poema *Blanco* de Octavio Paz, cuja primeira edição tinha sido lançada em 1967.[6] A ela Campos acrescenta uma série de textos, que têm como função dar alguns esclarecimentos sobre o poema de Paz e sobre os princípios de sua tradução, mas que transformam, ao mesmo tempo, a publicação numa outra obra, numa composição elaborada. Trata-se de alguns comentários de Emir Rodríguez Monegal sobre *Blanco* e sua tradução para o português; do trecho de uma carta de Octavio Paz a Rodríguez Monegal, de 19 de abril de 1967, sobre a disposição tipográfica do *Fragmento IV* de *Blanco* para a revista *Mundo Nuevo*, editada por Rodríguez Monegal naquela época; da nota preliminar de Paz a respeito da estrutura de *Blanco* e das opções de leitura daí resultantes; de um comentário de Haroldo de Campos sobre a disposição tipográfica de sua publicação do poema em espanhol e sua versão em português; das observações de Paz sobre a primeira edição de *Blanco* junto com um comentário de Haroldo de Campos sobre a tradução da expressão "escalera de escapulario"; de algumas outras indicações de Paz sobre *Blanco*, provenientes de uma leitura pública na Universidade de São Paulo, no dia 7 de maio de 1984; de algumas observações de Haroldo de Campos sobre os princípios de sua tradução; da correspondência entre Octavio Paz e Haroldo de Campos entre 1968 e 1981 sobre as características da Poesia Concreta; da aproximação de Paz à Poesia Concreta e de questões da tradução de *Blanco*, além de 28 comentários de Haroldo de Campos sobre a correspondência; duas cartas de Paz e do cientista político brasileiro Celso Lafer, do ano de 1968, assim como comentários de Julio Ortega sobre *Blanco* e de Haroldo de Campos sobre aspectos concretistas em Octavio Paz. O volume é encerrado com uma pequena antologia de poemas da coleção *Libertad bajo palabra* (na versão de 1960), assim como do poema *Petrificada petrificante* (1976) de Octavio Paz, em versão de Haroldo de Campos. O título *Transblanco*, que Haroldo de Campos dá ao livro, significa "em-torno-a-Blanco" e refere-se tanto à tradução do poema quanto ao texto inteiro que o poeta brasileiro constrói em torno de *Blanco* e *Branco*, sua versão em português. Essa também é a função do título do livro que diz, em forma de acréscimo entre parênteses: "em torno a *Blanco* de Octavio Paz".

Em 1994, *Transblanco* é lançado em segunda edição ampliada.[7] É mantida a divisão do livro em quatro blocos, acrescidos de textos, alguns deles inéditos. O primeiro bloco contém as mesmas introduções da primeira edição, com um prefácio adicional de Haroldo de Campos. O segundo bloco, com o título "Transblanco", contém o texto original de *Blanco* e a tradução por Haroldo de Campos, mais os comentários e as correspondências que constam da primeira edição. O terceiro bloco, intitulado "Em torno de Blanco", reúne as observações, já contidas na primeira edição, de Ortega sobre *Blanco* e de Campos sobre os princípios da sua tradução dos poemas, assim como um artigo sobre *Blanco* de Eduardo Milán; além disso, a resenha da primeira edição de *Transblanco*, de Andrés Sánchez Robayna, para a revista *Vuelta*, dirigida por Paz; uma outra resenha, de Paulo Leminski, para a revista *Isto é*; um artigo de Haroldo de Campos com o título "Reflexões sobre a transcriação de *Blanco*, de Octavio Paz, com um excurso sobre a teoria da tradução do poeta mexicano"; há também a "Constelação para Octavio Paz", de Haroldo de Campos, já contida na primeira edição, sobre os aspectos concretistas na obra do mexicano, assim como a antologia inalterada dos poemas de *Libertad bajo palabra*. O quarto e último bloco apresenta, como a primeira edição, a versão original de "Petrificada petrificante" e sua tradução por Haroldo de Campos. Além disso consta um comentário do poeta brasileiro sobre o poema "La guerra de la dríada o vuelve a ser eucalipto" da coletânea *Arbol adentro* (1987) de Octavio Paz; mais dois poemas de Octavio Paz com tradução para o português, como contribuição do autor mexicano a um "Espetáculo de poesia em raio *laser*", que foi promovido pelo jornal *Folha de São Paulo* em 1992 e do qual participaram também Décio Pignatari, Augusto e Haroldo de Campos, Arnaldo Antunes e Walter Silveira; e, finalmente, uma longa conversa entre Celso Lafer e Haroldo de Campos sobre alguns aspectos da obra de Octavio Paz, que se realizou em 1984 e foi publicada no *Jornal da Tarde*.

Em *Transblanco*, as duas escritas líricas, definidas no início do nosso texto, se cruzam de uma maneira notável. Nas seguintes considerações, que têm como objetivo analisar seu entrecruzamento, refiro-me à segunda edição do livro, que inclui a recepção da primeira. O ponto de partida das minhas observações é o conceito de *transcriação*, que Haroldo de Campos, baseado em Walter Benjamin, usa para sua tradução de *Blanco*. Nas "Reflexões sobre a transcriação de *Blanco*", Campos explicita que a tradução de poesia ou de outros textos literários, que apresentam uma complexidade semelhante devido ao seu alto grau de informação estética, é uma "operação semiótica", uma atividade geradora de significados, em dois sentidos.

Stricto sensu, a tradução de poesia seria uma prática semiótica particular. Ela visaria a conservar e a reconstruir o "intracódigo" a ser pressuposto, a partir de uma hipótese heurística, para todas as línguas. O intracódigo seria o código poético peculiar que determina o teor poético de um texto lírico escrito numa língua específica. Numa perspectiva lingüística, tratar-se-ia da função poética tal como a concebeu Roman Jakobson, ou seja, daquela função da linguagem voltada para a materialidade do signo lingüístico, tanto no que diz respeito à sua forma expressiva (aspectos fônicos e rítmico-prosódicos) quanto ao conteúdo (aspectos morfo-sintáticos e retórico-tropológicos). Na terminologia de Walter Benjamin, o intracódigo corresponderia à idéia da "linguagem pura", articulada no ensaio "A tarefa do tradutor".[8] O objetivo seria pôr a nu, através de uma "transpoetização", essa "linguagem pura", que estaria "presa" na linguagem de partida. Segundo Benjamin, essa tarefa seria cumprida pela "remissão" do "significar", entendido como "modo de representar ou de encenar" do texto de partida, para a linguagem do tradutor, o que não deve ser confundido com a mera "restituição de sentido", a tradução referencial, cuja meta seria a reprodução do "conteúdo" ou do "sentido" do texto de partida. Do ponto de vista de uma poética lingüística, a transcriação revelaria o uso de uma função poética no poema de partida e transformaria o resultado dessa revelação numa metalinguagem, para evidenciar a estratégia de construção do poema de chegada. A metáfora da "linguagem pura", que, em Benjamin, tomaria ares de uma apocatástase messiânica, ou seja, da "restituição de um estado original",[9] poderia ser pensada nos termos de uma prática específica, que teria como objetivo expor a forma semiótica que estaria na base da poesia de todas as línguas e que seria transferível, através de uma tradução criadora, de uma para a outra. Essa "forma semiótica", ou intracódigo, não corresponderia a um mero conteúdo de superfície, mesmo se ela se definisse como uma forma significante, uma vez que ela teria uma importância semântica em suas menores articulações.[10]

De acordo com Campos, a transcriação é, portanto, uma atividade que torna visível a atuação da função poética da linguagem no texto de partida, reconstruindo essa atuação na versão da linguagem de chegada. Essa reconstrução acontece através da reconstituição do uso da linguagem do texto de partida, marcado pela função poética, com os meios da língua de chegada. Isso significa que, sempre quando o uso da linguagem do texto de partida aponta para sua materialidade tanto na expressão quanto no conteúdo, o uso da linguagem do texto de chegada imita esse apontar, de tal maneira que ele não é apenas recriado, mas se torna também visível. Com isso, a transcriação passa a ser uma recriação que, ao tornar visível o intracódigo, transcende, ao mesmo tempo, o texto de partida. Remetendo a Benjamim, o termo indicado para significar a transcriação deveria ser, em alemão, *Umschöpfung*.

Cabe aqui ressaltar que Haroldo de Campos interpreta a função poética a partir de uma perspectiva particular. Enquanto ela pode, de acordo com Jakobson, manifestar-se a qualquer momento como uma das seis funções lingüísticas, sem fazer parte de um código específico,[11] em Campos ela representa uma gramática universal, uma espécie de segunda gramática que garante a respectiva poeticidade do texto individual. Essa poeticidade, sinônimo de uma complexidade lingüística rica em informações estéticas, é encontrada em todas as línguas, podendo ser re-produzida, via transcriação, de uma para qualquer outra língua.

A tradução é, para Campos, um processo de semiose também no sentido de participar do jogo da troca dos interpretantes, no entender de Peirce[12], e de poder ser pensado, conforme Umberto Eco, como semiose ilimitada no plano das ligações culturais, na medida em que a literatura seria um imenso "canto paralelo" que se desdobraria no espaço e no tempo através de um movimento "plagiotrópico", apropriadora em seus deslocamentos, não-linear, porém intermediado, e muitas vezes subversivo.[13]

Nos dois sentidos, a tradução poética seria uma atividade crítica, que implicaria uma escolha conduzida por um "projeto de leitura" que partiria do momento da redação, isto é, do "passado de cultura", e que consistiria numa postura do pôr-em-obra e da atualização da "poética sincrônica". Nesse sentido, Campos propõe-se a traduzir apenas aquilo que se insere num projeto de militância cultural: de Pound a Maiakóvski, de Joyce a Mallarmé, de Dante a Goethe, e aquilo que exige a criação de novos conceitos explicativos: "recriação, transcriação, reimaginação (no caso da clássica poesia chinesa), transparadisação ou transluminação (*Seis cantos do Paradiso de Dante*) e transluciferação mefistofáustica (Cenas Finais do *Segundo Fausto de Goethe*)"[14]. *Transblanco* seria, até hoje, a última etapa dessa prática de tradução de índole crítica e com fins transculturais. Para Haroldo de Campos, *Blanco* é o ponto culminante da poesia de Paz. Por um lado, o poema representaria a retomada da tradição mallarmeana na lírica hispano-americana; por outro, a superação da retórica do Neruda tardio, isto é, da poesia como inspiração espontânea, em favor de uma poesia crítica que desprenderia a metáfora de sua incorporação numa linearidade indiferente para reconcebê-la nos termos de uma combinatória lúdica e de uma dinâmica estrutural.[15]

Fica claro que o conceito da *transcriação* em Haroldo de Campos deve ser visto no contexto dos princípios poetológicos que orientavam a Poesia Concreta.[16] Um desses princípios diz que o Poema Concreto expressa seu fazer, ou seja, sua poética, através de si mesmo; nas palavras do "Plano-piloto para poesia concreta", lançado por Augusto de Campos, Décio Pignatari e Haroldo de Campos em 1958: "(...) o poema concreto comunica a sua própria estrutura: estrutura-conteúdo. O poema concreto é um objeto em e por si mesmo, não um intérprete de objetos exteriores e/ou sensações mais ou menos subjetivas."[17] Levado para o conceito da transcriação, isso significa que a tradução enquanto transpoetização alme-ja uma elaboração do "modo de significar" no lugar do "significado".[18] No conceito da transcriação também se encontra a dissolução da linearidade do discurso, em favor de relações de semelhanças fônicas e semânticas do material lingüístico usado no poema concreto; é dessa dissolução que resulta, na recepção, uma dinamização da formação de seqüências fônicas e de sentidos através das múltiplas possibilidades de sua combinatória. Na medida em que a transcriação privilegia o "modo de significar" em detrimento do "significado", ela suspende a linearidade deste último, mesmo que ainda a acompanhe, devido à vinculação permanente da tradução ao significado, vinculação esta que Haroldo de Campos nunca negou.[19] Pelo menos na teoria, o "pôr em evidência" do intracódigo se estende como uma rede sobre as palavras do texto de partida, paralisando, assim, seu fluxo linear. Em princípio, esse tipo de paralisação também leva a uma nova dinâmica, na medida em que, no ato da recepção do "modo de significar" transcriado, se torna possível uma formação não-linear de seqüências fônicas e semânticas, apenas latente no texto de partida.

No entanto, o conceito da transcriação em Haroldo de Campos não aponta apenas para os princípios poetológicos que orientam a Poesia Concreta. Ele também pode ser correlacionado com o conceito da *razão antropofágica*, que foi desenvolvido por Campos num ensaio muito lido e que alude, de maneira intertextual, ao conceito da *antropofagia* de Oswald de Andrade.[20] A *razão antropofágica* designa uma certa capacidade de apropriação não-linear de produtos intelectuais por parte das culturas latino-americanas, que não procura, dentro do processo de apropriação, o específico que constitui o objeto da apropriação em sua singularidade, mas a diferença, ou seja, apenas aquilo que o qualifica como outro. Nesse sentido da apropriação do objeto intelectual enquanto processo de "torção e contorção de um discurso",[21] através do qual o outro aparece no mesmo, o processo de apropriação orientado pela razão antropofágica pode ser concebido também como transcriação, ou, de modo inverso, a transcriação como fenômeno da razão antropofágica. Através do exemplo especialmente complexo da transcrição de um fragmento da "Noite de Walpurgis Clássica" da Segunda Parte do *Fausto* de Goethe (2º ato; v.7093 a 7099), Haroldo de Campos explica que na tradução, mais do que em qualquer outra atividade literária, incorporar-se-ia o conceito da mímese, "não como teoria da cópia ou do reflexo salivar, mas como produção da diferença no mesmo."[22]

Numa discussão do conceito de tradução em Octavio Paz,[23] que não precisa ser aqui retomado detalhadamente, Campos apresenta um exemplo de sua tradução de *Blanco* que elucida como a transcriação traz à tona a função poética da linguagem e como este aspecto da transcriação se relaciona com a poética da suspensão da linearidade do discurso poético. Segue um exemplo do início do poema, no original e na transcriação:

> *Un girasol*
> *Ya luz carbonizada*
> *Sobre un vaso*
> *De sombra*
>
> * * *
>
> *Um girassol*
> *Agora sol carbonizado*
> *Sobre uma jarra*
> *De sombra*

Enquanto alguns sememas do original são reproduzidos em português de maneira análoga, o que pressupõe que não apenas os significantes, mas também os significados do poema de partida e do poema de chegada se correspondem, outros são substituídos na transcriação. Nela, a expressão "ya luz carbonizada" aparece como "agora sol carbonizado", o semema "vaso" como "jarra". Que aconteceu no processo da transcriação? Ao invés de "luz", que corresponde a "luz" em espanhol, Campos escolhe a metonímia "sol", ao invés de "já", "agora". Por trás disso, há a intenção de estabelecer, por um lado, um paralelismo fônico entre GIRAssol e JARRA e de evitar, por outro lado, o encontro fônico imediato entre [3 i] e [3 a], que se daria ao optar pelo "já" na tradução para o português. "AgOra SOL" retoma "girASSOL" e reforça o paralelismo fônico por um paralelismo etimológico. O "YA" do espanhol é "re"produzido, fonicamente, no "JArra".[24] Parece-me, no entanto, que o efeito da transcriação vai mais longe ainda. Tanto "luz" quanto "ya" e suas correspondências em português contêm a idéia de um movimento que segue a flecha do tempo. Esse movimento falta aos significados de "sol" e "agora": ele é paralisado. Através dessa paralisação destaca-se, numa espécie de *mise en abyme*, uma característica do poema paziano que interessa particularmente a Campos: a espacialização do discurso poético.

Assim, a transcriação benjaminiana leva a um resultado duplo: por um lado, ela realiza, através da condensação das relações de semelhança fônica do texto de partida, um pôr-em-evidência do *intracódigo*. Desse modo, a seqüência fônica do original [a]: [c] em "girAsOl", "cArbOnizada", "vAsO" e sua inversão em "sOmbrA" é reforçada em português através de "girAssOl", "AgOra", ou ainda "agOrA", "AgOrA sOl", CArbOnizAdO", "sOmbrA" e "jarrA/de sOmbra". Por outro lado, a transcriação desloca o foco do texto poético da linearidade discursiva, que, apesar de tudo, predomina em Paz, para uma "espacialidade" que resulta das conexões fônicas e etimológicas.

Dessa maneira, o exemplo do método de tradução da transcriação, apresentado por Campos na sua correspondência com Paz, esclarece como "o modo de significar" benjaminiano, isto é, o *intracódigo* poético, deve ser evidenciado através da transcriação e como, apenas pela escolha do poema, essa poética se entende como escrita normativa, focalizada pela transcriação. Assim acontece também em outro exemplo:

en el muro la sombra del fuego
en el fuego tu sombra y la mia

el fuego te desata y te anuda
Pan Grial Ascua
              Muchacha
tú ries — desnuda
en los jardines de la llama

llama rodeada de leones
leona en el circo de las llamas
ánima entre las sensaciones

frutos de luces de bengala
los sentidos se abren
en la noche magnética

          La pasión de la brasa compasiva

***

no muro a sombra do fogo
no fogo tua e minha sombras

o fogo te ata e desata
Pão Graal Áscua
              Mulher
teu riso — nua
entre os jardins da chama

chama rodeada de leões
leoa no círculo das chamas
alma animando sensações

frutos de fogos-de-bengala
os sentidos se exabrem
na noite magnética

          Paixão de brasa compassiva

Aqui também torna-se clara a intenção da suspensão da linearidade e da condensação, com o objetivo de pôr em evidência o intracódigo de *Blanco*. Paz escreve: "en el fuego de tu sombra y la mía", o que, em termos sintáticos, seria uma seriação justaposta, significando, portanto, linearidade. Haroldo de Campos resume: "no fogo tua e minha sombras". Paz escolhe a expressão "circo de las llamas", Campos transforma em "círculo das chamas". Assim, ele conserva o número de sílabas do texto de partida; no entanto, ele consegue mais ainda. Enquanto + [circular] é apenas um dos semas de "circo" em espanhol, em português é sua denotação. A arena (circular), com sua conotação de processo, até mesmo de luta, transforma-se num círculo indiferente à noção do sucessivo. Na expressão "circo de las llamas", o dinamismo de "circo" corresponde ao flamejar implícito em "llamas", ao passo que em "círculo das chamas", embora o flamejar não seja anulado — muito pelo contrário —, ele é "cercado". Além disso, a transcrição consegue mais ainda. Depois de deixar claro que não se trata de um erro de leitura quando traduz "circo" por "círculo", Haroldo de Campos esclarece:

> Subentenda-se, antes, que me deixei guiar deliberadamente por uma sugestão prosódica (um verso de nove sílabas, com a tônica na quinta, mimando a música do original), reforçada pela vinculação etimológica entre ambas as palavras e, ainda, pela relação sinedóquica que se estabelece (e que a imagem de O. Paz insinua) entre o "círculo em chamas" usado pelos domadores em espetáculos de feras e o próprio recinto circular da arena.[25]

Constata-se, novamente, a intenção da condensação fônica. Transforma-se, por exemplo, a expressão "ÁnimA entre las sensaciones" em "AlmA AnimAndo sensações", "Frutos de luces de bengala" vira "Frutos de Fogos-de-bengala", "el fuego de desATA y te anuda" acaba em "o fogo te ATA e desATA". Na correspondência entre Haroldo de Campos e Octavio Paz sobre a transcriação de *Blanco*, a condensação fônica desempenha um papel importante. Paz elogia a expressão "alma animando sensações" por causa de sua conotação animista que ele mesmo teria almejado sem se preocupar, no entanto, com a condensação fônica. Entretanto, ele questiona a exatidão semântica da seqüência "Pão Graal Centelha", que Campos tinha escolhido originalmente no lugar de "Pan Grial Ascua", e ainda o lexema "mulher" para "muchacha".[26] Haroldo de Campos responde:

> Vou mudar. Posso manter áscua em port. No meu idioma, áscua tem duas acepções: a) centelha e b) brasa, carvão ardente (a acepção "b" é mais obsoleta,

mas existe ainda: "olhos que brilham como áscuas", "as áscuas da dor")
Assim:

Pão Graal Áscua

Eu havia utilizado centelha *em função do jogo fônico que faz com* mulher *(centELHa/muLHEr), réplica ao seu ÁscUA/mUchAchA. Mas me dou conta de que o jogo funciona com AscUa e nUA em minha tradução, um pouco mais adiante. Linha 48: Não tenho outra opção:* muchacha *em port. é* moça, *palavra que ficaria muito banal e desnivelada semanticamente no texto de minha tradução; por outro lado,* jovem, *a outra solução possível, além de resultar algum tanto formal e solene como dicção em meu texto, é um adj. substantivado em port., que não indica necessariamente, como tal, feminilidade. Logo, mantendo* mulher, *que produz um resultado muito eficaz, como vocábulo abarcante que é, neste ponto de minha tradução.*[27]

Há outros exemplos de evidenciação do *intracódigo* de *Blanco* na transcrição de Haroldo de Campos. Eles mostram como o autor brasileiro lê o poema longo conforme a poética da Poesia Concreta e como ele lhe sobrepõe a conexão dos elementos lingüísticos, com base nas semelhanças fônicas e semânticas.

Mas, será que o intracódigo que Campos quer trazer à tona através de *Blanco* corresponde à poética de *Blanco*? À primeira vista, não parece ser o caso. *Blanco* é um poema que tem como princípio a linearidade do falar, o fluir do discurso, lembrando esse princípio também através de seu título. "Blanco" não significa apenas 'branco', mas também "alvo" no sentido de "tiro ao alvo", "punto u objeto a que se dirige un tiro, una flecha u otra cosa que se lanza".[28] Daí as expressões "apuntar al blanco", "atinar al blanco", "dar en el blanco" etc.[29] Enquanto título do poema, portanto, "blanco" evoca, também, a linearidade do falar, até mesmo seu direcionamento para um fim. A primeira edição de *Blanco* alude a isso através da impressão do texto dobrado como uma sanfona, que se desdobra verticalmente durante a leitura.[30] Para a reimpressão do poema em *Ladera este* (1969), Paz dá o seguinte esclarecimento:

Como no ha sido posible reproducir aquí todas las características de la edición original de Blanco *(México, 1967), señalo que este poema debería leerse como una sucesión de signos sobre una página única; a medida que avanza la lectura, la página se desdobla: un espacio que en su movimiento deja aparecer el texto y que, en cierto modo, lo produce. Algo así como el viaje inmóvil al que nos invita un rollo de pinturas y emblemas tántricos: si lo desenrollamos, se despliega ante*

nuestros ojos un ritual, una suerte de procesión o peregrinación hacia ¿donde?
El espacio fluye, engendra un texto, lo disipa — transcurre como si fuese tiempo.[31]

A seqüência de signos numa página única destacada por Paz, o desdobramento do texto no ato da leitura, o passar do espaço "como se fuera
tiempo", todas essas são qualidades que podem ser atribuídas à poética do
discurso poético do livre fluir. Nesse contexto é interessante observar como
Haroldo de Campos lida com a dificuldade de reproduzir, em português, o
sentido múltiplo de "blanco". Numa carta a Octavio Paz, de 12 de julho de
1978, ele constata:

> *Desde logo, há um problema com o título: em português,* branco *não tem o*
> *significado substantivo de "objeto situado longe, para exercícios de tiro e pon-*
> *taria"; a palavra portuguesa correspondente é* alvo, *que, todavia, não é tão*
> *"forte" como* branco *— por ser algo rebuscada — em sua acepção adjetiva de*
> *cor... Creio que convém adotar "Branco" no título, sopesados todos os aspec-*
> *tos semânticos e estéticos da questão.*[32]

O fato de Haroldo de Campos escolher "branco" como título para
a tradução do título, ou seja, de eliminar o direcionamento e a linearidade
do discurso lírico, conotado em "blanco", pode ser visto no contexto da
poética da suspensão do caráter processual do falar na poesia concreta,
ao qual Campos submete sua versão.[33]

No entanto, "blanco", em espanhol, não significa apenas "branco"
e "alvo", mas ainda 'lacuna' ou, num sentido mais geral, 'vazio', no sentido da palavra em espanhol "vacío". Numa carta ao poeta inglês Charles
Tomlinson de 19 de março de 1968, na qual são discutidas questões da
tradução inglesa de *Blanco*, Paz chama a atenção para o fato de o título do
poema ter três significados:

> *La palabra* blanco, *en este caso, tiene tres significados simultáneos: white,*
> *blank y target. En un diccionario inglés veo que blank (tiene el mismo origen*
> *que blanco) posee dos de los tres significados: an empty space, a void; a* white
> *paper without writing or marks; y, sobre todo, the* white *mark in the center of*
> *a* target. *¿La asociación íntima de blank y white no podría justificar como*
> *título Blank [...]? [...] Otras posibilidades: White center. O, un poco a la*
> *manera de Olson:* Blank/Centre/White *[...]. ¿O, tal vez:* Blank: white
> centre? *Me inclino [...] por* Blank/Centre/White.[34]

Os três significados evocados de *blanco* reúnem, no poema de Paz, os
três aspectos centrais da existência. Espaço e tempo constituem a plenitude

externa da existência, que, de acordo com o Budismo, caracteriza-se pelo vazio (blanco = vacío). Em sua carta a Charles Tomlinson, Paz observa que, originalmente, *Blanco* teria como título a palavra sânscrita *sunya* ou *sunyata*. Escreve Paz: "Esta palabra quiere decir literalmente (cito de nuevo a Conze): 'relating to the swollen'. [...] En efecto, *sunya* es vacuidad y, al mismo tiempo, plenitud".[35]

Através do significado "vacío" do significante *blanco*, o poema ganha uma dimensão metafísica. De acordo com a escola budista Madhamaka, fundada entre os séculos II e III depois de Cristo por Nâgâryuna, que também marca os *Topoemas* redigidos pouco depois de *Blanco*,[36] a função dos conceitos *sunya* ou *sunyata* é de denunciar a existência, o *samsara*, como algo enganoso ou inautêntico. A esta existência inautêntica, ao vazio da plenitude existencial, opõe-se o verdadeiro ser, o *nirvana*, que é e não é, que não tem início nem fim, que não é determinado nem determina. A passagem do discurso poético em *Blanco* de

> el comienzo
>> el cimiento
> la simiente
>> latente
> la palabra en la punta de la lengua
> inaudita   inaudible
>> impar
> grávida   nula
>> sin edad
> la enterrada con los ojos abiertos
> inocente   promiscua
>> la palabra
> sin nombre   sin habla[37]

para

> el mundo
>> haz de tus imágenes
> anegadas en la música
>>> Tu cuerpo
> derramado en mi cuerpo
>>> visto
> desvanecido
>> da realidad a la mirada.[38]

é ao mesmo tempo a passagem através da falta de substância da existência. Contudo, o verdadeiro ser revela-se inalcançável — mesmo que perceptível através da experiência do amor, que era um dos pontos fundamentais do Surrealismo, interpretado, agora, de maneira tântrica— de modo que, depois da passagem, o início é novamente alcançado: o silêncio, que, podemos dizer assim, é o modo de dizer adequado ao verdadeiro ser.

Resumindo, chega-se ao resultado de que 'branco' é o silêncio, a superfície inicialmente vazia do papel, o espaço no qual desdobram-se os signos lingüísticos no tempo, no ato da leitura. Esse desdobramento aponta para um alvo (não alcançável), o "branco". Além disso, 'branco' é 'vazio', isto é, plenitude enganosa da existência, também no sentido de o blanco se transformar em todas as cores na análise espectral. A sucessão dos signos lingüísticos em *Blanco* leva do branco do começo, anterior ao discurso, da superfície vazia do papel, à verdadeira plenitude do alvo (inalcançável), que se transforma novamente, quando a última palavra deixa de se ouvir no vazio, no silêncio.

Mas, uma vez que os signos lingüísticos em *Blanco* desdobram-se sucessivamente, eles também entram em relações não-lineares, paradigmáticas. E esse é o segundo aspecto da construção do poema, que o enquadra naquela poética da modernidade que visa à suspensão da forma processual do discurso, marcada por relações de contigüidade, em favor de uma conexão dos elementos lingüísticos baseada em semelhanças fônicas e semânticas. De fato, no já citado comentário à reimpressão de *Blanco* em *Ladera este*, Paz prossegue:

> A esta disposición de orden temporal y que es la forma que adopta el curso del poema: su discurso, corresponde otra, espacial: las distintas partes que lo componen están distribuidas como las regiones de un mandala.[39]

> Blanco *es una composición que ofrece la posibilidad de varias lecturas, a saber:*

> a) En su totalidad, como un sólo texto;

> b) la columna del centro, con exclusión de las de izquierda y derecha, es un poema cuyo tema es el tránsito de la palabra, del silencio al silencio (de lo "en blanco" a lo blanco — al blanco), pasando por cuatro estados: amarillo, rojo, verde y azul;

> c) la columna de la izquierda es um poema erótico dividido en cuatro momentos que corresponden a los cuatro elementos tradicionales;

> d) la columna de la derecha es otro poema, contrapunto del anterior y compuesto de cuatro variaciones sobre la sensación, la percepción, la imaginación y el entendimiento;

e) cada una de las cuatro partes formadas por dos columnas puede leerse, sin
tener en cuenta esa división, como un solo texto: cuatro poemas independientes;

f) la columna del centro puede leerse como seis poemas sueltos y las de izquierda
y derecha como ocho.[40]

Essa enumeração das possíveis modalidades de leitura desloca o foco da recepção textual da reprodução linear do discurso lírico para a produção criativa do poema no ato da leitura. Assim, suspende-se a posição privilegiada do autor interno enquanto instância que, através da voz do eu lírico, impõe linearidade em favor de uma cooperação dinâmica e livre do destinatário/do leitor dentro das coordenadas do texto.

Através da transcriação de *Blanco*, Haroldo de Campos procura desnudar a poética que forma a base do poema de Paz, ou seja, seu intracódigo. Este alimenta-se da poética da Poesia Concreta, que deve ser vista como a forma mais elaborada daquela escrita lírica da modernidade que visa à suspensão da linearidade do discurso no ato de sua recepção.[41] Na medida, porém, em que *Blanco* se funde, também, com a escrita lírica do livre fluir, a elaboração do intracódigo concretista do poema através da transcriação de Haroldo de Campos significa, de fato, uma interferência de uma escrita lírica oposta que tende a paralisar o fluxo do falar. No entanto, essa interferência não resulta apenas da sobreposição de uma escrita oposta. O próprio poema de Paz apresenta esse entrecruzamento, opondo ao fluxo do discurso as múltiplas possibilidades de uma leitura não-linear, inerente a esse fluxo.

Resta saber em que medida a elaboração do intracódigo de *Blanco* através da transcriação leva a uma neutralização da escrita oposta em que o poema se fundamenta. Até um certo ponto, não tem como negá-la. Privilegiar as semelhanças fônicas e semânticas do texto através da transcriação significa um deslocamento da escrita do livre fluir para a combinatória não-linear. Por outro lado, a vinculação permanente da transcriação ao "significar" abrange o poema em sua totalidade, inclusive as características do fluxo direcionado. Em *Branco, Blanco* continua sendo um entrecruzamento de escritas líricas da modernidade, apenas com novo enfoque.

Mais interessante, no entanto, é outro aspecto ligado a *Blanco* e sua transcriação. A observação de Celso Lafer, feita numa conversa com Haroldo de Campos, segundo a qual os modos homérico e bíblico de representação, elaborados por Auerbach, se reuniriam em *Blanco* para formar uma "admirável combinação",[42] permite a afirmação de que a escrita lírica do fluxo livre pode ser associada à seriedade do estilo bíblico, sendo que o *ludus* do narrar homérico adere à escrita da suspensão da linearidade. Devido à dimensão metafísica do "significar", domina em Paz a seriedade em detrimento da combinatória lúdica, que, graças à transcriação de *Branco*, passa por um deslocamento em direção ao lúdico. Enquanto a seriedade, na diferenciação do estético em campo autônomo, sempre significa, também, resistência contra o processo de racionalização da modernidade, o lúdico tende à afirmação desta última. Ao mesmo tempo, as duas tendências, apesar de opostas, são indissociavelmente ligadas à modernidade, pois representam o outro lado do processo de racionalização.

Notas

[1] Cf. KLINGER, C., *Flucht — Trost — Revolte. Die Moderne und ihre ästhetischen Gegenwelten.* München: Wien, 1995.

[2] Desde *Tentativa del hombre infinito* (1926), o desprendimento para um falar poético de fluxo livre — é nesse sentido que Neruda usa freqüentemente o verbo "cantar" — é uma marca da lírica nerudiana. Sobre o poema *Galope muerto*, que já data do ano de 1926, cf. a leitura de Hernán Loyola em: Pablo Neruda, *Residencia en la tierra*, edición de H. Loyola, Madrid, 1987, p.85-90.

[3] Cf. p. ex. a seleção "Piedras sueltas", em: Octavio Paz, *Libertad bajo palabra (1935-1957)*, edición de E.M. Santí, Madrid, 1988.

[4] Cf. KESSLER, D., *Untersuchungen zur Konkreten Dichtung: Vorformen — Theorien — Texte*, Meisenheim am Glan, 1976, particularmente p.94s. e p.151ss.; cf. tb. Ph. Menezes, *Poética e visualidade. Uma trajetória da poesia brasileira contemporânea.* Campinas 1991, p.19ss.

[5] H. Friedrich, em *Die Struktur der modernen Lyrik*, Hamburg, 1967, 2ª edição, p.13, não chegou mais a perceber a ligação entre o construtivismo de Mallarmé e a Poesia Concreta, como mostra seu comentário sobre "os escombros de palavras e sílabas expelidas maquinalmente" desta última. Por outro lado, ele não conseguiu julgar a continuação conseqüente da "poesia alógica" do Surrealismo, proveniente de Rimbaud e Lautréamont, de outra maneira a não ser como "vomitar — e artificial por cima" (p.192).

[6] PAZ, Octavio/CAMPOS, Haroldo de, *Transblanco (em torno a* Blanco *de Octavio Paz).* Rio de Janeiro, 1986.

[7] Idem, 2ª edição, São Paulo, 1994.

[8] Haroldo de Campos se refere ao ensaio "A tarefa do tradutor" ("Die Aufgabe des Übersetzers") que figura como prefácio de sua versão dos *Tableaux parisiens* de Baudelaire, publicada em 1923: cf. W. Benjamin, *Gesammelte Schriften IV*, Frankfurt/M. 1972, Vol. 1, págs. 9-21, e as notas, Vol. 2, págs. 888-895. Sobre a interpretação da obra de Benjamin por Haroldo de Campos cf. também "Teoria da linguagem em Walter Benjamin", Revista USP 15 (1992), págs. 72-84.

[9] Cf. J. Ritter (ed.), *Historisches Wörterbuch der Philosophie*, Darmstadt 1971ss., Vol. 1, sub voce *Apokatastasis*.

[10] *Transblanco*, p.181ss.

[11] Segundo Jakobson, a função poética da linguagem, isto é, a representação de si mesmo em sua materialidade, reside no fato de que, através dela, o princípio da equivalência é transferido do eixo da seleção (relações paradigmáticas) para o eixo da combinação (relações

sintagmáticas): cf. R. Jakobson, "Linguistics and Poetics", em: T.A. Seboek (ed.), *Style in Language*, Cambridge, Mass. 1960, p.358.

[12] Sobre o conceito do interpretante e seus três sentidos cf. K. Oehler, *Charles Sanders Peirce*, Munique 1993, p.127ss.

[13] Sobre o conceito da *plagiotropia* cf. Haroldo de Campos, *Deus e o diabo no Fausto de Goethe*. São Paulo, 1981. p.75, nota 5.

[14] *Transblanco*, p.184s.

[15] Neste meio tempo, Haroldo de Campos apresentou outras *transcriações*: cf. *Hagoromo de Zeami. O charme sutil* (com uma colaboração especial de Darci Yasuco Kusano e Elza Taeko Doi). São Paulo, 1993, e *Bere'shit. A Cena da origem (e outros estudos de poética bíblica)*, São Paulo, 1993.

[16] Estamos falando, aqui, da poesia do grupo *Noigandres*, que defendia, até 1963/64, a substitutibilidade de seus membros e que deu vida à expressão *poesia concreta*, usada, pela primeira vez por Augusto de Campos no seu sentido programático: cf. Ph Menezes, *Poética e visualidade*, p.23ss., e Haroldo de Campos, *Konkrete Poesie in Brasilien: Rationalismus und Sensibilität*, em: R. Sevilla/D. Ribeiro (eds.), *Brasilien, Land der Zukunft?*, Unkel no Reno, Bad Honnef, 1995, p.251-260; cf. ainda Haroldo de Campos, *De la poesia concreta a "Galaxias" y "Finismundo": cuarenta años de actividad poética en Brasil*, em: H. Costa (ed.), *Estudios brasileños*, México, 1994, p.129-175.

[17] Citado de acordo com Augusto de Campos/Décio Pignatari/Haroldo de Campos, *Teoria da poesia concreta. Textos críticos e manifestos 1950-1960*. São Paulo, 1987, p.156s.

[18] Benjamin, *Die Aufgabe des Übersetzers*, p.14.

[19] É nesse sentido, também, que ele se manifestou numa carta a mim do 24 de fevereiro de 1996: "Não perde nunca, porém, os parâmetros semânticos do original (ainda, onde se trata de semantização do estrato fônico ou dos diagramas morfo-sintáticos, aspectos de 'conteúdo' geralmente perdidos nas traduções convencionais [...])".

[20] O título do ensaio é "Da razão antropofágica: diálogo e diferença na cultura brasileira", publicado, inicialmente com outro subtítulo, em *Colóquio/Letras*, Vol. 62, 1981, p.10-25. Foi traduzido para o espanhol, o inglês, o francês, o italiano e o alemão. Refiro-me, aqui, à versão de: Haroldo de Campos, *Metalinguagem & outras metas. Ensaios de teoria e crítica literária*. São Paulo, 1992, p.231-255.

[21] *Metalinguagem*, p.243.

[22] CAMPOS, Haroldo de, *Deus e o diabo no Fausto de Goethe*, p.183.

[23] PAZ, Octavio, *Traducción: literatura y literalidad*. Barcelona, 1971, p.7-19, reimpresso em: O.P., *El signo y el garabato*. México, 1973, p.57-69.

[24] Conforme o autor na já mencionada carta a mim, de 24/02/96; cf. também *Transblanco*, p.127.

[25] *Transblanco*, p.92.

[26] Ibidem, p.121s.

[27] Ibidem, p.124s.

[28] M. Moliner, *Diccionário de uso del español*. 2 vols., Madrid 1977; Vol. 1, sub voce *blanco*.

[29] Ibidem.

[30] PAZ, Octavio, *Blanco*. México, 1967. Uma reimpressão dessa edição foi publicada em 1972 em México e novamente junto com *Archivo blanco*, publicado por E.M. Santi, que tem por modelo o *layout* de *Transblanco*.

[31] Octavio Paz, *Ladera este*. México 1969. p.145.

[32] *Transblanco*, p.117.

[33] Por outro lado, o sentido múltiplo do título *Blanco* é suspenso em *Transblanco* no sentido da *Aufhebung* hegeliana [*Aufhebung*, o termo-chave da dialética hegeliana, joga com os três sentidos que a palavra, de fato, pode assumir na língua alemã: suspensão, elevação e conservação; nota do tradutor]. Além disso, Campos, através de uma referência à sua versão da canção *Donna mi priegha* de Guido Cavalcanti, observa na carta citada do 12 de julho de 1978, que o port. "alvejar" aponta tanto para 'branco' quanto para 'direcionamento' (cf. "branquear" e "atirar no alvo"). *Transblanco*, p.117s. Sobre sua versão da canção de Cavalcanti cf. Haroldo de Campos, "Guido Cavalcanti: O metatexto sobre o amor", *Estudos Italianos em Portugal*, vols. 43-44 (1980-81), p.45-58.

[34] *Archivo blanco*, p.150.

[35] Ibidem, p.151.

[36] Cf. MEYER-MINNEMANN, K., "Octavio Paz: Topoemas. Elementos para una lectura", em: *Nueva Revista de Filología Hispánica*, vol. 40, 1992, p.1113-1134.

[37] Uma vez que *Blanco* foi impresso como folha dobrada verticalmente na primeira edição, o poema não apresenta números de página. Os versos citados se encontram na edição de *Blanco* para a coleção *Ladera este*, México 1969, p.147.

[38] *Ladera este*, p.169.

[39] Ibidem, p.145. Contudo, esses campos dispostos como num mandala só se tornam acessíveis através da discursividade da leitura.

[40] *Ladera este*, p.145. Numa das muitas reimpressões do poema, o adjetivo "erótico" da modalidade c) foi (despercebidamente?) omitido. Em Octavio Paz, *Poemas (1935-1975)*, Barcelona 1979, p.482, e Octavio Paz, *Obra poética (1935-1988)*, Barcelona 1990, falta o adjetivo, assim como na edição alemã bilíngüe do poema em [?] Octavio Paz, *Suche nach einer Mitte. Die großen Gedichte*. Trad. de F. Vogelsang. Frankfurt/M., 1980. p.52. O adjetivo consta nas reimpressões México (1972) e México (1995) da primeira edição.

[41] Cf. a respeito também os poemas reunidos em Haroldo de Campos, *Xadrez de estrelas (percurso textual 1949-1974)*, São Paulo, 1976, principalmente da série *o â mago do ô mega*, na qual o vazio budista é representado pela cor branca (reduplicado através de caracteres brancos numa superfície preta, ou seja, através de uma inversão dos *blancs* mallarmeanos): "Zero ao Zénit/nitescendo/ex nihilo".

[42] *Transblanco*, p.300s.; cf. também p.140 s.

Octavio Paz: um percurso através da modernidade

Rodolfo Mata

A tradição da ruptura

Ante a disputa do fim ou do resgate da modernidade e das vanguardas, da ficção ou realidade do pós-moderno, as palavras do poeta Octavio Paz talvez sejam as que melhor dão conta do fenômeno: "La modernidad emite actitudes y pensamientos críticos como tinta el pulpo".[1] A imagem, precisa em sua capacidade de captar o movimento moderno, resume o princípio da mudança que Paz desenvolve sob a designação de "tradição da ruptura". Ao realizar a crítica que lhe permitirá mudar de posição e ser *outra*, a modernidade já contempla a assimilação e o desvanecimento que a obrigará a uma nova emissão crítica.

"La modernidad, diz Paz, nunca es ella misma: siempre es otra".[2] Sua tradição é a novidade, a heterogeneidade, a mudança que tem a ruptura como forma privilegiada para desalojar o passado e instituir outra tradição. Poder-se-ia dizer que a modernidade é aquela enteléquia que não apenas é auto-suficiente, como leva em si mesma seu próprio princípio de destruição-construção. Isto é, trabalha não com a identidade e a repetição, mas com a alteridade e a contradição. Constrói baseando-se em rupturas. Representa a substituição do tempo circular, mítico e coletivo da antigüidade, pelo tempo linear, escatológico e individual de uma cristandade na qual Deus morreu e o fim dos tempos, longe de oferecer a eternidade de um céu ou um inferno, mostra um futuro terreno eterno e inalcançável, lugar do desejo e da eterna insatisfação. O espaço da utopia desce à terra e sua união se dá com a história, no progresso, e não com Deus, na eternidade.[3]

Para Paz — como para outros críticos — a modernidade sofreria uma cisão em meados do século passado. Da idéia burguesa do tempo linear, mensurável, comercializável e equivalente ao dinheiro; do culto à razão, à idéia de liberdade definida no marco de um humanismo abstrato, mas também orientada a um pragmatismo, à ação, ao êxito e ao progresso; a modernidade se resolveu contra si mesma, transformou-se em rebelião antiburguesa, anarquia, visão apocalíptica e auto-exílio, criando assim a *outra* modernidade, a estética.[4] Isso marcaria o começo da poesia moderna, a qual tem seus antecedentes, segundo Paz, nos românticos alemães e ingleses, sua definição clara em Baudelaire, e seu ocaso nas vanguardas.

Assim, a modernidade, como *paixão crítica*, como *tradição contra si mesma*, passou a interrogar os valores da própria sociedade que a produziu: a burguesa. Segundo Paz, no terreno literário, isso significa que a corrida iniciada pelos valores artísticos, durante a Renascença, em busca de sua autonomia, ganharia uma vitalidade inédita. O decadentismo ou esteticismo, como se costuma denominar esse período, levaria esta auto-suficiência da esfera artística a conceber a arte como objeto.[5] Paz define esse enfrentamento entre as duas modernidades, a burguesa e a estética, da seguinte maneira:

> *Crítica del objeto de la literatura: la sociedad burguesa y sus valores; crítica de la literatura como objeto: el lenguaje y sus significados. De ambas maneras la literatura moderna se niega y, al negarse, se afirma-confirma su modernidad*[6]

No primeiro enunciado, pode-se perceber o distanciamento crítico dos valores da burguesia. No segundo, aparece a autonomização. Dá-se, aqui, a união de duas críticas: uma para dentro (no plano da literatura) e outra para fora (no plano da sociedade).

A disputa entre as duas modernidades prolonga-se até hoje[7] e assume vários nomes, desde que o eixo em torno do qual girem as discussões seja precisamente essa autonomia dos valores estéticos na sociedade capitalista ocidental industrializada e de consumo. Nesse sentido, o tema das modernidades continua sendo debatido e pode tomar variadas formas, tais como modernidade *versus* contemporaneidade, vanguarda *versus* arte engajada ou modernidade *versus* pós-modernidade. Por isso Paz, ao recordar sua luta contra o realismo socialista e a literatura engajada, afirma:

> *Hoy las artes y la literatura se exponen a un peligro distinto: no las amenaza una doctrina o un partido político omnisciente sino un proceso económico sin rostro, sin alma y sin dirección*[8]

No entanto, a colocação paradoxal da "tradição da ruptura" aparece, em Paz, não só com a dimensão da mudança ou da continuidade da mudança, mas com uma profundidade que se expande em outra direção: "La tradición de la ruptura implica no sólo la negación de la tradición sino también de la ruptura".[9] A tradição moderna contém em si mesma não apenas seu modo de reprodução baseado em rupturas, mas também uma angústia por resolver-se fora de si, um afã por restabelecer uma continuidade não interrupta, por fazer "habitable al mundo".[10] Assim, depois de enumerar uma série de mudanças e revoluções sociais e de invocar seu paralelo nas artes e na literatura, Paz, em *Los hijos del limo*, se detém e retifica:

> *pero ¿cómo no advertir que esa sucesión de rupturas es asimismo una continuidad? El tema de este libro es mostrar que un mismo principio inspira a los románticos alemanes e ingleses, a los simbolistas franceses y a la vanguardia cosmopolita de la primera mitad del siglo XX.*[11]

O princípio a que Paz se refere é o da analogia que, em diálogo constante com a ironia, permite que o movimento da "tradição da ruptura" seja possível. As duas, analogia e ironia, formam um sistema de forças, antagônicas entre si e paralelas à oposição tradição-ruptura, com as quais se explica o desenvolvimento da poesia moderna. Se a ironia é a consciência da historicidade, o desejo do fragmentário, sucessivo e irrepetível, a analogia será seu contrário. Conforme Paz:

> *La analogía es el reino de la palabra como, ese puente verbal que, sin suprimirlas, reconcilia las diferencias y las oposiciones. La analogía aparece lo mismo entre los primitivos que en las grandes civilizaciones del comienzo de la historia, reaparece entre los platónicos y los estoicos en la Antigüedad, se despliega en el mundo medieval y, ramificada en muchas creencias y sectas subterráneas, se convierte desde el Renacimiento en la religión secreta, por decirlo así, de Occidente: cábala, gnosticismo, ocultismo, hermetismo. La historia de la poesía moderna, desde el romanticismo hasta nuestros días, es inseparable de esa corriente de ideas y creencias inspiradas por la analogía*[12]

Assim, a "tradição da ruptura", por intermédio da analogia, projeta-se no terreno da experiência religiosa da intemporalidade, do conhecimento pela revelação. Essa é a outra dimensão que o paradoxo heraclitiano da mudança adquire na proposta da "tradição da ruptura". A analogia é o princípio unificador das heterodoxias, o princípio que resolve em identidade o conflito alteridade-identidade, quando esse se torna ameaçador devido ao seu caráter desagregador. A ironia, por sua vez, contribui para impedir qualquer excesso que leve a uma uniformidade esterilizadora, a um monismo. A analogia não só consegue escapar do tempo linear, como também se converte na essência do tempo circular, ao tornar possível a identificação do "outro" com o "mesmo".

Por essa razão, para Paz, a experiência poética se encontra fora do tempo, nesse instante de presente absoluto que a define. O poema, como objeto, como ponte para essa outra realidade, "da de beber el agua de un perpetuo presente que es, asimismo, el más remoto pasado y el futuro más inmediato".[13] Isso não significa que, como corpo, o poema não se submeta ao curso da história. De acordo com tal leitura, seria possível afirmar que a poesia, como experiência poética, corresponde à transtemporal analogia, enquanto o poema, como corpo, inscreve-se sob o influxo da ironia. Os dois se encontram no presente que os atualiza e os une.

Mallarmé e o poema crítico

No entanto, no itinerário da analogia através da história, Paz coloca outro ponto de inflexão na poesia moderna, o qual retoma as dualidades delineadas antes (analogia-ironia, poesia-poema) e volta a confrontá-las numa nova síntese paradoxal. Segundo Paz, o poema de Mallarmé, *Un coup de dés*, encerra a etapa em que se buscou um absoluto como imagem do mundo, como sucedeu com Fourier e Baudelaire.[14] A consciência da linguagem como representação se aprimora e tanto a teoria da atração apaixonada de Fourier quanto as correspondências baudelaireanas, mostras exemplares da analogia unificadora, cedem, conforme Paz, à transposição mallarmeana "que anula lo real en beneficio del lenguaje".[15] A leitura paziana de *Un coup de dés* explica como o que se inicia como analogia, em Baudelaire, termina em ironia, ainda que se trate de uma ironia de cunho muito especial:

> El texto que es el mundo no es un texto único: cada página es la traducción y la metamorfosis de otra y así sucesivamente. El mundo es la metáfora de una metáfora. El mundo pierde su realidad y se convierte en una figura de lenguaje. En el centro de la analogía hay un hueco: la pluralidad de textos implica que no hay un texto original. Por ese hueco se precipitan y desaparecen simultáneamente, la realidad del mundo y el sentido del lenguaje.[16]

É importante ressaltar que, se num primeiro momento, a ênfase de Paz estava no resgate de uma continuidade por intermédio da analogia, agora ela parece voltar-se para a fragmentação da ironia. Da poesia como "experiencia poética", passa-se ao poema, ao texto. Entretanto, essa leitura de *Un coup de dés* não acaba aí, já que Paz resgatará a imagem da fragmentação com o auxílio do conceito de poema crítico:

> La poesía, concebida por Mallarmé como la única posibilidad de identificación del lenguaje con lo absoluto, de ser el absoluto, se niega a sí misma cada vez que se realiza en un poema (ningún acto, inclusive un acto puro e hipotético: sin autor, tiempo ni lugar, abolirá el azar) — salvo si el poema es simultáneamente crítica de esa tentativa.[17]

Assim, em Mallarmé, o diálogo ironia-analogia se resolve no poema crítico que, partindo de sua própria negação, mantém-se em um ponto eqüidistante entre a afirmação e a negação.[18] Esse tipo de avaliação em suspenso, aparentada com o paradoxo, tem outros paralelos além da própria "tradição da ruptura". Esse é o caso específico da experiência oriental de Paz — que recicla conceitos como o *Sunyata* ou *vazio* do budismo Mahayana, presente em seu poema *Blanco* — e da aparição, já nas vanguardas, da *metaironia*, a partir do exame de Marcel Duchamp. Conforme Paz:

> *Toda la obra de Marcel Duchamp gira sobre el eje de la afirmación erótica y la negación irónica. El resultado es la* metaironía, *una suerte de suspensión del ánimo, un más allá de la afirmación y la negación.*[19]

O poema de Mallarmé encerra uma etapa e inaugura outra que se inicia com as vanguardas, apesar de, em certo sentido, também antecipar a era pós-moderna. O poema crítico e a centralidade da linguagem passarão a esse novo e controvertido período, no qual é possível identificar três conceitos ligados à modernidade, tais como são concebidos por Octavio Paz: vanguarda, pós-modernidade e experimentalismo. No entanto, antes de prosseguir, é necessário abrir um parêntese para revisar brevemente a importância que a experiência oriental do poeta mexicano teve no desenvolvimento de suas idéias acerca da modernidade.

A experiência oriental

No discurso paziano as palavras "nada" e "vazio" pendem entre o universo ocidental e o oriental. Seu vaivém produz um efeito que se soma ao da "tradição da ruptura". Isto é, sua menção, às vezes, vem acompanhada de ressonâncias desagregadoras, típicas de uma visão ocidental do mundo moderno, e outras vezes se orienta em direção à idéia de unidade, ainda que o faça através de uma peculiar atualização da tradição budista. Tal efeito também se relaciona à estruturação de conceitos por meio do paradoxo, técnica presente em grande parte da escritura ensaística de Octavio Paz. Além da "tradição da ruptura", outros exemplos desse recurso são o paradoxo da universalidade dentro da particularidade, que é possível ser encontrado em suas meditações acerca da identidade do mexicano; o paradoxo da eternidade dentro da sucessão, implícito em sua teoria da experiência poética como contato com o tempo circular e mítico que se dá, por sua vez, no devir histórico; e o paradoxo do vaivém do ego entre si mesmo e a "outridade" — presença do estranho dentro de nós mesmos — tema que permeia significativamente sua produção poética.

O contraste entre o nada e o vazio orientais e sua contrapartida ocidental conforma um tema-chave na obra do poeta mexicano. Segundo uma carta de 1866, citada por Paz em *Los hijos del limo*, Mallarmé afirmava que havia afrontado dois abismos: um era o *nada*, ao qual chegara sem conhecer o budismo (curiosa observação do autor de *Un coup de dés*, sublinhada por Paz), enquanto o outro era a *obra*, o absoluto.[20] Esse nada não remete à fragmentação. Trata-se do nada que no budismo Mahayana se conhece como *vazio* ou, usando o termo em sânscrito, *Sunyata*. Sua manifestação escapa às categorias normais da razão e ele só pode ser conhecido através da experiência, já que a linguagem, presa na finitude, é insuficiente para explicá-lo. Corresponde também ao "caminho do meio", mencionado nos discursos de Buda, que se situa entre os extremos que afirmam, um, que as coisas possuem ser e, outro, que as coisas não possuem ser. A Nagarjuna — o sábio indiano que viveu em meados do século II d.C., e a quem Paz dedicou um dos seus *Topoemas* — atribui-se miticamente a autoria de todos os textos que compõem a literatura *Prajnha-paramita*. Neles, ou nas suas glosas, encontra-se essa doutrina baseada na negação para superar a verdade relativa e atingir a verdade absoluta ou transcendente. Eis dois exemplos tomados deste *corpus* textual:

> Sunyata é *sinônimo daquilo que não tem causa, daquilo que está além do pensamento ou da concepção, daquilo que não é produzido, daquilo que não nasce, daquilo que carece de medida.*[21]
>
> *O absoluto não é existente nem inexistente; nem ao mesmo tempo existente e não existente, nem diferente de existente e de não existente.*[22]

Os paralelos são claros. Tanto Mallarmé quanto o poema crítico poderiam ser colocados no caminho do meio do budismo. O *Sunyata* budista e o absoluto mallarmeano são indizíveis, mas não incognoscíveis. O método que os dois usam para alcançar a transcendência é a negação.

Por outro lado, se é possível afirmar que o budista *eleva-se* para o nada — atingi-lo significa liberação — o ocidental *cai* dentro dele, está condenado a suportá-lo. O lado desintegrador do nada que é manejado por Paz relaciona-se com a morte, o caos, o sem-sentido, a solidão e o silêncio. Provém do que poderia ser chamado de substrato existencialista da sua produção, o qual aparece, segundo Saúl Yurkievich, "cuando la poesía se convierte en conciencia de la separación".[23] No seu livro *El arco y la lira*, Paz comenta o estado de sentir-se lançado ao mundo, de Heidegger, e diz: "Desde el nacer, nuestro vivir es un permanente estar en lo extraño e inhospitalario, un radical malestar. Estamos mal porque nos proyectamos en la nada, en el no ser".[24] Porém, Paz se apressa em transformar a angústia heideggeriana diante da finitude e da morte, propondo, por um lado, que enquanto a morte não chega, ela não existe, e, por outro, que, sendo a vida o correlato forçoso da morte, também nós somos seres rodeados de vida e não só destinados à morte. Essa mesma tendência compensatória faz com que a visão fragmentária do mundo não aconteça principalmente através do individualismo existencialista, mas seja deslocada para se refletir sobretudo numa rejeição à modernidade racionalista,[25] na qual se dão o desterro de Deus, a aceleração das mudanças, a tecnificação alienante, a comercialização progressiva, entre muitos outros fenômenos.

É preciso lembrar que essa força desagregadora também pode ser identificada com a ironia: "el mundo de la alteridad y la ironía no es al fin y al cabo sino la manifestación de la nada".[26] Ou também: "La ironía muestra que, si el universo es una escritura, cada traducción de esa escritura es distinta, y que el concierto de las correspondencias es un galimatías babélico".[27] Por outra parte, Paz afirma:

> *La analogía es la ciencia de las correspondencias. Sólo que es una ciencia que no vive sino gracias a las diferencias: precisamente porque esto no es aquello, es posible tender un puente entre esto y aquello[...] La analogía es la metáfora en la que la alteridad se sueña unidad y la diferencia se proyecta ilusoriamente como identidad. Por la analogía el paisaje confuso de la pluralidad y la heterogeneidad se ordena y se vuelve inteligible; la analogía es la operación por medio de la que, gracias al juego de las semejanzas, aceptamos las diferencias. La analogía no suprime las diferencias: las redime, hace tolerable su existencia.[28]*

Dessa maneira, pode-se estabelecer um certo paralelo entre a dialética da "tradição da ruptura", em seu jogo constante entre analogia e ironia, e o vaivém das ressonâncias da palavra nada, entre a leitura de teor oriental e a de teor ocidental. A ironia se aproximaria da idéia do nada existencialista, enquanto que a redenção das diferenças, promovida pela analogia, teria que ver com o nada budista.

Em resumo, é possível dizer que o dinamismo da oscilação oriente-ocidente, ao enfrentar a menção do nada, é transmitido ao leitor pela mudança do significado da palavra em seus diferentes contextos. O contraste é enfatizado pelo próprio Paz, que insiste não só em apontar as diferenças, como em acentuá-las, dramatizando seu confronto. Comparemos o tom dos dois trechos a seguir, no que se refere ao momento em que a escritura de Mallarmé abre uma etapa e fecha outra:

> La nada que es el mundo se convierte en un libro, el Libro. [...] El Libro no existe. Nunca fue escrito. La analogía termina en silencio.[29]
>
> La poesía como máscara de la nada. El universo se resuelve en un libro: un poema impersonal y que no es la obra del poeta Mallarmé, desaparecido en la crisis espiritual de 1866, ni de persona alguna: a través del poeta, que ya no es sino una transparencia, habla el lenguaje.[30]

No primeiro cenário, o clima é apocalíptico e niilista, já que o mundo é o nada que, por sua vez, é um livro que finalmente não existe, restando só o silêncio, o silêncio da analogia criadora. Já no segundo, a poesia, que está sobre o nada, é um livro, um poema impessoal, isto é, não sujeito à finitude do homem, pois é a própria linguagem que fala através de um *médium*. A visão integradora de Paz é mais forte[31] que a fragmentadora, e assim é possível pensar que o fato de que por trás da máscara se encontre o nada não significa uma ameaça, mas uma transcendência rumo à unidade, rumo ao absoluto. Em *El laberinto de la soledad* — apesar de as máscaras apresentarem outro significado, isto é, servirem mais para ocultar do que para dar indícios daquilo que fica por trás — sua queda guarda um sentido semelhante:

> [Ao chegar a Utopia, a Idade de Ouro,] volverá el reino del presente fijo, de la comunidad perpetua: la realidad arrojará sus máscaras y podremos al fin conocerla y conocer a nuestro semejantes[32]
>
> Si nos arrancamos esas máscaras [...] Nos aguardan una desnudez y un desamparo. Allí, en la soledad abierta, nos espera también la trascendencia[33]

A esse respeito, Martínez Torrón afirma: "la obra toda de Octavio Paz parece a veces un teatro acerca del lenguaje".[34] É possível acrescentar que sim, é um teatro da linguagem, mas um teatro às avessas. Não aquele em que um ator pode usar diferentes trajes, mas outro, no qual vários atores usam os mesmos e idênticos trajes, produzindo no espectador a vertigem de assistir à pluralidade dentro da unidade.

Vanguarda e pós-modernidade

Em *Los hijos del limo*, Paz anuncia o "ocaso das vanguardas" como o fenômeno que encerra a tradição da ruptura. Define a vanguarda como "una exasperación y una exageración de las tendencias que la precedieron",[35] e que levaram a arte moderna a uma esclerose, principalmente em três aspectos: 1) em seu caráter antagonista, isto é, nos ímpetos com os quais a vanguarda sempre procurou um inimigo contra o qual lutar: o público burguês, a academia ou qualquer outra instância; 2) em sua confiança na mudança como sinônimo de progresso; 3) em sua ênfase na novidade e na originalidade da criação. Paz aponta:

> *Hoy somos testigos de otra mutación: el arte moderno comienza a perder sus poderes de negación. Desde hace años sus negaciones son repeticiones rituales: la rebeldía convertida en procedimiento, la crítica en retórica, la transgresión en ceremonia. La negación ha dejado de ser creadora.*[36]

Isso se deve principalmente ao fato de que a burguesia — o inimigo central em direção ao qual a vanguarda dirigiu seus ataques — acabou não só aceitando e consagrando suas criações, como exigindo, no âmbito do mercado da arte, a contínua inovação, desvirtuando-a.[37] Também contribuiu o fato de que a instituição, a cultura "oficial", foi substituída por um relativismo intelectual, resultado da explosão das vanguardas. Isso propiciou o que Erzensberger chama de "imunidade crítica",[38] isto é, o direito à legitimação artística pelo simples fato de o artista ser contestador e perseguido.

A mesma relativização deu-se no plano temporal. A reivindicação de todas e cada uma das vanguardas de ocupar o ponto de maior avanço não trouxe nada além de uma desorientação. Deixou de haver um critério para opinar sobre o tema, que servisse para avaliar se se avançava, retrocedia, enfim, se havia ou não um comportamento teleológico. Passou a existir um movimento, porém trata-se de um movimento flutuante, relacionado com a oscilação browniana e com a *stasis*[39] e que, em certa forma, é anunciado pela *metaironia* paziana. A esse respeito, Paz afirma:

> *El fin de la modernidad, el ocaso del futuro, se manifiesta en el arte y la poesía como una aceleración que disuelve tanto la noción de futuro como la de cambio. El futuro se convierte instantáneamente en pasado; los cambios son tan rápidos que producen la sensación de inmovilidad.*[40]

Ora, o esgotamento da elite de *avant-garde* não fez outra coisa a não ser criar toda uma legião de epígonos que só se dedicaram a repetir, traindo assim um dos principais ditados da vanguarda: a inovação. Conforme Paz:

En realidad no son cambios: son variaciones de los modelos anteriores. [...] A
la falsa celeridad hay que añadir la proliferación: no sólo las vanguardias mueren
apenas nacen, sino que se extienden como fungosidades. La diversidad se
resuelve en unidad. Fragmentación de la vanguardia en cientos de movimientos
idénticos: en el hormiguero se anulan las diferencias.[41]

Esse panorama, como fim das vanguardas, abre-se ao período atual e, de certa maneira, faz parte dele. A disputa entre o fim da modernidade e sua vigência e recomposição, entre o ocaso das vanguardas e sua superação, espelha-se na dúvida de Paz: "no sabemos si vivimos el fin o la renovación de la modernidad".[42] A busca do poeta modifica-se em sua atitude diante da mudança. Paz diz:

Esto es lo que hoy ocurre. Los poetas de la edad moderna buscaron el principio
del cambio: los de la edad que comienza buscamos ese principio invariante que
es el fundamento de los cambios.[43]

A solução à crise da modernidade é novamente um paradoxo que poderia ser interpretado como uma tautologia se tentarmos tomá-la ao pé da letra. O que acontece é que Paz, como poeta, sublinha, com certa nostalgia, a invariabilidade de um princípio que bem poderia ser a analogia, novamente, apesar de sua anterior dissolução na *metaironia*. A mudança como princípio cedeu lugar à invariabilidade que subjaz à mudança.

Pós-modernidade é uma das denominações recebidas por esse período. Paz mostra um franco desdém pelo termo:

La palabra en boga: "postmodernismo", designa a un eclecticismo. Abundan
los refritos en la pintura y en las otras artes. [...] Aunque las causas de esta
situación son múltiples y complejas, creo firmemente que una de las principales
es la transformación del antiguo comercio literario y artístico en un moderno
mercado financiero.[44]

Se habla mucho de la crisis de la vanguardia y se ha popularizado, para llamar
a nuestra época, la expresión "la era postmoderna". Denominación equívoca
y contradictoria, como la idea misma de modernidad. Aquello que está después
de lo moderno no puede ser sino lo ultramoderno: una modernidad todavía
más moderna que la de ayer. [...] Llamarse postmoderno es una manera más
bien ingenua de decir que somos muy modernos. Ahora bien, lo que está en
entredicho es la concepción lineal del tiempo y su identificación con la crítica,
el cambio y el progreso [...] Llamarse postmoderno es seguir siendo prisionero
del tiempo sucesivo, lineal y progresivo.[45]

A crítica de Paz é muito clara nas duas citações. Na primeira, o autor condena o "proceso económico sin rostro, sin alma y sin dirección"[46] que transforma tudo em mercadoria, a adulteração do mercado das artes. Na segunda, arremete contra uma terminologia inadequada a uma época na que já não se procura mais a mudança e sim a conservação. Não é possível manter uma atitude positiva diante da concepção linear do tempo, do progresso e da esperança no futuro, quando o que parece provir deles não é nada além do horror.

A acusação de ecletismo decorre de identificar o pós-modernismo a um relaxamento da disciplina rigorosa do artista em favor de um capitalismo consumista. Entretanto, Paz não condena o reencontro criativo com o passado. Ao contrário, além da constante recorrência ao tempo mítico e à tradição, na última parte de *La otra voz*, fala de uma volta dos tempos, de uma

> *Resurrección de realidades enterradas, reaparición de lo olvidado y lo reprimido que, como otras veces en la historia, puede desembocar en una regeneración. Las vueltas al origen son casi siempre revueltas: renovaciones, renacimientos.*[47]

Os temas desenvolvidos por Paz neste livro, que poderiam encaixar-se muito bem na esfera da sociologia da cultura, dado o seu constante questionamento sobre o público e o fenômeno comercial, retomam a antiga discussão da função da arte na sociedade. Curiosa e cuidadosamente, Paz também inclui aqui a presença do passado ao apontar como missão da poesia não só a preservação da "Memória" da sociedade, como seu deslocamento para o presente com o intuito de que não fique enterrada. A poesia, com seu poder imaginativo, deve estar perto de um novo pensamento político que está por nascer, tanto da ruína do projeto socialista como da renovação "humanizante" do capitalismo, para ajudá-la a não cometer os erros do passado.

Assim, Paz coloca no futuro uma velha aspiração que, embora remonte ao romantismo,[48] encontra-se muito bem expressa no surrealismo: a tentativa de unir poesia e práxis, de revolucionar a vida. "En la nueva sociedad la poesía será al fin práctica",[49] afirma Paz. Seu alcance se dá no plano político, como foi mencionado antes, mas sem esquecer o papel tão importante que tem como experiência religiosa de um presente eterno, prenúncio de utopia. Nesse sentido, a poesia ou é "el antídoto de la técnica y del mercado" e impede que o homem volte ao caos original,[50] ou é uma maneira de "inventar un nuevo erotismo y cambiar las relaciones pasionales entre hombres y mujeres".[51]

Experimentalismo

Ainda resta um último ponto para completar a revisão da modernidade, segundo a concepção de Octavio Paz, e trata-se de perguntar: que outro aspecto das vanguardas sobreviveu ao seu ocaso? Já foram mencionados o sentimento apocalíptico, a luta contra um inimigo e a atribuição de uma função para a arte na sociedade. Falta comentar o experimentalismo.

Em oposição à rejeição explícita ao termo "pós-modernismo", Paz mostra uma certa resignação diante do termo "postvanguarda". Entretanto, também se pode encontrar alguma contradição neste termo, quando considerado não no seu sentido periodizador, mas no seu sentido original, que fez da metáfora militar-espacial uma metáfora temporal. Afinal de contas é impossível posicionar-se além do ponto de maior avanço. Assim, Paz descreve a situação que sua geração viveu depois das vanguardas com as seguintes palavras:

> *En cierto sentido fue un regreso a la vanguardia. Pero una vanguardia silenciosa, secreta, desengañada. Una vanguardia otra, crítica de sí misma y en rebelión solitaria contra la academia en que se había convertido la primera vanguardia. No se trataba, como en 1920, de inventar, sino de explorar. El territorio que atraía a estos poetas no estaba afuera ni tampoco adentro. Era esa zona donde confluyen lo interior y lo exterior: la zona del lenguaje. Su preocupación no era estética; para aquellos jóvenes el lenguaje era, simultánea y contradictoriamente, un destino y una elección. Algo dado y algo que hacemos. Algo que nos hace.*[52]

O aspecto experimental é, talvez, o que Paz utiliza com maior força para definir o caráter de sua geração. Opõe a liberdade que deve existir na procura verbal e na aventura poética ao que define como as duas academias, que surgiram com a queda das vanguardas: os neoclássicos vanguardistas arrependidos, que voltaram a escrever sonetos e décimas, e os simpatizantes do realismo socialista. Seu centro está na visão do experimental como um processo de educação estética, tanto do criador como do leitor. Para Paz,

> *Cada nueva obra poética desafía a la comprensión y al gusto del público; para gozarla, el lector debe aprender su vocabulario y asimilar su sintaxis. La operación consiste en un desaprendizaje de lo conocido y un aprendizaje de lo nuevo; el desaprendizaje-aprendizaje implica una renovación íntima, un cambio de sensibilidad y de visión.*[53]

Ora, essa educação pode ser entendida como um projeto que mantém um certo paralelismo com o campo científico, campo de onde as vanguardas tomaram a noção de arte experimental. Por exemplo, a concepção e execução de um poema como *Renga* (1970), escrito por quatro poetas em quatro línguas diferentes, implica a concretização das meditações de Paz em torno do questionamento do conceito de autor e em torno da "autonomia" da linguagem. É possível dizer que por trás da experimentação não está a gratuidade que delega ao leitor toda a tarefa de decifrar, e às vezes de inventar, os resultados de uma teoria intrincada e obtusa. Há uma hipótese clara, definida e estudada, além da utilização de uma forma proveniente da tradição japonesa, o que remete novamente ao resgate criativo da tradição.

A experimentação também implica a incorporação da evolução tecnológica à poesia. Paz, em *La otra voz*, narra a evolução de suas primeiras reflexões sobre a irrupção da espacialidade na temporalidade do discurso poético. A criação de *Blanco* e dos *Topoemas* se inscreve nesta preocupação que, segundo Paz, pode unir-se a outra: a relacionada à oralidade da poesia, e ao seu ritmo sonoro. Para ele, a proliferação de leituras de poemas em público, especialmente nos Estados Unidos, país de onde toma algumas cifras estatísticas para apoiar suas observações, está marcando uma volta da poesia a suas "fontes".

Ora, a conjugação de tempo, espaço e ritmo sonoro pode acontecer na tela da televisão em um texto móvel.[54] Paz já havia pensado nesse tipo de poesia anteriormente. Haroldo de Campos, em sua tradução ao português de *Blanco*, operação e texto que denominou *Transblanco*, reproduz a correspondência que manteve com Paz, na qual se menciona o projeto de fazer um filme com *Blanco*.[55] Haroldo de Campos remete ao ensaio de Paz "El pacto verbal y las correspondencias"[56], onde são discutidas a arbitrariedade do signo lingüístico, as distintas linguagens, e o símbolo e suas relações no contexto das correspondências baudelaireanas. Certamente Paz não é um pioneiro nesse tipo de experimentação e Haroldo de Campos o aponta ao mencionar a anterioridade das propostas de seu irmão Augusto de Campos. Porém, o que interessa destacar é sua atitude. Paz comenta que está começando a projetar seus poemas na tela da televisão e convida os outros poetas a enveredar por esse caminho. A técnica parece haver trazido para a realidade a revolução mallarmeana e as correspondências baudelaireanas.

Entretanto, há uma peculiaridade na experimentação de Paz que vai além do fato de ela ser "silenciosa, secreta y desengañada", ou que precisamente começa nisso. É silenciosa e secreta no sentido de uma experimentação vista como reprodução de uma atitude de vanguarda dentro do mesmo poeta que se desdobra e se transforma em *outro*, em um contínuo processo de "desaprendizagem-aprendizagem". A experimentação paziana é uma luta do criador contra si mesmo. O poeta realiza seu trabalho sem alarde nem escândalo. Não atua coletivamente nem se apresenta à sociedade como um grupo portador de um manifesto que defende às raias da intransigência. Escapa da institucionalização e da possibilidade de se transformar, ele mesmo, em instituição.

A face do desencanto tem a ver com todo o discurso paziano do retorno, da volta, da memória reativada. O poeta não acredita mais nas grandes utopias e seu trabalho tem a ver com o aqui e agora, e não com o futuro. Isto conduz a uma reconsideração da tradição através da forma. Paz explica:

> *El arte es voluntad de forma porque es voluntad de duración. Cuando una forma se desgasta o se convierte en fórmula, el poeta debe inventar otra. O encontrar una antigua y rehacerla: reinventarla.*[57]

Isso fica mais claro se o associamos à analogia, que Paz coloca como uma das categorias centrais da poesia moderna: "la analogía afirma el tiempo cíclico y desemboca en el sincretismo".[58]

Assim, a modernidade de Paz é experimental, mas não quer apenas incorporar resultados de sua irmã gêmea, a modernidade do progresso. Possui também uma forte tendência a "revisitar" o passado, com suas diversas formas da tradição. Além disso, ao conceber a atividade poética como uma "vontade de forma", não faz nada mais que destacar a linguagem em sua materialidade como objeto de trabalho do poeta, suscetível de se submeter à experimentação. Nesse ponto, Paz não alude ao aspecto religioso que, na poesia moderna, configurava a busca do analógico. Ou, em todo caso, o coloca ao final da experimentação.

Blanco

A experimentação de Paz, que implica uma reinvenção da modernidade através da atualização e do diálogo de diversas tradições, está muito bem ilustrada em um dos seus mais importantes poemas: *Blanco*. Nele, se dá a união das preocupações formais da aventura poética de Mallarmé com a tradição do *Sunyata* budista. Além das duas epígrafes do poema, uma de Mallarmé e outra do *Hevajra Tantra*, a última parte do poema contém trechos que ilustram claramente esta situação, apresentando a convivência, dialética ou paradoxal, da afirmação com a negação:

> En el centro
> Del mundo del cuerpo del espíritu
> La grieta   el resplandor
>   No
> En el remolino de las desapariciones
> El torbellino de las apariciones
>   Sí
>   El árbol de los nombres
>   No
> Es una palabra
>   Sí
> Es una palabra
>   [...]
>   No y Sí
> Juntos
>   Dos sílabas enamoradas[59]

No entanto, *Blanco* também conta com a presença de outras tradições. O hermetismo e a alquimia conformam uma de suas leituras, em que aparecem os quatro elementos: fogo, ar, terra e água. Em outra entre as possíveis leituras também se propõe o percurso através de quatro estados: amarelo, vermelho, verde e azul, cores especialmente significativas na tradição tântrica,[60] e em muitas outras mitologias, inclusive a asteca. Quanto à tradição pré-hispânica, esta pode ser identificada também nas imagens do "jeroglífico (agua y brasa) en el pecho de México caído", do rio de sangue e da "conjuración anónima de los huesos". Nelas, alude-se ao mito de Quetzalcóatl que, vertendo seu sangue sobre os ossos da humanidade que se achavam nas mãos de Mictlantecuhtli, Deus dos mortos, permitiu sua ressurreição e assegurou assim a era do Quinto Sol.[61] Porém, essa tradição pré-hispânica aparece ao lado de imagens como "Castillas de arena" ou "Polvo soy de aquellos lodos", nas quais é possível perceber uma alusão à origem castelhana dos conquistadores ou aos começos da frase católica "Polvo eres y en polvo te convertirás". Além disso, a imagem do sangue não é exclusiva da tradição asteca: também desempenha um papel de primeira linha na cultura católica. Mais uma marca da hispanidade se encontra na presença de Quevedo na frase "las altas fieras de la piel luciente".

Ora, a presença de diversas tradições tem o efeito de "descentrar" a leitura. Isto é, as tradições se relativizam mutuamente: uma é tão válida quanto a outra, como também o é sua coexistência ou sua fusão sincrética. A mesma situação ocorre no plano da leitura do poema. *Blanco* é um único poema, mas é vários simultaneamente. Na verdade, as seis possibilidades de leitura que

Paz propõe em sua nota introdutória correspondem a vários poemas mais. Em *Blanco*, a ausência de um centro, de um texto original — como Paz menciona ao referir-se a *Un coup de dés* — projeta-se ao plano cultural: não se trata nem de oriente, nem de ocidente, nem de América pré-colombiana.

Com relação à disposição espacial do poema na página, muito já foi comentado em torno da simultaneidade da leitura e do aproveitamento dos recursos tipográficos. O que caberia acrescentar é que, se foi afirmado que a disposição do poema em uma única folha de papel que se desenrola possui um parentesco com os rolos de papel tântricos, *Blanco* também estabelece uma relação com os "livros" astecas, que eram longas tiras de papel dobradas em forma de "sanfona", tal como o poema de Paz apareceu em sua edição original. Além disso, não se pode ignorar que Mallarmé também está presente, com a idéia da constelação de signos em movimento sobre uma grande página.

A meditação em torno da palavra, da materialidade da linguagem, também aparece já no início do poema, abrindo o universo por ela estabelecido. Dessa maneira, não só se desenvolve o tema da palavra como princípio de todos os mitos, como se cumpre a função crítica do poema ao fazer referência a si mesmo.

À maneira de conclusão, poderíamos dizer que o interesse de Octavio Paz por definir a modernidade o levou a construir um sistema complexo de idéias. A modernidade vem a ser explicada pelo desenvolvimento dialético de duas forças, a *analogia* e a *ironia* que, ao cruzar o limiar representado pela obra de Mallarmé, entram em um estado de convivência paradoxal ao que Paz denomina *metaironia*. Em todo esse desenvolvimento, a experiência oriental do poeta mexicano desempenha um papel muito importante, pois enriquece seu caudal de idéias com conceitos como o *Sunyata* budista. As idéias de vanguarda e pós-modernidade vêm a ser integradas de uma maneira harmoniosa a este conjunto, estabelecendo a inovação possível depois do "ocaso das vanguardas" e a releitura das tradições como "resurrección de realidades enterradas". Ainda que a modernidade poética de Octavio Paz esteja marcada por uma forte volta à tradição, não é possível ignorar os aspectos que resgata e conserva da vanguarda. Um deles é a aplicação de seu princípio de "tradição da ruptura" sobre o próprio corpo textual da ensaística que o propõe. Isto é, da mesma maneira que o poema crítico faz referência a si mesmo, exibindo e dramatizando sua atualização na leitura, a ensaística de Paz é também um "teatro de signos". Outro seria o experimentalismo, que aparece tanto em suas preocupações formais, como em seu resgate da tradição. É verdade que Paz exerce este último aspecto com maior freqüência do que o da experimentação formal. No entanto, isso não significa que não a pratique e que sua própria poética não esteja comprometida com a necessidade de inovar. A centralidade da linguagem ao longo de toda sua proposta crítica e criativa o demonstra de maneira incontestável.

Notas

[1] PAZ, Octavio. *La otra voz. Poesía y fin de siglo*. México, Seix Barral, 1990, p.87.

[2] PAZ, Octavio. *Los hijos del limo*. México, Seix Barral, 1989, p.18.

[3] Ibidem, p.55.

[4] Cf. CALINESCU, Matei. *Five faces of modernity*, Durham, Duke University Press, 1988, pp.41-46.

[5] Cf. PAZ, Octavio, op. cit., p.56.

[6] Ibidem, p.57.

[7] Idem nota nº 5.

[8] PAZ, Octavio. *La otra voz. Poesía y fin de siglo*, p.125.

[9] PAZ, Octavio. *El arco y la lira*, México, FCE, 1983, p.15.

[10] PAZ, Octavio. *Los hijos del limo*, p.102.

[11] Ibidem, p.24.

[12] Ibidem, pp.102-103.

[13] PAZ, Octavio. *El arco y la lira*, p.188.

[14] Cf. PAZ, Octavio. *Los hijos del limo*, pp.113-114.

[15] PAZ, Octavio. *El arco y la lira*, p.275.

[16] PAZ, Octavio. *Los hijos del limo*, p.108.

[17] PAZ, Octavio. *El arco y la lira*, p.271.

[18] Ibidem, p.271.

[19] PAZ, Octavio. *Los hijos del limo*, p.156.

[20] Ibidem, p.113.

[21] Tomado de *Astasahasrika Prajñaparamita*, citado por ZIMMER, Heinrich. *Filosofias da Índia*. São Paulo, Editora Palas Athena, 1986, p.359.

[22] Tomado do *Sarvadarsanasangraha* (Epítome de todos os sistemas) de Madhava, notável vedantino do século XIV. Citado por Heinrich Zimmer, *op.cit.*, p.359

[23] YURKIEVICH, Saúl. *Fundadores de la nueva poesía latinoamericana*. Barral Editores, Barcelona, 1973, 286, pp.254-255.

[24] PAZ, Octavio. *El arco y la lira*, p.149.

[25] Cf. TORRÓN, Diego Martínez. *Las variables poéticas de Octavio Paz*. Hiperión, Madrid, 1979, p.120

[26] PAZ, Octavio. *Los hijos del limo*, p.114.

[27] Ibidem, p.111.

[28] Ibidem, p.109.

[29] Ibidem, p.114.

[30] Idem.

[31] Cf. TORRÓN, Diego Martínez. *Las variables poéticas de Octavio Paz*, p.118-125.

[32] PAZ, Octavio. *El laberinto de la soledad*. México, FCE, 1984, p.191.

[33] Ibidem, p.174.

[34] TORRÓN, Diego Martínez. *op.cit.*, p.208.

[35] Ibidem, p.161.

[36] Ibidem, p.211.

[37] Cf. TORRE, Guillermo de. *Historia de las literaturas de vanguardia*, tomo III. Madrid, Editorial Guadarrama, 1971, pp.271-273.

[38] ERZENSBERGER, Hans Magnus. *Detalles*. Barcelona, Editorial Anagrama, 1985, p.152.

[39] Cf. CALINESCU, Matei. *op.cit.*, pp.122, 146-147.

[40] PAZ, Octavio. *Los hijos del limo*, p.221.

[41] Ibidem, p.222.

[42] PAZ, Octavio. *La otra voz. Poesía y fin de siglo*, p.135.

[43] PAZ, Octavio. *Los hijos del limo*, p.224.

[44] PAZ, Octavio. *La otra voz. Poesía y fin de siglo*, p.104.

[45] Ibidem, p.51.

[46] Ibidem, p.125.

[47] Ibidem, p.126.

[48] Como já foi comentado, Paz localiza as raízes das vanguardas nos românticos e afirma que a semelhança mais notável entre os dois movimentos é "la pretensión de unir vida y arte". (*Los hijos del limo*, p.148.)

[49] PAZ, Octavio. *El arco y la lira*, p.254.

[50] PAZ, Octavio. *La otra voz. Poesía y fin de siglo*, pp.138-139.

[51] PAZ, Octavio. *Los hijos del limo*, p.159.

[52] Ibidem, p.209.

[53] PAZ, Octavio. *La otra voz. Poesía y fin de siglo*, pp.86-87

[54] Ibidem, pp.120-121.

[55] CAMPOS, Haroldo de. *Transblanco*. Rio de Janeiro, Editora Guanabara, 1986, p.100.

[56] Cf. PAZ, Octavio. *Corriente alterna*, pp.64-69.

[57] PAZ, Octavio. *La otra voz*, p.103.

[58] PAZ, Octavio. *Los hijos del limo*, p.135.

[59] PAZ, Octavio. *Obra poética (1935-1988)*, pp.493-495. Ver as semelhanças deste fragmento com a nota 15.

[60] PHILLIPS, Rachel. *Las estaciones poéticas de Octavio Paz*. México, FCE, 1976, p.197.

[61] Ibidem, pp.32-35.

Configurações/transfigurações

O erotismo: via central da poesia de Octavio Paz

*Alberto Ruy-Sánchez**

A partir da experiência da Índia, a poética de Octavio Paz converteu-se explicitamente em uma erótica. Assim, não apenas a poesia de seu livro *Ladera este*, que inclui o poema *Blanco*, ou a prosa poética e ensaística de *El mono gramático* estão tocados pela magia da Índia, mas toda a sua obra, a partir de então, adquire uma nova consistência vital. E foi na Índia, como se sabe, que ele conheceu Marie-José, sua esposa. "En la Índia, — disse Paz em uma entrevista — encontré un tejido de sensaciones, de ideas, de experiencias. Por ejemplo, descubrí que el erotismo no me acerca ni me aleja de lo sagrado. Experiencia que para un occidental es muy difícil. El erotismo es la sexualidad convertida en imaginación. El amor es esa imaginación erótica convertida en elección de una persona. Y eso es lo que descubrí en la India y lo que probablemente cambió mi poesía. Por una parte dio más realidad, más densidad a mis palabras, se volvieron más grávidas. Por otra se volvieron más lúcidas. Fue, en cierto modo, recobrar la realidad de este mundo a través de la persona amada."

Nessa citação já estava a semente central do que, várias décadas depois, seria seu livro *La llama doble*, ensaio onde faz de sua poética/erótica uma chave de vida.

Os autores indianos que escrevem sobre a arte (como Coomaraswamy) dizem com freqüência que uma obra tem *Rasha* ou não tem. E me parece que *Rasha* é a graça de uma obra, mas também sua essência, esta entendida não só como um conteúdo mas como um sabor, um gozo e uma profundidade ao mesmo tempo. O *Rasha* é analisado nas teorias do teatro como a força expressiva que uma obra tem para produzir nos espectadores diferentes estados ou sentimentos. Esses sentimentos se classificam normalmente em nove categorias. (Com razão, Paz assinala que os indianos têm paixão pelas classificações infinitas, pelas diferenças sutis, a exemplo do *Kama Sutra*). O *Rasha* central, *Rasharajá*, o rei dos sentimentos estéticos, é o sentimento erótico (*Shingara*). Todos os outros sentimentos estéticos se conectam, de uma forma ou de outra, a este. O sentimento erótico é a chave para se obter os deleites da razão.

---

* Traduzido por Maria Esther Maciel.

Na poesia da Índia menciona-se, com freqüência, como uma das sensações excitantes que deleitam os sentidos, entre o tato da seda e a visão de um sorriso de mulher, o zumbido das abelhas. O som de sua dança. E, entre os poemas clássicos que Paz traduz no final de seu livro *Vislumbres de la India*, há um que fala de

> "Dos lotos que se abren,
> sus pechos apretados.
> Casa de dos abejas:
> sus pezones obscuros."

A poesia de Paz parece ter como eixo vital e poético o *Rasharajá* do erotismo, e isso a torna para nossos ouvidos como um zumbido de abelhas que procuram sua casa. Escutemos sua dança, seu torvelinho, sua vertigem. Vejamos de que maneira o erotismo era o *Rasha*, a graça central de sua primeira poesia.

No poema que abre seu livro *Arbol adentro*, Octavio Paz afirma: "A veces la poesia es el vértigo de los cuerpos y el vértigo de la dicha y el vértigo de la muerte". Ao examinar a formação e a evolução dessa primeira vertigem, a dos corpos, em sua obra, nos é possível observar sua poética em um de seus aspectos mais significativos: o erotismo, este entendido em seu sentido mais amplo: não somente como o encontro com a amada, mas com o Outro, isto é, com a "outridade" do mundo.

Desde seu primeiro livro de poemas, *Luna silvestre* (1933), o poeta faz do erotismo não uma descrição do ato de amar, mas o relato poético de uma presença: a amada esquiva, em realidade já ausente, está presente, pois suas palavras ainda ressoam para o poeta, cujos braços rodeiam "el hueco lleno de memorias" que lhe deixa o corpo ausente dela.

> "De entre el silencio, tus palabras
> sonando todavía;
> bajo las ramas, cayendo tus palabras,
> como un lenta luz madura.
> Mis brazos rodeando el círculo perfecto,
> el hueco, lleno de memorias,
> que me deja la ausencia de tu cuerpo.
> Así, esquiva, siempre estás presente,
> confusa, como un turbio recuerdo
> de la infancia."
>
> (Luna silvestre, 1933)

É interessante dar-se conta de que as palavras da mulher são para o poeta como partes do corpo da amada: as partes que ressoam nele. As palavras são aquilo que permite que o corpo passado se torne presente, isto é, presença.

O poeta reflexivo que é Octavio Paz faz com que sua obra tenha tal coerência que, quase sessenta anos depois, em seu discurso de recepção do Prêmio Nobel ("La búsqueda del presente", 1991), ele volta a falar da *presença* como o elemento indispensável de sua poesia: o fim a que visa seu fazer poético. Estar no presente para ele é ser de seu tempo, tanto nas formas da poesia, como no pensamento histórico e social sobre o que acontece ao seu redor. Porém, "qué sabemos del presente? — nos diz Paz — Nada o casi nada. Pero los poetas saben algo: el presente es el manantial de las presencias."

Sua obra poética banhou-se nesse manancial e dele se nutriu. E entre as presenças que ele faz brotar aparece uma e outra vez o corpo da amada. Se nos poemas de *Luna silvestre* suas palavras eram "como uma lenta luz madura", alguns anos depois, em *Bajo tu clara sombra*, essa luz já é força luminosa da natureza, amanhecer:

> su voz, alba terrestre,
> hondo anuncio de aguas rescatadas,
> que bañan a mi carne
> y humedecen los labios presentidos.
>
> (Bajo tu clara sombra, *versão que aparece em* A la orilla del mundo)

A pessoa amada tomou as dimensões da natureza. Pela metáfora da luz, o jovem poeta Paz entra, então (1935), na longa tradição que faz do corpo da mulher uma geografia. Procedimento que aparece com freqüência na poesia de diferentes tempos e lugares:

> "mira tus piernas como dos arroyos,
> mira tu cuerpo como un largo río,
> son dos islas gemelas tus dos pechos,
> en la noche tu sexo es una estrella,
> alba, luz rosa entre dos mundos ciegos,
> mar profundo que duerme entre dos mares."

Mas em Paz, no mesmo livro, o lugar-comum da "mulher geografia" logo se transforma em outra coisa maior e mais importante. E, com certeza, mais original. A mulher se torna mundo. O processo é interessante porque provoca no poeta uma tomada de consciência de que o mundo não é um idílio, e nem sequer o amor, o corpo da amada, com toda sua intensidade, é lugar de perfeições. Primeiro, o pequeno éden pacífico se torna convulsão. Tudo se agita. E o paraíso terrestre, que é o corpo da amada, converte-se em expulsão do paraíso, consciência de que a amada não é apenas um jardim edênico, mas também toda a plenitude do mundo. Essa nova característica de sua poesia não implica somente uma ampliação geográfica da metáfora para aproximar-se poeticamente do corpo da amada. Não é uma mudança de dimensões, mas de essências. Ela é agora o mundo com suas forças e suas contradições, com gozos e dores, com erotismo e morte. Começa de verdade sua vertigem dos corpos:

> *"Un cuerpo, un cuerpo solo, sólo un cuerpo,*
> *un cuerpo como día derramado*
> *y noche devorada;*
> *la luz de unos cabellos*
> *que no apaciguan nunca*
> *la sombra de mi tacto;*
> *una garganta, un vientre que amanece*
> *como el mar que se enciende*
> *cuando toca la frente la aurora;*
> *unos tobillos, puentes del verano;*
> *unos muslos nocturnos que se hunden*
> *en la música verde de la tarde;*
> *un pecho que se alza*
> *y arrasa las espumas;*
> *un cuello, sólo un cuello, unas manos tan sólo,*
> *unas palabras lentas que descienden*
> *como arena caída en otra arena...*
>
> *Tibia mujer de somnolientos ríos,*
> *mi pabellón de pájaros y peces,*
> *mi paloma de tierra,*
> *mi leche endurecida,*
> *mi pan, mi sal, mi muerte,*
> *mi almohada de sangre:*
> *en un amor más vasto te sepulto.*

(Bajo tu clara sombra, *versão que aparece em* Poemas 1935-1975)

Já em seu discurso do Nobel, Paz dizia: "El árbol del placer no crece en el pasado o en el futuro sino en el ahora mismo. También la muerte es fruto del presente. No podemos rechazarla. Vivir bien exige morir bien. Tenemos que aprender a mirar de frente a la muerte".

Sua nova concepção do corpo da amada como mundo, como plenitude do mundo que está pleno de contradições, implica também seu contrário lógico: entrar no mundo, situar-se no mundo, é para o poeta um ato erótico. Daí que, pouco a pouco, toda a concepção poética de Octavio Paz, mesmo nos poemas que não falam diretamente dos corpos que se amam, vai se convertendo em uma poética erótica: sua obra conta, de diversas maneiras, o encontro do poeta com essa outridade radical, e fascinante, que é o mundo. Da mesma maneira que começou contando seu encontro diverso, iluminado, com essa fascinante *outridade* radical que é a amada.

Tudo isso já começa a acontecer no início dos anos quarenta. O poeta busca o presente do mundo e o presente da criação: a modernidade enganosa, ou melhor dizendo, sedutora. É então que o jovem poeta sai do México, incursiona na "modernidade" da poesia de T.S. Eliot, busca usar uma linguagem coloquial em sua poesia e nela aparece o poeta no meio da cidade, da modernidade social. Incursiona no mundo por fascinação. O mundo que lhe toca viver o seduz e ele busca, por sua vez, seduzi-lo (nomeá-lo é como tocá-lo) com a magia de suas palavras vivas. Desde então a poética de Paz pode ser considerada uma erótica sutil, mas apaixonada. E as variantes dessa erótica são cada vez mais surpreendentes.

A partir desses anos, em sua poesia convivem amor e morte, liberdade e destino; porque o poeta é um voraz devorador do mundo. Os corpos se atraem como planetas no universo:

Inclinado sobre la vida como Saturno sobre sus hijos,
recorres con fija mirada amorosa
los surcos calcinados que dejan el semen, la sangre, la lava.
Los cuerpos frente a frente como astros feroces,
están hechos de la misma sustancia de los soles.

("El prisionero")

Logo, o corpo é também uma Pátria:

Patria de sangre,
única tierra que conozco y me conoce,
única patria en la que creo,
única puerta al infinito.

("Cuerpo a la vista")

Ou um relâmpago em repouso:

Rayo dormido.
Mientras duermes te acaricio y te pulo.
Hacha esbelta,
Flecha con que incendio la noche.

("Relámpago en reposo")

Ou, mais ainda, uma espécie de sobrenatureza luminosa:

Brilla el mundo
Tú resplandeces al filo del agua y de la luz
Eres la hermosa máscara del día.

("Primavera y muchacha")

No extenso poema *Piedra de sol*, de 1957, a assimilação poesia-erotismo tal como a descrevemos, manifesta-se já, aberta e claramente. O poeta percorre mundo e amada como se fossem da mesma matéria. A mulher é, ao mesmo tempo, natureza e civilização:

voy por tu cuerpo como por el mundo,
tu vientre es una plaza soleada,
tus pechos dos iglesias donde oficia
la sangre sus misterios paralelos,
mis miradas te cubren como yedra,
eres una ciudad que el mar asedia,
una muralla que la luz divide
en dos mitades de color durazno,
bajo un paraje de sal, rocas y pájaros
bajo la ley del mediodía absorto,

vestida del color de mis deseos
como mi pensamiento vas desnuda,
voy por tus ojos como por el agua,
los tigres beben sueños en esos ojos,
el colibrí se quema en esas llamas,
voy por tu frente como por la luna,
como la nube por tu pensamiento,
voy por tu vientre como por tus sueños...

("Piedra de sol")

E já, desde esses anos, fica configurada a lógica poética que não deixará de estar presente na obra posterior de Octavio Paz, modificando-se sem dúvida, estabelecendo variantes, mas sempre presente, atuando sobre um eixo, uma *Rasha* ou graça central: a vertigem dos corpos, a vertigem do mundo feito corpo, a vertigem do poeta perante o mundo, dentro do mundo.

"Mariposa de obsidiana":
Uma poética surrealista de Octavio Paz[*]

Hugo J. Verani[**]

A permanência de Octavio Paz em Paris, de 1946 a 1951, permite-lhe participar das atividades do grupo surrealista, vínculo que contribui de maneira decisiva para o direcionamento de sua obra literária e sua atitude frente ao mundo.[1] Sua afinidade com um movimento que ocupa um lugar central no desenvolvimento da sensibilidade moderna e sua admiração por André Breton — a quem considera "un de los centros de gravedad de nuestra época"[2] — foram, freqüentemente, reconhecidas por ele mesmo em lúcidos e apaixonados ensaios. Breton, por sua vez, distingue Octavio Paz como o poeta de língua espanhola "qui me touche le plus",[3] sem dúvida o mais próximo de sua ética vital e de seus critérios estéticos.

¿Águila o sol? (1951)[4] — livro de poemas em prosa escrito na França e o primeiro a ser traduzido para o francês (1957) — é o que mais profundamente assimila modos de expressão e atitudes surrealistas. De fato, Breton incluiu a primeira parte em sua revista *Le Surrealisme, Même*, e André Pieyre de Mandiargues, ao comentar a publicação do livro em francês, não duvida em afirmar que Octavio Paz "c'est le seul grand poète surréaliste en activité dans le monde moderne".[5] Não obstante, o livro tem atraído escassa atenção crítica, mesmo entre aqueles que estudaram as relações de Paz com o surrealismo.[6] Talvez o hermetismo de textos que tendem a acentuar a exploração de uma dimensão absoluta e imprevisível de uma realidade que se volatiliza, o radical intento de se desprender a imaginação do poema em prosa (gênero surrealista por excelência) contribuam para limitar o reconhecimento de uma obra essencial da história da literatura hispano-americana. O próprio Paz, sem pretensão de objetividade, assinala que *Libertad bajo palara* (1949) e *¿Águila o sol?*, junto a livros de José Lezama Lima e Enrique Molina, iniciam uma mudança

---

[*] Este ensaio foi publicado, em espanhol, na revista *Literatura Mexicana*, vol.5, n.2, 1994, pp. 429-442.

[**] Traduzido por Maria Esther Maciel.

irreversível na poesia de língua espanhola, uma convergência com a vanguarda do primeiro terço do século XX, mas com uma divergência fundamental: "No se trataba, como en 1920, de inventar, sino de explorar. El territorio que atraía a estos poetas no estaba afuera ni tampoco adentro. Era esa zona donde confluen lo interior y lo exterior: la zona del lenguaje".[7] Com efeito, Guillermo Sucre e José Emilio Pacheco encontram em ¿Águila o sol? o começo de "uma nova prosa e uma nova poesia que darão à literatura hispano-americana a mais importante de suas etapas".[8]

A adesão de Paz ao surrealismo coincide com sua afinidade com a cultura indígena pré-hispânica, subjacente no inconsciente mexicano. Da convergência da herança ancestral com uma atitude surrealista, com o poder mágico e transfigurador da palavra poética, da imaginação e do desejo, nasce uma realidade vivente muito além do tempo e do espaço que a analogia universal permite vislumbrar. Essa conjunção entre o surrealismo e a mitologia meso-americana ("surréalisme tellurique", nas palavras de Alain Bosquet),[9] liberta a imaginação de Paz para que se entranhe em um tempo mítico e adquira consciência da "outridade". Um telurismo que exclui, por certo, toda descrição simplista ou pitoresca da paisagem ou dos costumes americanos. Em um ensaio sobre a escultura mexicana antiga, Paz destaca a intercomunicação de todos os viventes nas culturas meso-americanas, o vertiginoso tecido de relações ao mesmo tempo opostas e complementares, inerente aos povos nos quais se manifesta a imaginação em liberdade:

> La seducción que ejercen los llamados pueblos primitivos sobre los modernos es la de la libertad. En esas viejas culturas [...] el artista moderno encuentra que lo individual y lo social no se oponen sino se complementan. [...] La imaginación y la realidad se dan la mano y se confunden: ya no se sabe dónde termina la primera y dónde principia la segunda. Ninguna regla, ninguna convención parecen servir de contrapeso al soplo de la fantasía; este mundo de correspondencias mágicas está regido por la imaginación en libertad; gracias a ella la diosa de la muerte es también la de la vida, la serpiente es alada como las águilas, una pluma desprendida del sol fecunda a la estéril y hace nacer al héroe...[10]

Esse fascínio de Paz pela herança pré-colombiana do México se acentua em 1946, com sua aproximação do surrealismo. Seguindo o pensamento de Breton em L'Amour fou (1937) e em Arcane 17 (1945), concebe o surrealismo como "un nuevo sagrado extrarreligioso, fundado en el triple eje de la libertad, el amor y la poesía",[11] como uma aventura subversiva que pretende transformar o universo em imagem do desejo e na encarnação de um sonho. Sem ser tributária de nenhuma ortodoxia, a obra de Paz compartilha com o surrealismo práticas criativas que libertam a imaginação de peias racionais: "el surrealismo desató mis imágenes y las echó a volar", recorda em 1974;[12] e, mais recentemente, assinala:

> "Intenté penetrar en el lenguaje con los ojos cerrados, pero, una vez dentro, los abrí; fue una lucha entre la vigilia y el sueño, la inspiración y la razón, o mejor, entre el automatismo psicológico y la vigilia racional.[13]

¿Águila o sol? se propõe como um meio de libertação espiritual, como uma tentativa de conhecimento que fundamenta toda a poesia de Paz: a nostalgia de um estado anterior ao nascimento da consciência histórica determina o impulso mítico e o exercício da imaginação. A partir de seu próprio título, que alude aos dois grandes emblemas míticos mexicanos e que postula o acaso como visão do mundo ("águia ou sol" equivale ao "cara ou coroa"), tende-se a ver o cosmos em sua unidade; as antinomias se resolvem em uma coexistência dinâmica dos contrários, já que "el sol es concebido por los aztecas como un águila".[14] Em nenhum outro livro de Paz torna-se tão explícito o afã de recuperar a plenitude original da linguagem, de desarraigá-la de suas conotações habituais para que se revoguem os usos de expressões convencionais e se restitua "un lenguaje de cuchillos y picos, de ácidos y llamas. Un lenguaje de látigos. [...] de relâmpagos afilados, metódicas navajas. Un lenguaje guillotina". A busca da intensidade primordial da palavra e a volta aos mitos primitivos tornam manifesto o propósito de resgatar um absoluto imemorial, de liberar a linguagem e a imaginação para que o mundo seja novamente fundado.

Neste breve ensaio me limitarei a assinalar alguns aspectos específicos do dinamismo imaginativo de "Mariposa de obsidiana",[15] um poema em prosa que pode muito bem ser considerado uma poética surrealista de Paz. Trata-se de sua primeira publicação em uma revista surrealista: o *Almanach surréaliste du demi-siècle*, preparado por Breton e Benjamin Perét. O poema, em duas páginas, condensa noções-chave da sua escritura de meados do século: a busca de vestígios da outridade na mitologia asteca,[16] o encadeamento de imagens incongruentes, advindas de estados oníricos, e a supremacia da comunhão erótica para que se estabeleça um equilíbrio cósmico, nostalgia utópica que fertiliza toda sua obra poética.

Como se sabe, os surrealistas buscam modelos fora da literatura, na arte e na etnologia das civilizações autóctones desaparecidas, onde o maravilhoso germina com naturalidade e afeta a sensibilidade, pelo seu poder de revelação e de liberação de restrições mentais.[17] O título do poema alude a Itzpapálotl, a mariposa obsidiana, divindade chichimeca noturna, que remete ao arquétipo da grande mãe telúrica e às almas das mulheres mortas de parto ou destinadas ao sacrifício. Nos códices pré-colombianos, aparece representado como uma mariposa de feições humanas, com um grande penacho de plumas próprio dos guerreiros, com as asas dotadas de facas de pedra e com garras de águia ao invés de mãos e pés, que associa, a um só tempo, múltiplas imagens que se alteram em uma metamorfose incessante.[18] No centro da constelação mítica aparece Itzpapálotl, na qual se vislumbram e se confundem diversas divindades femininas — Teteoinan, Xochiquetzal e Tonantzin — identificadas com a Terra Mãe. Paz retoma uma de suas manifestações, a mulher sacrificada e convertida em divindade, que se fundiu, desde o século XVI, no culto à Virgem de Guadalupe, na qual subsistem vestígios de crenças e de poderes antigos: "Tonantzin/Guadalupe fue la respuesta de la imaginación a la situación de orfandad en que dejó a los indios la Conquista".[19] O sincretismo de noções antigas e modernas, ou seja, a superposição da sensualidade primigênia e das religiões ritualistas pré-colombianas com as crenças cristãs, cristaliza-se em associações matizadas por uma fantasia exuberante, na imprevisível vertigem da imaginação que se projeta em direção a um além trans-histórico. O poema nasce de uma consciência ferida pela condição humilhada e deslocada de uma comunidade, de um acercamento onírico que vai criando uma ressurreição do passado mítico. Começa assim:

> "Mataron... Mataron a mis hermanos, a mis hijos, a mis tíos. A la orilla del lago Texcoco me eché a llorar. Del Peñón subían remolinos de salitre. Me cogieron suavemente y me depositaron en el atrio de la Catedral. Me hice tan pequeña y gris que muchos me confundieron con un montoncito de polvo. Sí, yo misma, la madre del pedernal y de la estrella, yo, encinta del rayo, soy ahora la pluma azul que abandona el pájaro en la zarza. Bailaba, los pechos en alto y girando, girando, girando hasta quedarme quieta; entonces empezaba a echar hojas, flores, frutos. En mi vientre latía el águila. Yo era la montaña cuando sueña, la casa del fuego, la olla primordial donde el hombre crece y se hace hombre.

As primeiras linhas do poema evocam um "canto triste" náhuatl (icnocuícatl) e rememoram "lo que fue en el alma indígena el trauma de la conquista",[20] o extermínio da deusa, condenada a ser uma pequena mariposa cinza confundida com um pequeno monte de pó na Catedral. As imagens evocam a versão plástica da mariposa de obsidiana nos códices Borgia e Borbônico,[21] sua vinculação com o sacrifício da "madre del pedernal y de la estrella", divindade da terra e a primeira a ser imolada. As metamorfoses de Itzpapálotl e as múltiplas associações com os ornamentos, representações e características das deusas da mitologia pré-colombiana sugerem a imagem de um rito de sacrifício e de fertilidade, de morte e ressurreição. O encadeamento de associações desconcertantes e aparentemente arbitrárias — se se as considera isoladamente e não como evocações oníricas inseridas em um contexto específico — revela a sobrevivência espiritual depois da morte de um mundo cuja plenitude se encontra preservada. A aventura interior abre-se, assim, a uma indagação histórica e psicológica, a uma necessidade de auto-conhecimento e de reconciliação consigo mesmo e com o mundo — propósito constante do surrealismo.

A abertura ao desconhecido, irredutível a categorias explicativas, devolve à imaginação poética sua faculdade inventiva. A ressurreição de vivências míticas relegadas ao plano da memória inconsciente e sua associação com um surrealismo visionário provocam uma projeção imaginativa para além da realidade sensível, uma imersão nas profundidades do eu para revelar o escondido e o esquecido — para "desenterrar la palabra perdida", como é dito em "El cántaro roto". A deusa recupera um estado de harmonia paradisíaca, onde atributos incompatíveis se enlaçam: ela floresce e seu ventre engendra a águia, é a montanha e o fogo, isto é, o poema restaura sua multiplicidade, a diversidade de propriedades que se integram em uma unidade orgânica. Essa visão analógica, através da qual uma coisa se transforma em outra na comunicação vivente, restitui a totalidade nostálgica de um mundo regido por contradições e correspondências. Em "Dama huasteca", outro poema de *¿Águila o sol?*, Paz torna a insistir nessa comunhão de elementos dissociados entre si pelo pensamento lógico, núcleo impulsor do dinamismo imaginativo do livro:

> "*En su vientre un águila despliega sus alas, dos banderas enemigas se enlazan, reposa el agua. Viene de lejos, del país húmedo. Pocos la han visto. Diré su secreto: de día, es una piedra al lado del camino; de noche, un río que fluye al costado del hombre.*

Em "Mariposa de obsidiana", movimento e quietude se fundem na plenitude de um instante que marca a penetrante complementaridade em um mundo onde desaparecem todas as antinomias. A imaginação transcende as limitações impostas pelo racionalismo e pelo cristianismo, convertendo-se em um veículo de liberação de desejos e fantasias, em uma via de revelação de associações primigênias ancestrais, de forças vivas em contínua metamorfose.

Itzpapálotl lamenta a perda do poder natural inerente à religião solar dos povos da Meso-América, as infinitas reverberações de um ser imbuído da energia apaixonada que move o cosmos. A nostalgia de uma identidade mais profunda da qual os mexicanos foram separados se transfigura em um ritual erótico que descobre a sensualidade reprimida, em uma metáfora da subjetivação crescente do desejo:

"Yo era el mediodía tatuado y la medianoche desnuda, el pequeño insecto de jade que canta entre las yerbas del amanecer y el zenzontle de barro que convoca a los muertos. Me bañaba en la cascada solar, me bañaba a mí misma, anegada en mi propio resplandor.

A escritura fixa um instante de plenitude paradisíaca e intemporal, que conjura a morte em uma imagem de máximo esplendor dos sentidos, em um jogo de desnudamentos[22] banhados de luz solar, em um meio-dia fecundante e uma meia-noite apaixonada. As imagens de fertilidade se contrapõem às de aridez espiritual e física do devir histórico, o qual aguça a consciência crítica. A incessante busca da totalidade primigênia, que se fragmenta e se dispersa para tornar a unificar-se, perpetua-se como uma ferida que não cicatriza:

Estoy sola y caída, grano de maíz desprendido de la mazorca del tiempo. Siémbrame entre los fusilados. Naceré del ojo del capitán. Lluéveme, asoléame. Mi cuerpo arado por el tuyo ha de volverse un campo donde se siembra uno y se cocecha ciento. Espérame al otro lado del año: me encontrarás como un relámpago tendido a la orilla del otoño. Toca mis pechos de yerba. Besa mi vientre, piedra de sacrificios. En mi ombligo el remolino se aquieta: yo soy el centro fijo que mueve la danza. Arde, cae en mí: soy la fosa de cal viva que cura los huesos de su pesadumbre. Muere en mis labios. Nace en mis ojos. De mi cuerpo brotan imágenes: bebe en esas aguas y recuerda lo que olvidaste al nacer. Yo soy la herida que no cicatriza, la pequeña piedra solar: si me rozas, el mundo se incendia.

A divindade chichimeca se metamorfoseia em um corpo cósmico que transmuda seu pesadelo em êxtase apaixonado, resgatando a identificação total do eu com o mundo, a analogia entre a mulher e a terra. A divindade dos seios desnudos e dos fulgores flamejantes, que baila sem trégua, converte-se na mãe universal — o eterno feminino da poesia surrealista —, em uma figura arquetípica que renova a antiga comunhão edênica. As imagens geram uma explosão de prazer em um cosmos sensualizado, um vôo da imaginação ao além ultraterreno que abre um mundo de revelações maravilhosas: "Allá el amor es el encuentro en mitad del espacio de dos aerolitos y no esa obstinación de piedras frotándose para arrancarse un beso que chisporrotea". Como já anotara Jean-Louis Bédouin em *Vingt ans du surréalisme: (1939-1959)*, esse aspecto resume toda a poesia de Paz: "Surréaliste, et par là même essentiellement moderne, celle-ci est le produit de rencontres de ce genre, entre le Mexique des dieux et le langage de notre temps, entre le sang du sacrifice et l'avidité des astres, entre la splendeur du l'amour et l'image transparente de la mort".[23]

A busca de um conhecimento superior através da mulher e do amor como primordial finalidade humana converte-se no centro do universo poético de Paz e das preocupações éticas da tradição surrealista.[24] A mulher encarna todos os mitos e todos os nomes, é absoluta e totalizadora. Seja Xochiquetzal, a deusa das flores, dos labores domésticos e das cortesãs, "la de falda de hojas de maíz y de fuego", seja Coatlicue, a deusa-mãe asteca, simultaneamente benéfica e maléfica, "enredadera, planta venenosa,/flor de resurrección, uva de vida", seja a deusa huasteca "de la confesión que era asimismo la patrona del placer carnal", ou outros arquétipos femininos que atraem por sua dualidade e por seu caráter unificador de opostos, a mulher, enfim, concilia o homem com as forças naturais e o reintegra à plenitude original.[25] O amor reestabelece uma comunhão com a outridade, com um tempo edênico onde se perpetua um ritual incontaminado pelo devir temporal, um "tiempo total donde no pasa nada/ sino su próprio transcurrir dichoso", como diz em *Piedra de sol*.[26]

A invenção poética e o prazer erótico resgatam do inconsciente um instante vivo, uma dimensão imemorial. Tudo converge no poema em uma revelação da plenitude do desejo, de uma consciência que se imagina um entorno feliz do qual se sente separada:

> *Toma mi collar de lágrimas. Te espero en ese lado del tiempo en donde la luz inaugura un reinado dichoso: el pacto de los gemelos enemigos, el agua que escapa entre los dedos y el hielo, petrificado, como un rey en su orgullo. Allí abrirás mi cuerpo en dos, para leer las letras de tu destino.*

Na imaginação surrealista, o pacto dos contrários revela a nostalgia de um estado ancestral invulnerável à cisão e à fragmentação. A imagem poética reconcilia "os gêmeos inimigos" (as "mitades enemigas", havia dito Paz em "Himno entre ruinas") e tudo tende a se perceber como complementar. Em "Mariposa de obsidiana", meio-dia e meia-noite, fertilidade e esterilidade, sensualidade e ferocidade, plenitude e vazio, terra e corpo, vida e morte, Itzapapálotl e a Virgem de Guadalupe, prosa e verso acabam se fundindo em um vasto universo de íntimas correspondências. Essa busca do "centro vivo del origen, más allá de fin y comienzo" ("El cántaro roto", 259), de um absoluto ou de uma imagem totalizadora na qual o homem possa se sentir integrado e em perfeita harmonia com o mundo natural, é um traço distintivo e central da obra poética de Paz.[27]

A partir de Baudelaire, a atividade poética passa a adotar um procedimento crítico que tende a privilegiar uma reflexão sobre o processo criativo dentro do poema. A trajetória literária de Paz está marcada por textos que refletem sobre o ato de escrever no próprio poema — desde sua já remota "La poesía" (1941), até seu mais recente "Carta de creencia" (1987). O último texto de *¿Águila o sol?* — intitulado explicitamente "Hacia el poema" — complementa "Mariposa de obsidiana". Se este explora o subsolo milenar mexicano, a partir de associações provenientes do inconsciente, "Hacia el poema" sintetiza o combate do poeta com "el árbol calcinado del lenguaje", a aventura com a palavra, já apresentada no prólogo do livro: "Hoy lucho a solas con una palabra. La que me pertenece, a la que pertenezco: ¿cara o cruz, águila o sol?". Esse deslocamento do eu criador pela linguagem reforça a vontade de abolir a noção de obra artística como um ato individual, como expressão de uma personalidade: "El inspirado, el hombre que de verdad habla, no dice nada que sea suyo: por su boca habla el lenguaje", observa Paz em seu ensaio sobre Breton, e o eu do poeta se dissolve na realidade mais vasta da linguagem.[28] Os mitos do passado são um patrimônio cultural coletivo que mostram a liberdade espiritual dos povos que os inventaram. Tal como eles, os poemas de *¿Águila o sol?* acentuam a impessoalidade estética, a concepção da poesia como um ato involuntário e inconsciente ao alcance de todos, como queria Lautréamont. Duas frases de "Hacia el poema" condensam essa visão coletiva da cultura e da supremacia da linguagem sobre o autor: "Todo poema se cumple a expensas del poeta"; e acrescenta: "nada mío há de hablar por mi boca". O poema e o livro concluem com a reafirmação de um mito surrealista, a atribuição à poesia de um poder subversivo, suscetível de provocar uma crise de consciência que possa transformar o mundo:

> Cuando la Historia duerme, habla en sueños: en la frente del pueblo dormido el poeta es una constelación de sangre. Cuando la Historia despierta, la

imagen se hace acto, acontece el poema: la poesía entra en acción. Merece lo
que sueñas.

A atividade poética de Paz é um modo de conhecimento, que tem por finalidade reconciliar a consciência com a história, entrar em ação sobre a vida, ou seja, concretizar-se em atos que mudem a sociedade: "Palabras que son flores que son frutos que son actos", diz seu célebre verso final de "Himno entre ruinas"; e em "Erlabán", reitera o mesmo pensamento: "un insólito brotar de imágenes que cristalizan en actos" que arrancam o ser humano das misérias de sua condição. A imaginação se converte em um veículo de resgate de desejos, fantasias e sonhos que celebram o esplendor da vida. Dois aforismos de "Hacia el poema" sintetizam os fundamentos inalteráveis da obra criativa de Paz — transformar o mundo através de sua fé na poesia e no amor, as formas mais altas da liberdade espiritual: "Encontrar la salida: el poema"; e "El poema prepara un orden amoroso". A crescente complexidade da obra posterior de Octavio Paz não implica uma mudança de atitude estética ou visual, mas sim uma intensificação da mesma paixão utópica, como se tudo girasse em torno de um centro fixo: viver a experiência poética e o abraço amoroso como um fim supremo, única via de saída às falácias da história.

Notas

[1] Jason Wilson sintetiza a participação de Paz em atividades surrealistas em: *Octavio Paz: Un estudio de su poesía*. Bogotá: Editorial Pluma, 1980, pp.37 y 189. Cf. também Tarroux, Christiane. "Le surréalisme d'Octavio Paz en question", *Imprévue*, 2 (1980), pp.183-206.

DUROZOI, G. E LECHERBONNIER, B. *Le surréalisme*. Paris: Larousse, 1972, pp.180-183.

[2] PAZ. "André Breton o la búsqueda del comienzo." *Corriente alterna*. México: Siglo XXI, 1967, p.57. Este e outros trabalhos de Paz sobre o surrealismo foram reunidos por Diego Martínez Torrón em *La búsqueda del comienzo* (Escritos sobre el surrealismo). Madrid: Fundamentos, 1974. Mais recentemente, Paz voltou a escrever sobre Breton, no ensaio "Poemas mudos y objetos parlantes (André Breton)". *Convergencias*. Barcelona: Seix Barral, 1991, p.39-48.. Em francês, "Poèmes muets, objets parlants", prólogo a André Breton, em *Je vois, j'imagine: poèmes objets*. Paris: Gallimard, 1991, V-XI.

[3] BRETON, André. *Entretiens* (avec André Parinaud). Paris: Gallimard, 1952, p.285.

[4] PAZ, Octavio. *¿Águila o sol?* México: Tezonte, 1951. *¿Aigle ou Soleil?*. Paris: G. Fall, 1957, traducción de Jean-Clarence Lambert. Todas as citações de poemas de Paz são extraídas de *Poemas (1935-1975)*. Barcelona: Seix Barral, 1979.

[5] PAZ, Octavio. "Travaux forcés", *Le Surréalisme, Même*, nº 3 (Automne 1957), pp.32-36. Em uma nota editorial, sem assinatura, Breton considera que Paz "offre comme nul autre une

image poétique saisissante du Mexico", [2]. André Pieyre de Mandiargues, "Aigle ou Soleil?, La Nouvelle Revue Française, n° 62 (1958), pp.325.

[6] Sobre *¿Águila o sol?*, véanse: COCCO, Daisy de Filippis. "Octavio Paz: *¿Águila o sol?* o el fracaso del surrealismo como camino a la trascendencia". In: *Alcance* (New York), 6 (1987), pp.2-6; LEVI, Enrique Jaramillo. "Reflexiones en torno a ¿Águila o sol? de Octavio Paz". In: *Comunidad* (México), 49 (agosto 1974), pp.382-388; TORRÓN, Diego Martínez. *Variables poéticas de Octavio Paz*. Madrid: Hiperión, 1979, pp.141-153; PADRÓN, Jorge Rodríguez. PAZ, Octavio. Madrid: Júcar, 1975, pp.103-112; PACHECO, José Emilio. "¿Águila o sol?", *Proceso*, 393, 14 mayo 1984, pp.48-51; y "Arenas movedizas", *Proceso*, 648, 3 abril 1989, pp.56-57; SCHÄRER-NUSSBERGER, Maya. *Octavio Paz: Trayectorias y visiones*. México: FCE, 1989, pp.48-54 y 94-98; YURKIEVICH, Saúl. *Fundadores de la nueva poesía latinoamericana*. Barcelona: Seix Barral, 1971, pp.215-218; e "La fábrica y la figura", *Insula*, 532-533 (abril-mayo 1991), pp.50-51.

[7] PAZ, Octavio, Los hijos del limo. Barcelona: Seix Barral, 1986, pp.208-209.

[8] SUCRE, Guillermo. *La máscara, la transparencia*. Caracas: Monte Ávila, 1975, p.303; e PACHECO, José Emilio. "Inventario. Arenas movedizas", *Proceso*, n° 648, 3 abril 1989, p.56. A citação é de Pacheco.

[9] BOSQUET, Alain. "Octavio Paz ou le surréalisme tellurique", *Verbe et vertige*. Paris: Hachette, 1961, pp.186-192.

[10] PAZ, Octavio. "Escultura antigua de México" [1947], in *México en la obra de Octavio Paz*. México: FCE, 1987, v. 3, p.116.

[11] PAZ, Octavio. "El surrealismo" [1954], *Las peras del olmo*. Barcelona: Seix Barral, 1983, pp.136-151. A citação vem da p.150.

[12] PAZ, Octavio. "Los pasos contados". *Camp de l'arpa* (Barcelona), n° 74 (1980), p.56.

[13] SÁNCHEZ, Alberto Ruy. "Itinerario poético de Octavio Paz" [Entrevista filmada]. Síntese preparada por Héctor Tajonar e publicada no folheto que acompanha o livro *México en la obra de Octavio Paz*. México, 1989, p.27.

[14] CASO, Antonio, *El pueblo del Sol*. México: FCE, 1971, p.47; e PAZ, Octavio, "Convertimos en muladar el más hermoso sitio del planeta", glosa de Margarita García Flores da conferencia de Paz em El Colegio Nacional. *La Onda*, n° 92, 16 marzo 1975, p.7.

[15] PAZ, Octavio, "Papillon d'obsidienne", *La Nef* (Paris), p.63 (1950), pp.29-31. Tradução de Martine e Monique Fong.

[16] O tributo de Paz ao culto pré-hispânico de Itzpapálotl gera, por sua vez, outros dois originais prolongamentos inspirados em seu poema: as esculturas e colagens de Brian Nissen e a música de Daniel Catán. Conferir o catálogo da *Exposición en torno al poema "Mariposa de obsidiana" de Octavio Paz*. México: Museo Rufino Tamayo, 1983; e o programa do concerto *La música y la obra de Octavio Paz*, Orquestra Sinfônica Nacional, dirigida por Herrera de la Fuente. México: Teatro de Bellas Artes, 4 de abril de 1989.

[17] DUROZOI, G.e LECHERBONNIER, B. *Le surréalisme*. Paris: Larousse, 1972, pp.180-183.

[18] Cf. SELER, Eduard. "Comentarios al Códice Borgia", *Códice Borgia*. México: FCE, 1963, v. 1, pp.134-140; SPRANZ, Bodo. *Los dioses en los códices mexicanos del grupo Borgia*. México: FCE, 1973, pp.83-87; e HEYDEN, Doris, "La diosa madre: Itzpapálotl". *Boletín del INAH* (México), 2ª época, n° 11 (1974), pp.3-14.

[19] PAZ, Octavio, "Nueva España: orfandad y legitimidad ", *El ogro filantrópico*. México: Joaquín Mortiz, 1979, p.49. No "Poema Circulatorio", escrito para uma exposição sobre "El arte del surrealismo" celebrada en México en 1973, retoma metáfora Tonantzin/

Guadalupe como símbolo da convivência ou fusão de duas culturas, explicitamente associada ao surrealismo.

[20] PORTILLA, Miguel León, *El reverso de la conquista*. México: Joaquín Mortiz, 1974, p.21.

[21] SELER, Eduard. *Códice Borgia*, p.139.

[22] "Toda nudez ritual implica um modelo intemporal, uma imagem paradisíaca". ÉLIADE, Mircea. *Lo sagrado y lo profano*. Madrid: Guadarrama, 1967, p.133.

[23] BEDOUIN, Jean-Louis. *Vingt ans de surréalisme 1939-1939*. Paris: Editions Denoël, 1961, pp.201-202.

[24] DUROZOI, G. e LECHERBONNIER, B. *Le surréalisme*, p 179.

[25] PAZ, Octavio "El surrealismo", p.149.

[26] PAZ, Octavio, Piedra de sol, p.264.

[27] PAZ, Octavio."Obras maestras de México en París", *México en la obra de Octavio Paz*, v. 3, p.60.

[28] *Corriente alterna*, p.53. Cf. também: *El arco y la lira*. México: FCE, j1967, p.246; y SUCRE, Guillermo. *La máscara y la transparencia*, pp.207-236.

Inconsciente e poesia: fome de realidade

Aproximações à poética de Octavio Paz

Ana Maria Portugal

> *"Como dizer, oh Sonho, teu silêncio em vozes?"*
> Octavio Paz

Dizem que o poeta é um sonhador. Nada de novo nisso. Mas dizer que "todo sonhador é um poeta", está aí uma proposição mais séria que uma simples ironia. Pois, desde que os sonhos se tornaram, a partir de Freud, a *via régia de acesso ao Inconsciente,*[1] abriu-se uma outra cena, onde os processos da linguagem revelam um funcionamento especial próximo à construção da poesia.

"En efecto, la poesía es deseo" — escreve Octavio Paz. *"Mas ese deseo no se articula en lo posible, ni en lo verosímil... la poesía es hambre de realidad".*[2]

Para ele, a poesia é uma metáfora, na qual o desejo entra em ação, não simplesmente por comparar ou mostrar semelhanças, mas por revelar — e ainda mais — provocar a identidade última de objetos que nos pareciam irredutíveis.

Deixando de lado a questão se este *desejo*, de que nos fala Paz, é rigorosamente o mesmo *desejo inconsciente* de que nos fala Freud, podemos aproximar, pela análise dos pressupostos que definem a poética de Paz, certos princípios que norteiam o trabalho do Inconsciente, numa premência de dar forma ao Real. O Real, assim batizado por Lacan, demonstra sua *ek-sistência*[3] no decorrer de todo o texto de Freud,[4] tendo seu constructo definitivo na necessidade lógica de um ponto de recalque primário, *Urverdrängung,*[5] caracterizado por sua irredutibilidade a qualquer apreensão simbólica.

É curioso encontrar em Octavio Paz a referência a esse ponto, quando discorre sobre a *otredad.* Tudo o que expõe sobre a inspiração do poeta, sobre o que o leva a escrever traz algo dessa ordem, e podemos acompanhá-lo nos seus meandros de bordejar esta coisa que não mostra sua face, mas que insiste em causar trabalho:

"Ergui a cara para o céu
imensa pedra de puídas letras:
nada me revelaram as estrelas."[6]

O poeta é, ao mesmo tempo, o objeto e o sujeito da criação poética: é o ouvido que escuta e a mão que escreve o que dita sua própria voz. Poetizar consiste, em primeiro termo, em nomear, criar com palavras, e o que vai ser nomeado se apresenta ao poeta pela primeira vez como um silêncio ininteligível.[7]

O ato de escrever entranha, como primeiro movimento, um desprender-se do mundo, algo assim como lançar-se ao vazio. Já está só o poeta, sem mundo em que apoiar-se. É a hora de criar de novo o mundo e voltar a nomear com palavras esse ameaçante esvaziamento exterior: mesa, árvore, lábios, astro, nada. Mas as palavras também se evaporaram, fugiram. Rodeia-nos o silêncio anterior à palavra. Ou a outra face do silêncio: o murmúrio insensato e intraduzível, *"the sound and the fury"*, a tagarelice, o ruído que não diz nada, que só diz: nada.

As palavras não estão em parte alguma, não são algo dado, que nos espera. Há que criá-las, que inventá-las, como a cada dia criamos o mundo e a nós mesmos. As palavras são nosso próprio ser, e por isso são alheias, são dos outros: são uma das formas de nossa *otredad* constitutiva. Num primeiro momento o poeta se aniquila, num segundo ele mesmo se inventa, dá um salto mortal, renasce e é outro. Para ser ele mesmo, deve ser outro. O mesmo se dá com sua linguagem, é sua por ser dos outros. O poeta não escuta uma voz estranha, sua voz e sua palavra é que são as estranhas: são as palavras e as vozes do mundo, às quais ele dá de novo o sentido.

Que sentido é esse? Certamente um sentido outro, inédito. Paz aponta a *otredad* como constitutiva de nosso destino enquanto falantes. A Psicanálise o testemunha e ousa mais, escuta aí um dos nomes do Real. Pois, o ser falante, por alienar seu desejo a significantes que se endereçam ao Outro, torna-se alienado ao desejo do Outro. E este desejo tem seu ponto de Real, sempre enigmático, e por estrutura, impossível de articulação total. A partir disso se constitui o Inconsciente, estruturado como uma linguagem, para dar forma ao Real que já era do mundo e então se destacou, retornando sempre do mesmo lugar. O Inconsciente, causado pelo Real, agora pulsa e tem fome de realidade. Como a poesia.

Daí a palavra poética revelar um ato que sem cessar se repete: o da incessante destruição e criação do homem, sua linguagem e seu mundo, o da permanente *otredad* em que consiste ser homem.[8]

Percebe-se que Paz, nestas passagens sobre a *otredad*, embora marque a divisão constitutiva, tende a privilegiar na criação poética a questão do ser, como uma aspiração do sujeito. Nisso não o acompanha a Psicanálise, que apreende no desejo, o sujeito em sua falta-a-ser, e não como um vira-ser. Contudo o privilégio continua sendo o da palavra, em sua soberania.

"Mas el poeta no se sirve de las palabras. Es su servidor. Ao servirlas, las devuelve a su plena naturaleza, les hace recobrar su ser. Gracias a la poesía, el lenguaje reconquista su estado original.[9]

E então o poeta se pergunta:

*"Se é real a luz branca desta lâmpada, real
a mão que escreve, são reais os olhos que olham o escrito?*

*Duma palavra à outra o que digo desvanece-se.
Sei que estou vivo entre dois parênteses"* [10]

Dois parênteses, poderíamos esclarecer: a palavra e o ato, que fará surgir o sujeito.

Na forma particular da expressão poética, o ato é inseparável de sua expressão. Ou seja, não é uma experiência que as palavras traduzem, mas as próprias palavras constituem o núcleo da experiência. A experiência se dá como um nomear aquilo que, até não ser nomeado, carece propriamente de existência. Sua análise é a mesma que a de sua expressão.

Novamente encontramos aqui a Psicanálise. Freud descreve os processos de construção do sonho e das demais formações do Inconsciente (sintomas, lapsos, chistes, fantasias) a partir da análise do produto final, que nos é apresentado sob uma forma determinada de expressão, sem que possamos prevê-la ou induzi-la. Cada uma dessas formações tem o estatuto de ato, e seus efeitos é que nos poderão dizer algo sobre o sujeito dividido, que pode ou não tomar seu ato como questão de seu desejo. No trabalho dessas formações, o desejo inconsciente tomou diferentes formas, que denunciam pulsões e posições do sujeito frente ao desejo do Outro. Freud denomina *Entstellung* (deformação)[11] este trabalho de transformação do desejo. Mas não é que haja uma forma perfeita e o desejo se apresente *deformado*. O que a palavra alemã indica (o prefixo *ent* = *weg* = para longe) e o que o processo descrito por Freud confirma, é que há sempre uma mudança de forma, e que o desejo, por não ter forma preestabelecida, é, no presente, esta forma que o apresentou.

É o que Paz nos conta sobre a *imagem* em sua poética. Para ele, imagem é toda forma verbal, frase ou conjunto de frases que o poeta diz e que, unidas, compõem um poema. A imagem submete à unidade a pluralidade do real.

"El poeta nombra las cosas: éstas son plumas, aquéllas son piedras. Y de pronto afirma: las piedras son plumas, esto es aquello".

A imagem fica escandalosa porque desafia a contradição. Portanto, a realidade poética da imagem não pode aspirar à verdade. Seu reino não é o do ser, mas o *do "imposible verosímil"*.

A poesia não aspira à verdade, no sentido de verdade *por correspondência*,[12] que consiste em conduzir o enunciado à prova da experiência ou da confrontação com o objeto. Mas isto não responde à eficácia necessária de levar em conta o Real, pois a realidade, que é onde se pode provar a experiência, é também uma construção representacional. É a verdade como estrutura de ficção. A lógica moderna, como ciência do Real, nos aponta outras teorias de verdade, que concernem ao campo da Psicanálise, e também ao da poesia.

Lembraríamos a verdade *por coerência*, que supõe um axioma básico, que será consistente se o que se gerar dele for verificável. É a estrutura da fantasia fundamental (em Psicanálise), que sustenta com muita aderência o desejo do sujeito. A verdade *pragmática* e a teoria da *eliminação da verdade* lidam com a convivência de contradições. O Inconsciente, assim como a poesia, não conhece a contradição, e usa alternativas opostas e negadas, colocando-as de igual valor como verdades do sujeito, ou do poeta.

A imagem é uma frase em que a pluralidade de significados não desaparece. Ela recolhe e exalta todos os valores das palavras, sem excluir os primários ou secundários. Há proposições que resultam num contrasentido, outras num sem-sentido. Mas a imagem não é nem um nem outro. Ela é autêntica, porque é expressão genuína da experiência de mundo do poeta. E constitui uma realidade objetiva, válida por si mesma. As imagens do poeta são obras. Neste caso o poeta faz mais do que dizer a verdade; cria realidades donas de uma verdade: as de sua própria existência.

A imagem poética reproduz o momento da percepção, nos põe de frente ao objeto. Não representa, apresenta. Recria, revive nossa experiência do real.

A imagem não diz para *querer dizer*, como se se pudesse dizer de outra maneira. O sentido da imagem é a própria imagem, não podemos dizê-la com outras palavras. A imagem não é meio; sustentada em si mesma, ela é seu sentido, é irredutível a qualquer explicação ou interpretação. Há muitas maneiras de dizer as coisas em prosa. Na poesia, a imagem reduz essa forma a uma só, àquela que o poeta elaborou e fabricou.

Não é o mesmo dizer: *"de desnuda que está brilla la estrella"* ou *"la estrella brilla porque está desnuda"*.

O sentido se degradou na segunda versão, perdeu a força poética. A imagem faz com que as palavras percam sua mobilidade e intercambialidade.

Estas passagens acentuam claramente a importância das condições de figurabilidade da poesia, o que vem a ser também um detalhe fundamental nos processos do Inconsciente, especialmente na construção dos sonhos. Freud dedica dois extensos capítulos de seu livro "A Interpretação dos Sonhos" às questões de figurabilidade. Embora no sonho, o esforço será no sentido de facilitar uma representação visual, para o qual contribuem os processos de condensação e deslocamento, é impressionante como a forma pela qual o aparelho se conduz privilegia a força mais aguda da expressão, fixando a palavra num sentido mais pleno, proibindo-a de deslizar para outros sentidos e aproximando-a à *representação de coisa*.

A *representação de coisa*[13] é um conceito que provém dos primeiros textos de Freud sobre a *Afasia*, servindo-lhe para definição dos processos inconscientes. Distingue-se do traço mnésico por reinvestir e reavivá-lo como inscrição de um acontecimento, aproximando a inscrição a uma *identidade de percepção* e não apenas à *identidade de pensamento*, como acontece com a palavra em geral, enquanto portadora de sentido.

A experiência poética é irredutível à palavra, e no entanto, só a palavra a expressa. A imagem reconcilia provisoriamente os contrários, mas esta reconciliação não pode ser explicada pelas palavras — a não ser pelas palavras da imagem, que já deixaram de sê-lo. Assim, a imagem é um recurso desesperado contra o silêncio que nos invade cada vez que tentamos expressar a terrível experiência do que nos rodeia e de nós mesmos. O poema é linguagem em tensão: em extremo de ser e em ser até o extremo, mostrando o reverso das palavras: o silêncio e a não-significação. Aquém da imagem, jaz o mundo do idioma, das explicações e da história. Mais além, abrem-se as portas do real: significação e não-significação se tornam termos equivalentes. Descobrimos semelhanças, aproximamos realidades contrárias ou produzimos uma "nova realidade". Surgem contradições insuperáveis ou o *nonsense* absoluto, como o humor ou o chiste, revelando a pluralidade e a interdependência do real. Mas em toda a imagem poética observa-se o mesmo: a pluralidade do real expressa como unidade última, sem que cada elemento perca sua singularidade: as plumas são pedras, sem deixar de serem plumas. A linguagem diz o que parecia escapar à natureza. O dizer poético diz o indizível.

> *"O visível e palpável que está fora*
> *E o que está dentro e não tem nome*
> *Procuram-se às cegas em nós próprios*
> *Seguem o caminho da linguagem*
> *Atravessam a ponte que esta imagem lhes estende"*[14]

Outra abordagem de Paz que remete também a certas questões do Inconsciente estruturado como linguagem é a questão do *ritmo*. No poema, o que constitui a frase poética como tal e faz linguagem é o *ritmo*.

Paz designa como ritmo as forças de atração e repulsão. O poeta cria por analogia porque ele verifica essa força e a utiliza. Seu modelo é o ritmo que move o idioma, e por aí convoca as palavras. Donde se conclui que a criação poética é a voluntária utilização do ritmo como agente de sedução, de exercício de poder sobre o outro, despertando forças secretas do idioma.

Paz insiste em distinguir o ritmo de uma concepção comum. É mais que tempo dividido em porções, traz violência das pancadas e variações dos intervalos. Traduz intencionalidade e direção, provoca expectativas e suscita anelos. Não é medida, mas tempo original, carente de sentido. Tempo que não está fora do sujeito, tempo que é o sujeito.

Ritmo não é medida, algo fora de nós, mas somos nós que nos vertemos no ritmo e nos disparamos para algo. Ritmo não é medida, mas visão do mundo, é inseparável de nossa própria condição, pelo fato de sermos temporais, mortais, lançados para "algo" e para "outro": a morte, Deus, a amada, os semelhantes.

Esta idéia de *ritmo* como tempo original e de presença do sujeito corrobora as passagens anteriores sobre a *otredad* e a *imagem*, no que tocam a um ponto de vazio que pressiona o sujeito a dar forma à sua falta-a-ser. Nas descrições de Paz sobre o que vem a ser o ritmo na poesia, sentimos a força do ato e a tensão do sujeito no impulso de lançar-se ao acaso, ao encontro de uma palavra plena que dará forma à sua questão. Questão de seu surgimento original.

É uma questão de tempo, que não só remete ao tempo *nachträglich*,[15] de que fala a Psicanálise, mas também o tempo como marcação dessas produções do Real.

"El hombre se vierte en ritmo, cifra de su temporalidad; el ritmo a su vez se declara en imagen; y la imagen vuelve al hombre apenas unos labios repiten el poema".[16]

O tempo *nachträglich* diz de algo que já passou, sem se notar, mas que só vai ter sua significância num momento posterior, onde algo do presente relança sentido sobre o vazio anterior. Assim se dá com os processos inconscientes, onde as questões do encontro presente lançam luz sobre os vazios do passado, projetando em fantasias do futuro.

"Como as pedras do Princípio
Como o princípio da Pedra
Como no Princípio pedra contra pedra:
Os faustos da noite:
O poema ainda sem rosto
O bosque ainda sem árvores
Os cantos ainda sem nome.

Mas já a luz irrompe com passos de leopardo
E a palavra levanta-se ondula cai
E é uma longa ferida e um silêncio cristalino"[17]

A relação entre o homem e a poesia é tão antiga quanto o homem, nos lembra Paz. Os primeiros caçadores e os que colhiam frutos um dia se contemplaram, atônitos, durante um instante inacabável, na água fixa de um poema. Desde então, os homens não cessaram de ver-se nesse espelho de imagens. E se viram, simultaneamente, como criadores de imagens e como imagens de suas criações. Por isso, enquanto houver homens, haverá poesia.[18]

Poesia, fome de realidade.

Inconsciente, pulsação de realização.

O sujeito continua seu destino trágico no precário e soberano mundo da palavra. Ensinam-lhe os poetas o que sabem e o que ele já sabe, sem saber: que o mundo é ilegível, que não há livro. A negação, a crítica, a ironia são também um saber, saber que não consiste na contemplação da alteridade no seio da unidade, mas na visão da ruptura da unidade.

Um saber abismal, irônico.

O livro não existe. Nunca foi escrito. A analogia termina em silêncio.

Notas

[1] FREUD, Sigmund, "A Interpretação de Sonhos"(1900) in *Obras completas*. Rio: Imago,1972, v.IV-V, p.647.

[2] PAZ, Octavio, *El arco y la lira* in *Obras completas edición del Autor*. México: Fondo de Cultura Económica, 1995, Tomo I, p.87 (a partir desta, todas as citações desta obra virão acompanhadas da sigla AYL, seguida do número da página).

[3] LACAN, Jacques, *Les non-dupes errent*. Seminário Inédito n° XXI. Paris, 1973-1974 (Lacan forja o termo *ek-sistência* para apontar que é por algo ficar fora- *ek* -que a experiência do Inconsciente pode subsistir).

[4] Poderíamos enumerar os pontos principais em que o texto freudiano traz esta marca: *das Ding*, ou a coisa inassimilável do *Projeto* (1895), a indestrutibilidade do desejo inconsciente e o umbigo do sonho (*Interpretação dos sonhos*-1900), o desejo insatisfeito na histérica e impossível no obsessivo (*Teoria das neuroses*- Conferências de 1916-1917), *O estranho* (1919), além de toda a questão do gozo que é trabalhada nos textos posteriores à virada de 1920, com o livro *Além do princípio do prazer*.

[5] FREUD, Sigmund, "Repressão"(1915) in *Obras completas*. Rio: Imago, 1974.v.XIV, p.171.

[6] PAZ, Octavio, *Antologia poética* (1935-1975). Org. e Trad. Luís Pignatelli. Lisboa: Dom Quixote, 1984, p.42.

[7] Cf. PAZ, Octavio, *El arco y la lira*, p.173.

[8] Ibidem, p.183.

[9] Ibidem, p.72.

[10] PAZ, Octavio, *Antologia poética*, p.55.

[11] FREUD, 1900, p.143.

[12] PORTUGAL, Ana Maria, *Erros e erres*. Cadernos da Jornada do IEPSI, Belo Horizonte, novembro de 1996.

[13] LAPLANCHE, J. e PONTALIS, J. B., *Vocabulário de psicanálise*. Santos: Livraria Martins Fontes, 1970, p.584.

[14] PAZ, Octavio, *Antologia poética*. p.29.

[15] LAPLANCHE, op.cit., p.441.

[16] PAZ, Octavio, *El arco y la lira*, p.441.

[17] PAZ, Octavio, *Antologia poética*, p.33.

[18] PAZ, Octavio, "La otra voz" in *Obras completas edición del Autor*. México: Fondo de Cultura Económica, 1995, Tomo I, p.592.

Escrita e corpo: faces femininas
da América Latina em Octavio Paz

Ivete Lara Camargos Walty

A observação de um postal com parte do mural "Sueño de una tarde de Domingo en la Alameda" (1947-1948), de Diego de Rivera, localizado no Hotel do Prado, na Cidade do México, leva o olhar do espectador à estranha figura, que ocupa o primeiro plano, ao lado de um cavalheiro e de um jovem — representação do próprio Rivera quando menino — que ela segura pela mão. Na multidão vestida para festa, acham-se mulheres ricamente vestidas à européia; uma nativa dada como prostituta, com olhar e postura firmes e agressivos; homens trajados com elegância formal ou engalanados em fardas superiores ou inferiores, bem como um velho de muletas, coberto de medalhas ganhas em batalhas. Crianças com brinquedos bem comportados ou pobres com tabuleiros de castanhas e doces, ao lado de balões coloridos, opõe-se à formalidade do monumento ao fundo, acentuando a mistura de elementos. O mural, dado como o mais autobiográfico na obra do pintor, traz ainda a figura de Frida Kahlo e de Jose Marti, além de outras figuras históricas. Mas nenhum elemento chama mais atenção que a estranha senhora, representação da *Calavera Catrina*. Sua roupa em tons claros destoa do colorido das outras, o chapéu com plumas e flores marca-se pela diferença em relação aos de outras mulheres, o que se acentua na estola/serpente. O rosto cadavérico é o único que se abre em sorriso de lado a lado. Como em muitas manifestações culturais mexicanas, a morte é, pois, alegoria central nesse mural que retoma a história do México e tanta polêmica causou por seu teor revolucionário.

Sem me deter na contextualização histórica da obra, associo tal alegoria de Rivera, em sua mistura de planos e diversidade de elementos, à figura da Chingada, analisada por Paz, em *El labirinto de la soledad*, (*O labirinto da solidão*), escrito praticamente na mesma época do citado mural, propondo-me a investigar a recorrência da imagem feminina nas representações da América Latina da escrita do crítico/poeta mexicano. Para isso, utilizarei os textos da citada obra e de sua retomada em *Posdata* (1970) e *Itinerário* (1993), obras que marcam três diferentes momentos da obra do escritor, nas décadas de 50, 70 e 90.

No mural de Rivera, a mulher/caveira está posta no lugar da esposa e da mãe, veste-se como uma dama da sociedade, mas tem as marcas do mal. Associa-se, pois, à Chingada, em sua relação com a terra mexicana e, por extensão, latino-americana.

Conforme Paz, a expressão Chingada refere-se, antes de tudo, aos estrangeiros, aos maus mexicanos, ou seja, aos filhos de uma mãe indeterminada. Mãe esta que foi violada, penetrada à força, vítima da violência do outro, mas mãe. É evidente nessa explicação o jogo entre o sagrado e o profano, entre a virgem e a prostituta, ligado, por sua vez, à questão da origem, como bem assinala o próprio Paz.

O México encarnaria aquela que foi Chingada, aberta à força pelo conquistador, violada ou seduzida. Ora, se a Chingada é a terra conquistada, seus filhos não são apenas os outros, o resto, a borra na xícara, são todos os mexicanos/americanos. A figura da Virgem de Guadalupe, outro ícone da cultura mexicana, apesar de ser o oposto da Chingada, ao invés de desmanchar essa ambigüidade, a acentua porque ela é a imagem do catolicismo implantado pelo conquistador, mesmo que vestida com roupagens indígenas. Dessa forma, a mãe virgem e a mãe violada são ambíguas de per si e em sua aproximação. São, pois, a concretização da ambigüidade da origem, da ruptura primeira.

Mas não é só o mexicano ou latino-americano que "se definem como ruptura e negação", "como busca, como vontade de transcender esse estado de exílio", pois essa é a condição humana. Mas, se todo ser humano é desterrado do paraíso ou do útero materno, o latino-americano seria duplamente desterrado, perpetuamente deslocado porque, filho da violação, é renegado pelo pai e renega a mãe que ama.

O mexicano não quer ser índio nem espanhol (...). Torna-se filho do nada.
Começou em si mesmo.[1]

O latino-americano encarna, pois, essa ruptura, esse corte, e os expõe porque, querendo ou não, é filho de "doña Malinche", aquela que se entregou a Cortés, traindo seu povo.

Várias são, pois, as faces femininas da América desenhadas na escrita fecundadora de Paz. Sedutora e/ou seduzida, profanada e/ou sacralizada, virgem e/ou prostituta, índia e/ou espanhola, essa terra é a mãe, a origem impossível.

Hélio Pellegrino, relendo o complexo de Édipo, afirma que só se pode perder o que se teve. Quem teve o amor da mãe pode romper com ela e assumir o estágio do simbólico através da aquisição da linguagem e da aceitação da lei.

> Não nos esqueçamos que o símbolo implica a perda da coisa simbolizada, para um resgate noutro nível. Quanto mais temos o que perder, mais ganharemos. (...) A representação simbólica do amor materno, da formidável intimidade corporal que ligou criança e mãe, vai constituir o chão do mundo, o fundamento da experiência, a base sem cuja firmeza a vida se torna impossível.[2]

Essa explicação pode ser transposta, metaforicamente, para a relação de Octavio Paz com a terra mexicana/latino-americana, essa terra conquistada, violada, lugar de exílio de seus próprios filhos.

Como se situaria a escrita de Paz na relação com essa terra? Seria ela a terra redesenhada para a libertação de sua condição de objeto passivo frente à conquista fálica e dominadora? Ou seria o espaço de uma outra conquista, advinda do poder do escritor, também ele, um "Gran Chingón"?

Ao falar da relação entre o macho e a chingada, Paz retoma a imagem do pai poderoso, lei e censura, a interditar a relação com a mãe/terra, e, paradoxalmente, resgata essa relação impossível, fecundando-a em um texto erótico e erotizante, que assume sua impureza e seu gozo.

Escrever sobre a terra/mãe é libertá-la e libertar-se até mesmo de seu jugo, mas é, paradoxalmente, uma forma de posse, de penetração. Como o deus filho asteca, Cuauhtémoc, o jovem imperador destronado, que é, ao mesmo tempo, amante e filho da mãe, guerreiro e criança, o escritor tenta voltar à relação imaginária, dual com a terra, sabendo-a impossível. Como o deus filho católico, Cristo, exibe-se como vítima redentora, cujo corpo morto foi acolhido pela mãe. A construção simbólica da terra/mãe a distancia e a aproxima, configurando o mesmo movimento, descrito pelo autor, entre o aberto e o fechado, entre o cosmopolitismo e o americanismo. Na verdade, esse é o mesmo movimento descrito por

Pellegrino, retomando Winnicot em seu conceito de objeto transicional, através do qual "a criança representa a presença da mãe, imaginária e real e, nesta medida, atenua a angústia da perda que a separação alteritária vai aguçar".[3]

Nesse sentido é que Maria Luiza Ramos aponta a escrita como um objeto transicional, suporte materno, ligado ao canto, ao acalanto, ao gozo, à sensação de estar no mundo. A escrita, esse espaço de transição entre o interior e o exterior, permitiria a volta da experiência traumática e sua simbolização[4].

A escrita de Paz faz retornar dois nascimentos traumáticos: o do indivíduo e o da nação. E é disso que ele fala, já nos anos 90, ao escrever "Como y por qué escribí *El labirinto de la soledad*". Como bom leitor de si mesmo, Paz revela que escreveu esse livro a partir de três experiências infantis e, ao explicá-las, tenta abarcar inteiramente o seu sentido, procurando diminuir o espaço de intervenção do leitor. Na primeira experiência, vê-se criança, chorando sozinho, o único a se ouvir chorar. E conclui que, nesse momento, começaria a ser ele mesmo, justamente através da figura do outro que o habita. Dá-se, pois, a primeira experiência do duplo. É, então, o momento, do exílio do homem no mundo, a consciência definitiva do parto, da ruptura. A segunda experiência é a do exílio na terra alheia: mexicano em escola americana, é chamado de *cuchara* pelos colegas, porque usara esse termo para pedir uma colher à professora. Mas *cuchara,* além de colher, significa também, intrometer-se em conversas alheias, ou meter o bedelho, diria eu, em terra alheia. *Cuchara* é o estranho, o "hijo de la chingada". Por fim, a volta ao México concretiza uma outra situação de exílio, talvez a mais dolorosa, a de estrangeiro na própria terra: "un gringo, un franchute o un gachupín". Tal situação o faz refletir:

> (...) *yo no soy de aquí ni de allá. Entonces, ¿de dónde soy? Yo me sentía mexicano — (...) — pero ellos no me dejaben serlo.*[5]

E ao discorrer sobre a suspeita que cerca o estrangeiro estende-a à suspeita do próprio povo mexicano, desconfiança que atribui à sua insegurança, "el resultado de un trauma histórico enterrado en las profundidades del passado". Para ele, a atitude sempre suspeita impede que alguém descubra o passado e o desenterre. Ora, ao escrever reiteradamente sobre esses mesmos temas, Paz, justamente desenterra o cadáver e o exibe como o mural de Rivera. Expõe aquele oco de que fala em relação à primeira experiência. Mas é exibindo a ferida e contornando-a que ele busca superá-la, sem, contudo, tamponá-la, neurotizando-se.

Evidenciando a conexão entre o agir e o começar, Hannah Arendt (1994) associa a capacidade de ação do homem à sua experiência de natalidade, como o faz também Paz, quando se manifesta a esse respeito em *El arco y la lira*:

> *Porque precisamente se trata de la situación original y determinante del hombre: el haber nacido. El hombre há sido arrojado, echado ao mundo. Y a lo largo de nuestra existencia se repite la situación del recién nacido: cada minuto nos echa el mundo; cada minuto nos engendra desnudos y sin amparo; lo desconocido y ajeno nos rodea por todas partes.*[6]

Nascer implica ação constante e viver é sempre uma forma de nascimento. Não é, pois, sem razão, que o termo nação vem de *natio* — nascer — e contém em si a palavra ação. É pela linguagem que Paz constrói imagens de si mesmo e da pátria, refletindo sobre a experiência dos diversos nascimentos. Como um herói, às avessas, Paz constrói seu itinerário na direção contrária do zênite, pois, a cada nascimento, ao invés de um novo batismo, dá-se um desnudamento, um despedaçamento. É esta a experiência da solidão, o vazio que, paradoxalmente, constitui a escrita. Mas, a despeito da solidão, ou mesmo por causa dela, como os heróis míticos, tem a seu lado a figura da mulher, ora como a mãe carinhosa, " la puerta de reconciliación com el mondo", "hormiga providente que cantaba como una cigarra"; ora como "la chingada", a seduzi-lo, desafiá-lo, já que crê que "con frecuencia somos cómplices de nuestros persecutores". Diz Paz:

> *A mulher sempre foi para o homem "o outro", seu contrário e complemento. Se uma parte do nosso ser deseja fundir-se nela, outra, não menos imperiosamente, a separa e exclui. A mulher é um objeto, alternadamente precioso ou nocivo, mas sempre diferente.*[7]

Ao dissertar sobre o amor e sua impossibilidade, sua força transgressora, no nosso modelo de sociedade, Paz acentua a ambigüidade da figura feminina, tanto como esposa e mãe, quanto como prostituta. Mas, paradoxalmente, lamenta a perda da força da sedução do homem e de seu poder de proteção. Perdido, busca delinear faces dessa mulher, lidar com as imagens construídas pela sociedade, para situar-se em sua própria escrita. Busca, então, como a criança que brinca, a comunhão erótica que diz ter sido alijada do nosso meio social ou da nossa condição humana. É uma forma de aceitação do corte, da ruptura inicial e, ao mesmo tempo, a rebeldia possível.

Assim, como os pachucos, que fazem da rebeldia um recurso do vencido: "el uso estético de la derrota, la venganza de la imaginación", Paz, que se identifica com eles, faz da escrita seu movimento de rebeldia e aceitação, concretizando a metáfora da vingança estética no texto crítico/poético.

Esse mesmo movimento é bem descrito por Maria Esther Maciel quando discorre sobre o jogo entre analogia e ruptura na escrita vertiginosa de Paz, em sua relação com a pintura sempre em transformação de Escher:

> Pode-se dizer que Paz e Escher, enquanto artistas-pensadores que dialetizam imaginação e razão, partem de um mesmo princípio, ao tratarem, pela via da sincronia e do movimento, a questão dos opostos.[8]

Assim, o jogo de aproximação e distância da pátria/mãe lhe permite pensar essa relação angustiosa que envolve ódio e amor, no próprio ato da escrita:

> Al escribir me vengaba de México; un instante después, mi escritura se volvía contra mí y México se vengaba de mí. Nudo inextricable, hecho de pásión y de lucidez: 'odio et amo'.[9]

Não é sem razão que Paz tenta preencher as lacunas de sua obra sempre retomada, El labirinto de la soledad. Mas aí, ele explica as lacunas do enunciado, sem se dar conta de que aquelas da enunciação permanecerão ocas, já que são a razão do caminhar e do eterno retornar. Mais anos de vida tivesse, o autor mexicano voltaria outras vezes a esse texto-útero materno, terra-mãe, por si mesmo fraturado. Maria Luiza Ramos mostra que o gozo advém da repetição. Objeto transicional que é, a escrita retoma a presença/ausência da mãe, simbolizando-a e corporificando o prazer "de lalangue, que obedece a um código pessoal, relação materna por excelência". E, nessa permanente retomada, exorciza-se o passado, reativando o princípio do prazer. Diz Maria Luiza Ramos:

> Creio que é igualmente a compulsão à repetição que leva o poeta a trazer constantemente de volta a experiência traumática, independentemente do prazer advindo da posição ativa assumida perante a experiência, e que permite manipulá-la através de um procedimento estético.[10]

Paz descreve a atividade lúdica infantil como forma de superação da solidão e percebe o uso da língua como organismo de imantação mágica, "despida de signos", capaz de criar realidades:

A criança, em virtude da magia, cria um mundo à sua imagem e assim resolve a sua solidão. (...) A consciência principia como desconfiança da eficácia mágica de nossos instrumentos.[11]

Dessa forma, descreve os mecanismos de sua própria escrita, entre a eficácia da palavra mágica e a desconfiança de sua força. Daí a eficácia das imagens de mãe e pátria sempre recorrentes.

A árvore é uma outra imagem constante na obra do poeta mexicano, que reforça essa explicitação da condição humana em sua relação com a linguagem, bem como os mecanismos da escrita, como objeto transicional para o indivíduo e para a coletividade.

A imagem da árvore para caracterizar a literatura, desdobrada em galhos, raízes e frutos, reitera a relação anterior entre mãe, pátria e escrita. Ora Paz fala de um galho da árvore européia que se faz tronco latino-americano; ora, consciente da impossibilidade de uma literatura ou de uma poesia intrinsecamente latino-americana, expressa a descrença numa raiz única, identitária, pressupondo, pois, a imagem do rizoma, no conceito de situação fronteiriça.

A idéia de transplante, de enxerto, marca o desejo de encarnação na constituição de uma literatura de fundação, de qualquer forma em busca da fixação de uma raiz em outra terra que, por sua vez, já tem outras raízes que não podem ser arrancadas. Logo se é sempre uma mesma planta e uma planta diferente.

A imagem do rio associa-se à da árvore: "Nuestra literatura comenzó por ser un afluente de la española pero hoy es un río poderoso."[12]

Tudo isso, como revela o próprio Paz, expressa o desejo de ser: uno e outro, latino-americano e europeu, mexicano e americano do norte, mesmo e diferente, nativo e estrangeiro. A imagem da biblioteca dos avós, por exemplo, corporifica o trânsito entre culturas e a assunção dos diversos lados da cultura latino-americana. A leitura dos clássicos da literatura espanhola confirma sua inserção na tradição, a despeito da cesura básica.

Como se vê, o tratamento dado à cultura latino-americana traz em si essa mesma relação, a relação com o nascimento, a ruptura do cordão umbilical e a permanente busca de sua reconstituição.

Não é sem razão que o autor fala de fases da vida como infância, adolescência e maturidade. "Os povos em transe de crescimento" ocupariam o entre-lugar da adolescência. Mas a vida é vista, ela mesma, como um entre-lugar. Vida e morte, Eros e Tanatos. Por isso mesmo dá-se a presença reiterada das máscaras na escrita de Paz, que se faz metonímia da cultura mexicana/latino-americana.

Octavio Paz fala da máscara usada pelo mexicano no trato com os patrões, o que pode ser estendido para a relação dos latino-americanos com povos dados como superiores. Máscara esta que traduz um processo de mimetismo, como forma de resistência:

> *Escravos, servos ou raças submetidas apresentam-se sempre cobertos por uma*
> *máscara, sorridente ou austera. E unicamente a sós, nos grandes momentos,*
> *atrevem-se a manifestar-se tal como são.*[13]

Mais que observar um tom metafísico na busca de uma essência, quando se afirma que "a mexicanidade é uma máscara que, ao cair, deixará ver por fim o homem",[14] importa ressaltar a constante representação implícita no jogo de máscaras.

> *O mexicano se esconde debaixo de muitas máscaras, que em seguida arranca*
> *num dia de festa ou de luto, do mesmo modo como a nação arrebentou todas as*
> *formas que a asfixiavam.*
>
> *(...)*
>
> *Se arrancarmos estas máscaras, se nos abrirmos, se, enfim, nos enfrentarmos,*
> *começaremos a viver e pensar de verdade.*[15]

O idealismo da época, fomentado pelas possibilidades revolucionárias políticas, revela um dos lados da questão: a busca incessante da origem e da identidade própria. Mas o que se sobrepõe é mesmo a máscara, não enquanto aquilo que oculta a verdade ou a identidade, mas enquanto aquilo que expõe sua impossibilidade.

Em seu ensaio "O poeta, a palavra e a máscara", Celso Lafer, parafraseando Paz, constata o império das máscaras:

> *Sempre lemos uma tradução e nunca o original pois, atrás das máscaras, não*
> *há nada a não ser talvez um nós/outros instantâneo — uma imagem poético-*
> *política revelada pela interpretação. Entretando, enquanto vivemos precisa-*
> *mos das máscaras, que são facções e ficções do nosso ser, pois, (...) estamos*
> *condenados a inventar uma máscara e descobrir depois que esta máscara é o*
> *nosso verdadeiro rosto.*[16]

E máscaras são também as representações da morte presentes no quotidiano mexicano, que lida com essas imagens, sobretudo nas festas:

"caveiras de açúcar ou de papel de seda, esqueletos coloridos de fogos de artifício"; "pães que imitam ossos", "canções e anedotas em que a morte pelada ri". Brincar com as imagens de morte é também uma função da escrita de Paz, já que lidando com ela, lida com a ruptura básica da condição humana e com a abertura feminina da Chingada.

Por isso mesmo, o sentido da festa, como espaço do retorno ao caos, forma de recriação, de revitalização cultural, incorpora a idéia de proliferação, da relação entre eu e o outro, entre o indivíduo e a mae, o cidadão e a terra, entre a vida e a morte, como duplos da condição humana.

> *A festa é uma revolta, no sentido literal da palavra. (...) a festa é uma operação cósmica: a experiência da desordem, a reunião dos elementos e princípios contrários para provocar o renascimento da vida. A morte ritual provoca o renascer; o vômito, o apetite; a orgia, estéril em si mesma, a fecundidade das mães ou da terra.[17]*

Daí a função de uma outra imagem, a do espelhamento, seja para referir-se ao processo da colonização espanhola, em que a América é vista como reflexo da imagem européia, seja para falar dos astecas em seu jogo entre o familiar e o estranho.

> *No es un Museo sino un espejo — sólo que en esa superficie tatuada de símbolos no nos reflejamos nosotros sino que contemplamos, agigantados, el mito de México-Tecnochtutlán con su Huitzilopochtli y su madre Coatlicue, (...) En esse espejo no nos abismamos en nuestra imagen sino que adoramos a la Imagen que nos aplasta.[18]*

É, então, pelo espelhamento que se recoloca a questão do duplo, a partir da qual vai se construir a teoria de "la otredad".

> *Si el hombre es doble y triple, también lo son las civilizaciones y las sociedades. Cada pueblo sostiene un diálogo con un interlocutor invisible que es, simultáneamente, él mesmo y él outro, su doble. ¿Su doble? Cuál es el original y cuál el fantasma?[19]*

Todas essas metáforas retornam ao núcleo terra/mãe e seus derivados. Na composição de sua escrita/árvore, rizoma identitário latino-americano, Paz reflete sobre a experiência traumática do seu nascimento como homem e como cidadão latino-americano. E mais que isso, lida com o lugar do macho "El Gran Chingón", duplo de seu poder como homem e como escritor. Ao falar do Museu de Antropologia do México e sua retomada da cultura pré-hispânica, assim se expressa o escritor:

> *Los verdaderos herederos de los asesinos del mundo prehispánico no son los españoles peninsulares sino nosotros, los mexicanos que hablamos castellano, seamos criollos, mestizos,o indios.*[20]

Observe-se, pois, que, em seu trânsito pelos espaços mexicanos e/ou latino-americanos, Paz apresenta faces diversas dessa(s) cultura(s), e coloca-se ora como vítima, ora como algoz, dessa terra/mulher. Esta, por sua vez, exibe-se, como a figura do painel de Rivera, com toda a força de suas contradições, obrigando o olhar do leitor/espectador a fixar-se nela. Não é sem razão que o título da parte em que se insere o texto "Como y por qué escribí "El labirinto de la soledad" é "La espiral", o que se relaciona com o título do livro "Itinerario". Ora, o itinerário do escritor tem a forma da espiral como sua escrita: tudo gira em torno de um centro, mas nunca se retorna a esse centro. Maria Esther Maciel, no capítulo intitulado "Vozes em espiral", mostra que o autor é "um eu que se reconhece sempre outro, porque nele falam outras vozes que são e não são suas".[21] Acrescente-se que essas vozes são tanto as diferentes vozes soterradas na teia cultural latino-americana, em seu processo político de exclusões e opressões, quanto a voz materna, esfacelada entre o sagrado e o profano, a virgem e a chingada. A compulsão à repetição conforma a linha espiralada, pois o que volta é a mesma coisa diferente. Vale lembrar que espiral é ainda a forma do labirinto, palavra contida no título da obra de Paz em questão. Calabrese, citando Pierre Rosenstiehl, diz que a palavra inglesa *maze*: maravilha é o sinônimo mais completo de labirinto. Releva, pois, o aspecto sedutor do empreendimento de busca de configuração de uma ordem para o caos e afirma:

> *Onde quer que ressurja o espírito da perda de si, da angústia, da agudeza, aí reencontraremos pontualmente labirintos.*[22]

Mas esse autor acentua ainda a ambigüidade da figura do labirinto, pois, mesmo querendo instaurar uma ordem, cultua-se o prazer de perder-se. Assim as figuras do nó e do labirinto trazem em si uma metáfora do movimento.

No caso de Paz, o movimento se constrói a partir do mal-estar causado pela consciência da ruptura com o útero materno ou com a terra mãe e se faz movimento estético de ritmo, exemplificando a teoria desenvolvida em *El arco y la lira*, que mostra o ritmo como, mais que uma medida, visão de mundo e fonte de todas as criações humanas.

O homem se engendra no labirinto da solidão, onde se perde e se encontra, na espiral de vida e morte. O latino-americano exibe-se como homem/máscara, expondo-se como filho/amante de "la Calavera Catrina", de "la Chingada". A América Latina, na escrita de Paz ou escrita por Paz, exibe-se como máscara, como a personagem de Rivera, transitando entre a morte e a vida, entre o centro e a periferia, entre o universal e o regional. Assim, cada máscara não é apenas uma. Os territórios se movem dentro e fora da América Latina, movimentando os núcleos que se proliferam, labirinticamente, impedindo a estratificação.

A terra mexicana/latino-americana, como a figura do quadro de Rivera, expõe suas entranhas, exibindo a condição político-social do latino-americano que, por sua vez, explicita a condição humana da queda, da ruptura, da falta. O riso sinistro não está apenas na boca do "macho". Fixa-se no corpo da mulher/terra/escrita e, deslocado, resulta sempre deslocador.

Notas

[1] PAZ, 1984, p.32.

[2] PELLEGRINO, Hélio. Édipo e a paixão. In: NOVAES, Adauto (Org.) *Os sentidos da paixão*. São Paulo: Companhia das Letras, 1987, p.324

[3] Ibidem, p.323

[4] RAMOS, Maria Luiza. Reflexões sobre os estudos literários. *Revista de estudos de literatura*, v.2, Belo Horizonte, FALE/UFMG, out. 1994, p. 33 e seguintes.

[5] PAZ, 1993, p.17.

[6] Ibidem, p.144.

[7] PAZ, 1984, p.177.

[8] MACIEL, Maria Esther. *Vertigens da lucidez. Poesia e crítica em Octavio Paz.* São Paulo: Experimento,1995, p.78.

[9] Idem.

[10] RAMOS, op. cit., p.42-43.

[11] PAZ, 1984, p.183.

[12] PAZ, 1993, p.25.

[13] PAZ, 1984, p.67.

[14] Ibidem, p.152.

[15] Ibidem, p.173

[16] LAFER, Celso. O poeta, a palavra e a máscara — sobre o pensamento político de Octavio Paz. In: PAZ, Octavio. *Signos em rotação.* Trad. Sebastião Uchoa Leite. São Paulo: Perspectiva, 1976, p. 272.

[17] PAZ, 1983, p. 49.

[18] PAZ, 1991, p. 151.

[19] Ibidem, p.110-111.

[20] PAZ, *Posdata*. México: Siglo XXI editores, 1991. (1ª ed. 1970), p.153.

[21] MACIEL, op. cit., p.123.

[22] CALABRESE, Omar. *A idade neobarroca*. Trad. Carmem de Carvalho e Artur Mourão. São Paulo: Martins Fontes,1987, p.146.

Criação e convergência

Maria Ivonete Santos Silva

"O Tempo criou a terra, no Tempo o sol arde. No Tempo estão todos os seres, no Tempo o olho contempla o exterior".

(XIX-53-6) Atarva Veda

O texto como um tecido do texto

Em *O Mono Gramático* (1974), obra que, neste ensaio, servirá de lastro à argumentação teórica acerca de questões referentes ao tema em questão, Octavio Paz sincroniza, com uma visão e sagacidade surpreendentes, os fundamentos da criação literária; *"El Mono Gramático supone la culminación de la búsqueda del texto mismo, de la palabra"*.[1] Ao sugerir uma reflexão sobre o *Tempo*, a obra propõe uma reflexão sobre todas as coisas que se constroem e se desconstroem *nele* e por meio *dele*. Muito embora a palavra seja uma dessas "coisas", ela apresenta propriedades que ultrapassam as noções gerais de tempo, como veremos a seguir.

Partindo de dois cenários distintos e, ao mesmo tempo, convergentes, Galta e Cambridge, e de dois tempos, o da narrativa de *O Mono Gramático* e de *O Rāmāyana*, o narrador cria um universo plurissignificativo e multifacetado favorável às reflexões sobre a linguagem em seus múltiplos aspectos e funções. Em um primeiro momento, o sentido da linguagem se perde em divagações, indagações e conjecturas do narrador acerca do caminho e de um fim estabelecido como meta para, ao final, oferecer, como possibilidade, um encontro com a sua verdadeira essência e com a essência da(s) realidade(s) que traduz.

Como resultado de um processo de desconstrução e, ao mesmo tempo, construção da linguagem, outros sentidos, diferentes daqueles cristalizados pelas teorias lingüísticas, são atribuídos à linguagem de *O Mono Gramático*. Daí decorre uma compreensão do texto como corpo, cuja função é, simplesmente, colocar-se em contato com o que está fora, passar "intensidades" e reunir condições para que se perceba a multiplicidade, o trânsito e a transcendência do instante.

Profundamente filosófica, a linguagem de *O Mono Gramático* tece uma teia interminável de relações que vai, gradativamente, conduzindo narrador e leitor, não exatamente ao caminho de Galta, uma vez que Galta é metáfora de outras metáforas, mas ao caminho da investigação dos procedimentos literários utilizados na elaboração do próprio texto, bem como da análise de determinados temas considerados polêmicos para o homem moderno e que, por sua vez, encontram-se representados através dos registros do caminho.

A escolha do caminho e a busca de um fim que não existe; a necessidade de recomeçar sempre a caminhar, mesmo sabendo que o fim não é o fim; a natureza da Natureza e a natureza das coisas; a mobilidade e a imobilidade; o pensamento e a idéia de trânsito; a originalidade e a cópia; os mitos, os símbolos, os rituais e as escrituras sagradas; *Hānumān* e seus símiles; Esplendor, os *sādhus*, os *balmiks*, todos reunidos pela gloriosa pena do poeta Valmiki são agora vivificados pela prosa poética de Octavio Paz.

O entendimento de cada um desses temas depende, antes de mais nada, de um total despojamento de conceitos formulados em um tempo que não corresponde ao *Tempo* requisitado pelo *acontecimento* da narrativa. Passado, presente e futuro se confundem na experiência do narrador e do leitor que, à medida que avançam nas reflexões suscitadas pelo próprio texto, aproximam-se, cada vez mais, de uma experiência com a multiplicidade. Dessa experiência resulta uma compreensão da "Arte de Convergência: cruzamento de tempos, espaços e formas".[2]

Os elementos de convergência são, portanto, claramente identificados na narrativa de *O Mono Gramático*, tanto por uma concepção de estética, manifestada através de sua estrutura híbrida, complexa e, ao mesmo tempo, acessível ao leitor que admite a possibilidade de troca de experiências e de "intensidades", como pelo caráter existencialista[3] dos vários temas que, sem dúvida, apresentam-se interligados.

O texto, a exemplo de uma concepção de *Tempo* calcada na milenar teoria da momentaneidade é, em sua totalidade, um fluxo de idéias, pensamentos, semipensamentos, visões, impressões de mundos, cuja realidade excede a realidade dos signos que constituem o sistema lingüístico "finito", determinado, que rege a escritura humana.[4] Ao mesmo tempo, na medida em que incorpora a noção de um *Tempo* cíclico, o texto é também um círculo — não um círculo que se fecha, mas um círculo que, em espiral, abre-se ao infinito. A cada volta, as repetições são acrescidas de outros elementos, filhos do *Tempo Absoluto*, o qual compenetra e transcende os anteriores.

Sendo assim, *Hānumān*, a matriz universal, espalha seus símiles e, através deles, dissemina o desejo de decifração dos signos divinos; aparece e desaparece no emaranhado da "floresta-de-palavras" e nos "desfiladeiros-da-linguagem" com o propósito de lembrar a existência do alémsigno e do além-sentido; impõe, como condição para sobrevivência da espécie, a compreensão de uma vida que flui em concomitância com os movimentos de conjugação e dissipação inerentes ao *Tempo*.

O estado de variação constante da linguagem de *O Mono Gramático* proporciona a percepção de uma realidade plural — plural e instantânea. Essa percepção é que permite, ao narrador e ao leitor, o trânsito e o transe; o transpasse de uma realidade a outra, ou a várias; permite, ainda, uma lucidez alucinante. Tanto é assim que, ciente dessa possibilidade, o narrador adverte: "...Não podemos ver sem o risco de enlouquecer..."[5]

O texto é um corpo, o corpo da poesia, o corpo de Esplendor que se surpreende ao ver sua sombra e a sombra de seu parceiro refletidas na parede do quarto onde se realiza o sagrado ritual do amor. Esplendor é também uma lenda — a lenda da filha de *Prājāpati* —, ou seja, uma narrativa que nos remete à possibilidade, embora remota, de um acontecimento histórico perdido no tempo primordial.

As alusões à relação corpo-de-Esplendor e corpo-da-poesia são diretas. Como processo de busca da plenitude, ambos os corpos são textos indecifráveis. Da lenda da filha de *Prajāpati* extrai-se, em uma primeira instância, uma relação do texto com os elementos da prosa e, em seguida, a explicação para o movimento de reconciliação/liberação do "eu" e de tudo que um dia foi separado de sua essência. Assim, durante a cerimônia do amor, do corpo de Esplendor seu parceiro consegue ver apenas partes. O mesmo acontece com ela em relação ao corpo dele. Somente ao final, atingida a realização do desejo de um encontro com a mais profunda e original experiência da vida, a sensação de plenitude que invade os amantes lhes permite a visão da totalidade de seus corpos.

Toda cerimônia se passa em um *Tempo* que *"transcorre e não transcorre"*, significando dizer que toda prática amorosa implica na subversão do *Tempo* na ordem de sucessão. O erotismo que acompanha a descrição das emoções, percepções e sensações dos jogos do amor institui suas regras, tornando irredutíveis os efeitos causados na consciência dos envolvidos: os amantes, o narrador e o próprio leitor.

No processo de visualização ou de decifração do corpo-da-poesia ocorre o mesmo fenômeno: a linguagem, os mecanismos composicionais que se articulam na produção de imagens remontam a realidades distintas das experimentadas no mundo objetivo. Lidamos com um tipo de matéria que nega o espírito, daí a dificuldade da decifração do corpo-da-poesia. As repetições que se sucedem organizam a produção de um sentido sempre dispersivo; na medida em que sugere o silêncio ou a existência do não-signo, a linguagem da poesia não se limita ao sistema lingüístico comum; ela ultrapassa, transita e transcende a relação objetividade/subjetividade. Daí decorre uma lógica, na maioria das vezes, insensata, absurda. Tão absurda quanto a lógica que comanda a criação/destruição/reintegração do universo e de todas as coisas nele manifestadas.

As repetições, as analogias, as metáforas aludem à impossibilidade de um estado original único e absoluto; do Absoluto nada sabemos, dos mistérios da sua existência conhecemos apenas aquilo que foi produzido pela inteligência humana ao longo desses milênios de evolução. Quanto ao estado original, graças ao desenvolvimento das ciências, hoje sabemos que a idéia de "único" refere-se a um estado indiferenciado da matéria, localizado no *Tempo* primordial.

O esforço das civilizações em compreender esses mistérios gerou, inicialmente, um conhecimento intuitivo, baseado na convicção de que uma hierarquia de seres extraordinários comandava os mundos e que a eles distribuía a sabedoria e a graça dos deuses. Apoiadas nesse conhecimento, as civilizações primitivas conseguiram se organizar em torno de um ideal que contemplava o bem, o amor, a prosperidade, a honra e a virtude. Em *O Rāmāyana* temos o registro de uma civilização assim. O príncipe *Rama* é o ser perfeito, o exemplo ou a incorporação da tolerância e da obediência aos seus pais que, por sua vez, obedeciam aos deuses.

Naquele tempo, desde que o homem agisse em conformidade com a lei universal, o contato com a divindade se fazia de forma praticamente direta. *Hānumān*, designado pelo rei *Sugriva* para auxiliar *Rama* na batalha contra o terrível *Rávana*, transforma-se no herói divino e recebe, até hoje, a adoração e as oferendas daqueles que conhecem as suas extraordinárias façanhas.

O poeta Valmiki transmite às posteriores civilizações o *dharma*[6] que prevaleceu em um tempo muito remoto e do qual o homem moderno, sobretudo no Ocidente, tem apenas vagas referências. O poeta Octavio Paz, cidadão do mundo e indivíduo preocupado com a transposição das barreiras que, ao longo da nossa trajetória evolutiva, encarregaram-se de criar um estado de alienação contrário à vida do espírito, invoca *Hānumān* e propõe um diálogo *com* a condição humana.

A opção pela forma discursiva do diálogo é um indicativo de que o narrador busca o entendimento de questões que ultrapassam o conhecimento puramente intelectivo. Transportada para a narrativa de *O Mono Gramático,* a experiência da convergência revela o desejo de uma realidade que está sempre mais além, o que não significa um desejo utópico, uma vez que a própria experiência conduz à compreensão da multiplicidade e, conseqüentemente, da condição de extrema relatividade do indivíduo em relação ao cosmo.

O narrador questiona, surpreende-se e surpreende o leitor, tece comentários e faz comparações. Seu interlocutor, no entanto, é um "eu" que permanece em silêncio; é um "eu" que se inscreve na ordem do não-eu, como ele mesmo afirma: "nossa realidade mais íntima está fora de nós e não é nossa, nem una mas plural, plural e instantânea".[7]

Se as respostas aos seus questionamentos dependem de um "eu" silencioso, enigmático e dispersivo, a saída é tentar extrair das experiências instantâneas com esse "eu" o máximo de consciência, para uma compreensão mais ampla do significado da vida.

Do começo ao fim o narrador desenvolve esse diálogo interno que mais dá a impressão de um solilóquio confuso e sem muita perspectiva de se chegar a conclusões definitivas. No entanto, vários "eus" e vários "outros" aparecem em diferentes momentos de sua caminhada e com eles o narrador mantém algum tipo de interlocução. O seu desejo de se comunicar é dirigido por uma surpreendente necessidade interior de identificação e de respostas. Quando encontra um *sādhu* no santuário de Galta, ele se identifica com seu objetivo e, após observá-lo em seus hábitos e práticas religiosas, diz: "...Busca a equanimidade, o ponto onde cessa a oposição entre a visão interior e a exterior, entre o que vemos e o que imaginamos".[8] Em seguida, manifesta um desejo: "...eu gostaria de falar com o *sādhu* mas ele não entende a minha língua e eu não falo a sua. Assim, de vez em quando me limito a compartilhar de seu chá, de seu *bhang* e de sua serenidade".[9]

A grande questão de *O Mono Gramático* é, portanto, a partir de uma experiência individual, no caso, a experiência do narrador, reconstituir a trajetória do homem em busca de uma compreensão para sua própria existência, incluindo os mitos e a poesia, ou seja, as mais profundas e as mais sublimes formas do conhecimento, desde os primórdios até os tempos atuais.[10] Quando retoma os mitos, o narrador mergulha nas profundezas da natureza humana para tentar resgatar-lhe a consciência de tempos imemoriais; quando retoma a poesia, ele reatualiza o discurso mais eficiente e universal para expressar as necessidades do espírito.

Como a base do conhecimento mítico encontra-se profundamente arraigada na cultura oriental, é natural que o narrador, que é o próprio Octavio Paz, fosse buscar nesta civilização e, sobretudo na civilização hindu, a origem de princípios cuja transcendência ultrapassa a compreensão do homem que simplesmente se deixou seduzir pela objetividade do mundo circundante. Assim, verifica-se em todo decorrer da narrativa uma atitude reflexiva de natureza especulativa bastante acentuada, com vista à apreensão e à representação de uma realidade extraordinariamente múltipla e, ao mesmo tempo, única. O registro minucioso de todos os acontecimentos demonstra o estado de plena atenção do narrador. Esse estado é que vai, aos poucos, deixando-o vislumbrar fragmentos dessa realidade que tudo congrega, tudo dissipa e, instantaneamente, vertiginosamente, promove a transcendência.

Em face da necessidade de tentar compreender as dificuldades do caminho de Galta, o leitor, que acompanha os desdobramentos das reflexões empreendidas pelo narrador, é também levado a assumir uma atitude especulativa. Do maior ao menor indício, surge uma possibilidade de desvendamento de seus mistérios. A concepção oriental de *Tempo*, a terminologia em sânscrito, as referências mitológicas, as lendas que se mesclam às reproduções fotográficas de pinturas, de esculturas ou mesmo de pessoas e lugares são "veredas", "sendas", "atalhos", "caminhos" que permitem entrever *"um fim provisoriamente definitivo"*.[11] Além desses indícios, o narrador também expõe as suas preocupações e as suas dificuldades do caminho.

O texto, em nenhum momento, apresenta-se como uma realidade definitiva. Muito pelo contrário. As realidades consideradas "definitivas", "imutáveis" e "imóveis" recebem da linguagem um convite à mobilidade, à transcendência; "...falar e escrever, narrar e pensar, é transcorrer, ir de um lado a outro: passar".[12] A colagem ou a sobreposição de planos e de imagens, recursos também utilizados na composição da estrutura narrativa de *O Mono Gramático*, visam passar uma apreensão simultânea e extremamente dinâmica da realidade.

Mesmo estando tematicamente relacionadas às diferentes versões dadas à questão do "caminho", todas as reproduções fotográficas recebem, do texto escrito, um tratamento que as impregna de múltiplas significações. Como em um jogo de espelhos, a imagem fotográfica reflete mais de uma realidade: aquela circunscrita ao espaço da fotografia e outras desencadeadas a partir das associações. A fotografia *Vereda de* Galta pode ser citada como um exemplo. Além da imagem, Galta é o caminho trilhado pelo narrador e, ao mesmo tempo, é metáfora, rizoma, conjunção e disjunção, é ponto de convergência. "...Não há fim e tampouco há princípio: tudo é centro. Nem antes nem depois, nem adiante nem atrás, nem fora nem dentro: tudo está em tudo."[13]

Como um caminho que abre as portas às experiências transcendentais, Galta não é simplesmente uma escolha deliberada do narrador. Aliás, ele afirma não querer pensar em "Galta e seu poeirento caminho" e, no entanto, "Galta está aqui, deslizou em um recanto de meus pensamentos..."[14] Essa referência alude à ilusão do *Tempo* de sucessão e à ilusão da escolha. O caminho que nos levará à realização plena do nosso desejo de felicidade não depende simplesmente de um gesto nosso. Se "tudo está em tudo", nós estamos no *Tempo* e dele extraímos a possibilidade de compreendermos quem somos, de onde viemos e para onde vamos.

É nas ruínas de Galta que o narrador experimenta a sensação da fusão dos tempos e dos espaços, muito embora, fisicamente, esteja sentado em um jardim, em Cambridge — "Os tempos e os lugares são intercambiáveis...".[15] Daí decorrem as repetições e, em conseqüência, a multivisão — "Cada tempo é diferente; cada lugar é único e todos são o mesmo — o mesmo. Tudo é agora".[16]

Do ponto de vista dos procedimentos utilizados na elaboração do texto literário, verifica-se uma correspondência dessa visão convergente da existência. O texto não tem um começo nem um fim. A narrativa simplesmente reproduz reproduções, reflete uma imagem já refletida nos espelhos do *Tempo*. Em seus muros enegrecidos e decrépitos, Galta reproduz a história de *Rama* e, por toda parte, louva as ações de *Hānumān*, o "Espírito Santo da Índia".

O narrador contempla as imagens dessa civilização corroída pelo tempo, toma contato com os adoradores de *Hānumān* e reproduz, reatualiza, revisita, reconstrói todas as impressões dessa experiência a partir de um olhar e de uma sensibilidade voltados para a percepção do *Tempo* de *agora* e "...*o agora já não se projeta num futuro: é um sempre instantâneo*".[17]

O leitor, por sua vez, envolvido no turbilhão de idéias, pensamentos, semipensamentos e sentimentos variados do(s) mundo(s), entre a perplexidade e a vertigem de um conhecimento transcendente, rende-se ao texto e à extraordinária capacidade de seu narrador-autor de fundir os tempos e os espaços. Este, ao elaborar de forma poética um conceito de convergência, consegue prescrever lições de modernidade, revisita o conceito de criação, na medida em que oferece, como possibilidade para o entendimento desses temas, uma reflexão profunda sobre o *Tempo*.

Notas

[1] PAZ, Octavio, *O mono gramático*, Trad. Lenora Barros e José Simão. Rio de Janeiro: Guanabara, 1988, p.150.

[2] PAZ, Octavio, *Convergências: ensaios sobre arte e literatura*. Rio de Janeiro: Rocco, 1991, p.180.

[3] A palavra "existencialista" aqui é utilizada não no sentido do Existencialismo sartreano, mas no sentido de um profundo questionamento acerca da existência do mundo, dos seres e de todas coisas nele manifestadas.

[4] PAZ, Octavio, *O mono gramático*, p.40-50.

[5] Ibidem, p.107.

[6] *Dharma* – palavra sânscrita que significa Lei Divina.

[7] PAZ, Octavio, *O mono gramático*, p.54-55.

[8] Ibidem, p.76.

[9] Ibidem, p.76.

[10] Jean-Yves Tadié em *O romance do século XX* afirma: "Na grande recapitulação do século, as formas arcaicas coexistem com as mais novas". TADIÉ, Jean-Yves. *O romance no século XX*. Trad. Miguel Serras Pereira. Lisboa: Publicações Dom Quixote, 1992, p.200.

[11] PAZ, Octavio, *O mono gramático*, p.58.

[12] Ibidem, p.116.

[13] Ibidem, p.140-141.

[14] Ibidem, p.17.

[15] Ibidem, p.126.

[16] Ibidem, p.128.

[17] Paz, O., *O arco e a lira*, Trad. Olga Savary. Rio de Janeiro: Nova Fronteira, 1982, p.323.

Verso e reverso*

Gênese Andrade da Silva

> *Los poemas son objetos verbales inacabados e inacabables. No existe lo que se llama "versión definitiva": cada poema es el borrador de outro, que nunca escribiremos...*
>
> Octavio Paz

A tese do texto único resulta em duas considerações totalmente opostas: reduz a um único exemplar a imensa gama de textos que compõem a literatura e multiplica o ato de escrever infinitamente, tornando-o uma atividade realizada incansavelmente com a consciência de que jamais se atingirá o seu fim.

Além de Borges, outros autores refletiram sobre esta questão. Para Octavio Paz, o texto único e a escritura interminável regressam à metáfora e as "poucas metáforas" consideradas por Borges como constantemente repetidas são, segundo o autor mexicano, multiplicadas por uma repetição que elimina o original, o qual também é uma metáfora:

> *(...) No hay principio, no hay palabra original, cada una es una metáfora de otra palabra que es una metáfora de otra y así sucesivamente. Todas son traducciones de traducciones.*[1]

Estas palavras, assim como a epígrafe do texto, são auto-referenciais, pois metaforizam sua prática poética: poemas como rascunhos de poemas que não chegam nunca à versão definitiva, constituídos por metáforas que traduzem metáforas. Octavio Paz, poeta-crítico por excelência, é também autocrítico — primeiro leitor de seus poemas, reescreve-os incansavelmente num misto de narcisismo e perfeccionismo que materializa a metalinguagem. A reflexão sobre o processo de criação, tema de muitos dos seus

---

* Este texto é uma síntese das idéias apresentadas em *Verso e reverso: la reescritura de Libertad bajo palabra, de Octavio Paz*, Dissertação de mestrado defendida em 1995 na FFLCH — USP.

poemas e ensaios, pode ser assistida pelo leitor ao acompanhar a reescritura de sua obra que consiste em converter textos publicados em "rascunho".

Quanto aos seus ensaios, reescreveu *El laberinto de la soledad*, texto publicado em primeira edição em 1950 e, em segunda edição em 1959, cuja reescritura é assinalada de antemão: "Segunda edición revisada y ampliada". O mesmo ocorreu com *El arco y la lira*, com primeira edição em 1956 e, em segunda edição em 1967: "Segunda edición corregida y aumentada". De sua obra poética, reescreveu o livro *Libertad bajo palabra* em seu conjunto e os poemas *Blanco* y *Vuelta*, ao republicá-los em reedições ou coleções.

A reescritura dos ensaios pode ser explicada pelo fato de que a elaboração destes textos supõe o conhecimento e o apoio em idéias e teorias que, com o passar do tempo, tornam-se ultrapassadas e perdem importância. Além disso, o escritor realiza diversas leituras, altera sua visão de mundo, amadurece e, ao reler seus textos, já não concorda com o que disse ou quer dizê-lo de outra forma. Por isso reescreve.

A reescritura dos poemas pode ser vista como uma atitude narcisista. Octavio Paz escreve e lê os seus textos buscando ver-se neles. Quando não se vê refletido no texto ou não se reconhece na imagem que este projeta, descarta-o, deixando de publicá-lo ou o reescreve.

Ao reescrever, imprime no texto o movimento que caracteriza a vida e converte sua obra num espelho no qual quer ver-se projetado todo o tempo. Constrói, assim, uma imagem narcisista e possibilita uma alternância de posições: assim como o texto reflete o autor, considerando-se a relação entre a vida e a obra, o autor quer ver-se refletido no texto. Por analogia, texto e autor constituem alternadamente imagem e reflexo, pois dependendo do ponto de vista, são a imagem que se projeta ou a imagem refletida.

O autor, ao criar se cria, ao escrever se escreve e assim vai se fazendo aos poucos. Ao reescrever, passa de demiurgo a Narciso; encantado com seu ser, inclina-se sobre o texto e reescreve-o para resgatar sua imagem. Paz é ao mesmo tempo demiurgo e Narciso, pois é somente pela criação que pode buscar-se no espelho do texto e esta busca é também a própria criação do texto e de si mesmo. Como afirma Paul Valéry:

> (...) elaborar longamente os poemas, mantê-los entre o ser e o não-ser, suspensos diante do desejo durante anos; cultivar a dúvida, o escrúpulo e os arrependimentos — a tal ponto que uma obra sempre retomada e refeita adquira aos poucos a importância secreta de um trabalho de reforma de si mesmo.[2]

Estabelece-se uma relação entre o autor e o processo de criação, e a reescritura faz com que esta relação passe do instantâneo ao permanente, pois o texto refletirá não só o momento da criação, mas a vida do poeta, cujas mudanças são repassadas ao texto.

A reescritura pode também ser explicada como uma busca permanente da perfeição: o autor persegue a "melhor forma", que também é mutante e será substituída por outra que lhe pareça mais perfeita.

Neste texto, dedicar-nos-emos à reescritura de *Libertad bajo palabra*, que se caracteriza como um misto de narcisismo e perfeccionismo. A história desse livro é ao mesmo tempo singular e plural: singular, por caracterizar-se pelo movimento e pela reescritura de um livro único; plural, por constituir-se de edições diferentes (7 até o momento),[3] que são e não são o mesmo livro.

Podemos dizer que sua primeira versão é um livro publicado em 1942, intitulado *A la orilla del mundo*, (L0).[4] Reúne 27 poemas organizados em 5 seções e distribuídos em 158 páginas.

Em 1949, publica-se o livro *Libertad bajo palabra*, (L1), o primeiro da seqüência que se construirá com este título. O poema que abre o livro leva um título coincidente ao da obra e, com exceção de "La poesía", não inclui os poemas de *A la orilla del mundo*. Constitui-se por 91 poemas organizados em 6 seções, distribuídos em 136 páginas.

A soma dos livros de 1942 e 1949, juntamente com outros livros menores também já publicados, dá como resultado *Libertad bajo palabra: obra poética (1935-1958)*, (L2), publicado em 1960. São 219 poemas reunidos em 5 seções, num total de 318 páginas. 19 textos do livro de 1942 e 36 da edição de 1949 são reescritos ao serem incluídos nesta edição.

Em 1968, publica-se *Libertad bajo palabra: obra poética (1935-1957)*, (L3), classificada como "segunda edición". Compõe-se de 191 poemas organizados e 264 páginas. O autor suprime 28 poemas que integravam a edição anterior e reescreve cerca de 25. Mantém o mesmo número de seções mas altera os títulos de algumas delas e a seqüência em que aparecem, assim como a seqüência dos poemas dentro de cada seção. Embora isto tenha ocorrido também com relação às publicações anteriores, neste caso a mudança parece mais visível por ser uma confessada reelaboração da edição anterior, ao classificá-la como segunda edição. As outras podem ser consideradas como reuniões de poemas que não tinham necessariamente que seguir nenhum critério de organização.

Libertad bajo palabra constituir-se-á na primeira parte do livro *Poemas 1935-1975)*, publicado em 1979, (L4). Mantêm-se a seqüência dos poemas e os títulos das seções, mas 14 dos poemas suprimidos na versão anterior são reincorporados em versões reescritas, e muitos outros também são reescritos. Compõe-se de 206 poemas, organizados em 264 páginas. Octavio Paz comenta a reincorporação dos poemas: "Algunos fueron reincorporados porque me pareció que el rigor había sido excesivo."[5]

Em 1988, publica-se uma edição crítica desta obra (L5), organizada por Enrico Mario Santí que conta a história do livro na Introdução.[6] Mantêm-se a mesma organização e o mesmo número de poemas, organizados em 296 páginas, mas a reescritura continua, embora menos intensa.

Em 1990, publica-se uma reedição de *Poemas (1935-1975)*, agora intitulado *Poemas (1935-1988)*, em que *Libertad bajo palabra* também constitui a primeira parte (L6). A organização da obra e o número de poemas seguem sendo os mesmos e ocupa 264 páginas. Embora temporalmente próxima da versão anterior, apresenta algumas diferenças, pois apenas algumas das alterações realizadas naquela repetem-se nesta.

Comentando brevemente a reescritura da obra de uma versão para outra, chama-nos a atenção a mudança na ordem de apresentação dos poemas em L0, L1, L2 e L3. Quando abrimos as sucessivas edições de *Libertad bajo palabra*, percebemos que as alterações na seqüência dos poemas são tantas que estes parecem saltar do livro e dançar pelas páginas. Esta "dança dos poemas" reflete o movimento que caracteriza a obra em sua reescritura, confirmando visualmente a classificação de obra em trânsito que lhe é atribuída.

É intrigante o critério utilizado pelo autor para organizar os textos. Embora a leitura de um livro de poemas nem sempre se faça linearmente, pensamos que seus extremos, o primeiro e o último textos que o compõem, causam bastante impacto no leitor. É interessante notar que todas as versões começam com poemas metalingüísticos: em L0, o primeiro poema é "Palabra" e, em L1 e posteriores, "Libertad bajo palabra". Estes poemas figuram como um "prefácio poético", pois antecedem à primeira seção do livro. O último poema de L0, "La poesía", será o primeiro da primeira seção de L1; o último poema de L1, "Himno entre ruinas", será o primeiro de *La estación violenta*, livro publicado em 1958 e que será incluído em *Libertad bajo palabra* a partir de L2. Isto nos faz pensar que o autor antecipa em cada livro aquele que o sucederá, como se buscasse garantir a continuidade de sua obra. Também podemos dizer que, ao lançar um novo livro, Paz "olha para trás" e parte de um poema anterior que funcionará como um impulso para o livro seguinte. O último poema de L2 e das versões posteriores é "Piedra de Sol", texto que o autor considera como o encerramento de uma etapa poética.

Não encontramos nas entrevistas ou nos textos críticos de Octavio Paz nenhuma referência ao critério de organização de L0. Os poemas distribuem-se em 5 seções que apresentam uma coerência interna, uma unidade que se comprova com o fato de que, ao serem reorganizados nas versões posteriores, deslocam-se em blocos, mantendo-se parcialmente algumas seqüências.

L1 organiza-se em 6 seções mais extensas do que aquelas que compõem L0, as quais caracterizam-se pela densidade e pelo equilíbrio. Também os poemas desta versão deslocam-se em blocos ao organizar-se L2.

L2 constitui-se pelos poemas de L0, L1 e de outros livros publicados antes de 1960. Mas os textos destas edições não são ordenados de forma justaposta, estão entrelaçados com a alternância de textos de todas elas em cada uma das seções. O autor justifica esta organização na "Advertência" do livro:

> El libro está dividido en cinco secciones. La división no es cronológica (aunque tiene en cuenta las fechas de composición) sino que atiende más bien a las afinidades de tema, color, ritmo, entonación o atmósfera.[7]

Em L3, o critério de organização é cronológico:

> (...) sin renunciar a la división en cinco secciones, era necesario ajustarse con mayor fidelidad, hasta donde fuese posible, a la cronología. La nueva disposición me obligó a cambiar los títulos de algunas secciones.[8]

As seções são compostas por subseções cujas datas revelam períodos coincidentes entre elas. Podemos então falar em sobreposições de seções e de temas, já que estes aparecem e reaparecem em vários poemas, independentemente da data em que foram escritos. Nesta edição, os títulos das seções correspondem sempre ao título de uma das subseções que as compõem, provavelmente a mais significativa, principalmente aos olhos do autor, compondo assim "linhas de força" ou centros ao redor dos quais gravitam as demais subseções.

As seções se desfazem e se recombinam e podemos concluir que a organização dos poemas deve-se, sem dúvida, à subjetividade do autor que, com seu perfeccionismo, reordena-as preocupando-se, ora com a questão estética, como em L2, ora com a questão cronológica, como em L3. É possível considerar L2 como uma trajetória do poeta e L3 como uma trajetória do autor, já que a ordem cronológica permite-nos relacionar fases da carreira com fases da sua vida. Mas não devemos limitar a obra nem a um elemento nem a outro, pois ela resulta do equilíbrio entre ambos, pessoa e poeta.

Quanto aos poemas suprimidos, há alguns poemas publicados em L0 e L1 que deixaram de ser publicados a partir de L2 ou L3 e estão hoje fora de circulação, longe do alcance do público, pois não é fácil o acesso às duas primeiras versões de *Libertad bajo palabra*. São assim "cantos negados", nos quais provavelmente o autor não se reconhece, ou não está de acordo com eles e por isso os descarta.

Em sua maioria, são textos exageradamente retóricos e sentimentais, cujo tom é muito romântico. Alguns, como "Al sueño", "Al tacto", "Al polvo", são poemas extensos, cheios de interjeições, muito apelativos e distantes do Octavio Paz mais atual. Outros são marcados por intensa subjetividade e introspecção, como o poema "Encuentro".

O poema "El regreso", provavelmente é suprimido mais pela forma do que pelo conteúdo, pois seu tema, a questão temporal, é muito freqüente na obra de Paz e, inclusive, antecipa elementos que estarão presentes em textos posteriores, como "El mono gramático" e "Solo a dos voces".

Embora chegue a reescrever alguns desses textos, o autor não atinge uma forma que satisfaça e por isso descarta-os, quase todos a partir de L3. Aqueles que são publicados apenas em L0 — "Diálogo" e quatro dos "Sonetos" — são textos muito imprecisos, têm como tema o amor numa abordagem juvenil.

Ao suprimi-los, o autor rejeita-os, nega-os de alguma forma, pois ao afastá-los do leitor condena-os ao esquecimento. Mas não há muito o que lamentar, pois sem dúvida estão muito distantes dos melhores poemas de Paz.

Quase todos os poemas de *Libertad bajo palabra* foram reescritos. Alguns, com mais intensidade, ganharam e perderam elementos, tornando-se outros. Aqueles que sofrem menos modificações alteram-se sensivelmente, adquirindo ou perdendo um ou outro traço, mas sem mudar completamente. A reescritura é mais intensa na primeira e na segunda seções do livro. Considerando sua organização cronológica, os textos mais reescritos são os iniciais, escritos na juventude. Além de significativa, a reescritura desses poemas é também sucessiva, sendo modificados a cada edição. As versões em que se põe em prática a reescritura com maior intensidade são L2, L3 e L4.

Entendemos a reescritura de L2 como uma tentativa de dar forma ao livro *Libertad bajo palabra*, que passa a reunir livros publicados anteriormente sob a designação "Obra poética". O que o autor faz, então, é como um ajuste.

É em L3 onde Paz age de forma mais radical, modificando e suprimindo textos quase devastadoramente. Por um lado "abrevia" a obra, como ele diz na "Advertência", já que diminui a quantidade e a extensão dos textos; por outro, simplifica-a, pois elimina temas e textos; e, indubitavelmente, modifica-a, transforma-a em outra, pois uma obra menor e com a ausência de alguns textos não pode ser considerada a mesma.

O rigor, que era ascendente, passa a descender a partir de L4: há reincorporação de textos e a reescritura já não é tão brutal; em L5 e L6, as alterações são mais estilísticas.

Em seu desenvolvimento temporal, o que a reescritura revela é a inquietação do autor maduro frente aos poemas iniciais, ao que se acrescenta o prazer de reescrever e a busca da perfeição. Assim, quer tornar os textos "melhores", de acordo com seu julgamento no momento da reescritura. Transmite ao livro as modificações da pessoa/poeta, fazendo-o crescer, amadurecer, mudar, dizer coisas novas...

É possível apontar coincidências na reescritura de vários textos. Os poemas longos "Bajo tu clara sombra", "Raiz del hombre" e "Noche de resurrecciones" sofrem essencialmente um processo de depuração, com a supressão de longas passagens — cantos ou estrofes —, reduzindo-se à metade ou menos em suas versões mais recentes. Além disso, realiza-se uma intensa reelaboração nas passagens que se mantêm.

O poema "Cuarto de hotel", de extensão mediana, também sofre a supressão de longas passagens de uma edição para outra. Mas é menos reelaborado e vê-se que, de L2 a L3, sua reescritura é apenas uma eliminação de partes, o que faz com que o poema seja outro. Este procedimento pode ser visto como mais simples, mas é provavelmente mais doloroso para o autor. Em "Entre la piedra y la flor", ao contrário, há uma total reelaboração ao incluí-lo em L4, e não só supressão de fragmentos. Apresentamos a seguir a reescritura do poema "Cuarto de hotel", a título de exemplo:

CUARTO DE HOTEL

Me rodean silencio y soledad.
Fuera la noche crece, indiferente
a la vana querella de los hombres.
Las calles son ya noche, el cielo noche;
5 todo cierra los ojos, se abandona,
inclina la cabeza en otro pecho.

A veces un rumor, susurro apenas,
sube de allá, del mundo, débil ola,
y muere entre los hielos de mi frente.
10 Mi solitario corazón repite
su misma eterna sílaba de sangre.
¿Cuenta la arena del insomnio,

mide la hondura del vacío?
No llama a nadie y nadie le contesta:
15 marca el paso, los pasos de la muerte.

II

A la luz cenicienta del recuerdo
que quiere redimir lo ya vivido
arde el ayer fantasma. ¿ Yo soy ese
que baila al pie del árbol y delira
20 con nubes que son cuerpos que son olas,
con cuerpos que son nues que son playas?
¿Soy el que toca el agua y canta el agua,
la nube y vuela, el árbol y echa hojas,
un cuerpo y se despierta y le contesta?
25 Arde el tiempo fantasma:
arde el ayer, el hoy se quema y el mañana.
Todo lo que soñé dura un minuto
y es un minuto todo lo vivido.
Pero no importan siglos o minutos:
30 también el tiempo de la estrella es tiempo,
gota de sangre viva en el vacío.

III

Luces fantasmas cruzan mi ventana.
Se enciende la ciudad y un ruido opaco,
ánima en pena, sube la escalera.
35 Abro la puerta: nadie. ¿A quién espero?
Cada minuto el tiempo abre las puertas
a un esperar sin fin lo inesperado...
Cierre los ojos abra mis sentidos,
busque la eternidad en unos labios,
40 coja la cruz y beba su vinagre,
enlutado me entierre en la oficina
o me emborrache con licor y lágrimas
como los cocodrilos mexicanos,
cada minuto el tiempo abre las puertas
45 a un expirar sin fin.

IV

Roza mi frente con sus manos frías
el río del pasado y sus memorias
huyen bajo mis párpados de piedra.
No se detiene nunca su carrera
50 y yo, desde mí mismo, lo despido.

¿Huye de mí el pasado?
¿Huyo con él y aquel que lo despide
es una sombra que me finge, hueca?
Quizá no es él quien huye: yo me alejo
55 y él no me sigue, ajeno, consumado.
Aquel que fuí se queda en ribera.
No me recuerda nunca, ni me busca,
ni me contempla, ni despide:
contempla, busca a otro fugitivo.
60 Pero tampoco el otro lo recuerda.

V

¿Sólo en el tiempo soy? ¿Sólo soy tiempo?
¿Una imagen que huye de sí misma
y está más lejos mientras más se acerca?
¿Soy un llegar a ser que nunca llega?
65 Lo que fuí ayer — las nubes, la muchacha,
y en recodo de cualquier momento
la no invitada sombra de la muerte —
no fué, no llegó a ser, no será nunca:
ayer está pasando todavía
70 y nunca acaba y nunca llega.
"Después del tiempo", pienso, "está la muerte
y allí seré por fin, cuando no sea".
Mas no hay después ni hay antes y la muerte
no nos espera al fin: está en nosotros
75 y va muriendo a sorbos con nosotros.

VI

No hay antes ni después. ¿Lo que viví
lo estoy viviendo todavía?
¡Lo que viví! ¿Fui acaso? Todo fluye:
lo que viví lo estoy muriendo todavía.
80 No tiene fin el tiempo: finge labios,
No tiene fin el tiempo: finge infiernos,
puertas que dan a nada y nadie cruza.
No hay fin, ni paraíso, ni domingo.
No nos espera Dios al fin de la semana.
85 Duerme, no lo despiertan nuestros gritos.
Sólo el silencio lo despierta.
Cuando se calle todo y ya no canten
la sangre, los relojes, las estrellas,
Dios abrirá los ojos
90 y al reino de su nada volveremos.

A versão reproduzida corresponde àquela publicada em L1. A partir de L3, são suprimidas as estrofes I, III e V e o poema passa a ser composto então por apenas 3 estrofes. A partir de L2, o verso 30 apresenta a seguinte versão: "gota de fuego o sangre: parpadeo". Em L2, são reescritos os versos: v.38: "Cierre los ojos y ara mis sentidos, "; v.43: "como los cocodrilos mis paisanos"; v.65: "Aquel que fui — las nubes, la muchacha,"; v.72: "y allí seré por fin, aunque no sea". Há ainda alterações menos significativas, a partir de L2, como a supressão do acento em "fui", nos versos 56 e 78, e em "fue", verso 68; a partir de L2, suprime-se a vírgula que marca o hemistíquio nos versos 58 e 59 e a palavra "ni", no início do verso 59, é substituída por "no". Observa-se que estas últimas modificações não alteram o sentido do texto.

Há um conjunto de 14 poemas que têm em comum o fato de haverem sido suprimidos em L3 e reincorporados a partir de L4: "Alameda", "Día", "Jardim", "Lago", "Destino del poeta", "El sediento", "La roca", "Frente al mar [1]", "Retórica [2 e 3]", "Viento", "Nubes", "Adiós a la casa", "Elegía a un compañero muerto en el frente de Aragón". Mas, com exceção de "La roca", "Frente al mar [1]", Retórica [2 e 3]"e "Viento", todos os demais são reescritos ao serem reincorporados.

Isto reflete a oscilação do autor frente à sua obra. A supressão de tais poemas não constitui, como se poderia pensar num primeiro momento, em total negação destes, já que são reincorporados. A reincorporação, por sua vez, não é uma mudança de opinião. Pode-se entendê-la como um desacordo temporário com o texto, o que reflete um momento do autor no qual ele foi mais rigoroso, abrandando-se este rigor ao reincorporá-los, o que reflete outro momento. O que o motiva são questões pessoais, como no caso de "Elegía", ou elementos secretos, que inclusive até mesmo o autor pode ignorar, os quais não nos cabe desvelar.

Ressaltamos que os poemas reincorporados aparecem em versões mais concisas em sua maioria, e os poemas que não são reescritos são aqueles mais curtos. Há alguns poemas sucessivamente reescritos, como se o autor buscasse incansavelmente sua forma, enquanto outros quase não sofrem modificações ou, a minoria, não apresenta nenhuma alteração — estes provavelmente provocam menos o autor.

Os poemas que se modificam muito adquirem um caráter mutante, que se desloca do autor à caracterização dos poemas, pluralizam-se, mimetizando a multiplicidade do autor. Ao mesmo tempo, os que não são reescritos funcionam como um contraponto, cujas unidade e imobilidade não chegam a destacar-se, ao contrário, ressaltam a instabilidade dos demais. Constatamos que os poemas mais reescritos são os mais longos, enquanto os que sofrem menos modificações são os poemas mais curtos, especialmente os da seção "III. Semillas para un himno". Mas isto também é relativo, pois "Piedra de Sol", que é um dos poemas mais longos, quase não apresenta variantes.

Como já dissemos, o que rege a reescritura é a questão temporal e não a extensão dos textos. Assim, é natural que os poemas mais antigos sejam os mais reescritos — o fato de que sejam mais longos pode ser uma coincidência, mais que um traço característico da obra de juventude — pois estão há mais tempo prontos para a reescritura. Também estão mais distantes do ser atual do poeta e é para aproximar-se deles que o autor reescreve-os.

Em geral, o que suprime são elementos muito sentimentais e retóricos; construções mais românticas e metafóricas são substituídas por outras mais diretas; a sugestão e as sensações são substituídas por certa objetividade; são eliminadas interjeições e vocativos, o texto torna-se mais condensado e ganha ares de maturidade. Suprime também passagens muito explicativas, conclusões explícitas, tornando o texto menos direcionado, aberto a várias interpretações e, assim, mais rico em possibilidades de leitura.

Ao mesmo tempo, elimina temas de alguns textos que tornam-se menos eróticos, menos metalingüísticos, como "Bajo tu clara sombra", atenua-se a questão temporal, como em "Cuarto de hotel", e alguns afastam-se de reflexões sobre a vida, o amor etc., ganhando assim um novo perfil.

Quanto às mudanças estilísticas, há uma constante interferência na pontuação, o que modifica pausas, altera o ritmo, introduz alterações semânticas em alguns casos. Muitas vezes, porém, não traz nenhuma alteração ao texto. Isto mostra que nem todas as alterações são justificáveis. Muitas delas, na ortografia, na acentuação, nas dedicatórias, não se sustentam em explicações, hipóteses, associações. O texto metamorfoseia-se, sua natureza é mutante e pode adquirir uma forma e encerrar leituras que escapam ao domínio do autor.

Com a reescritura, registra-se em *Libertad bajo palabra* dois movimentos opostos: sempre que se reedita, reforça seu caráter de rascunho, insinuando sua curta duração, e evoca o palimpsesto, pois cada edição encobre a outra, mas não a apaga completamente; ao mesmo tempo, projeta-se em direção ao futuro, atualiza-se, torna-se um novo livro, repete-se e modifica-se ao mesmo tempo.

Ao desdobrar-se no tempo e no espaço, torna-se atemporal e infinita; como um livro de areia, que se escreve mesmo sabendo que seu destino é apagar-se; como um palimpsesto, cujo fim é a reescritura, no qual sabe-se que a escritura existe às custas do que se apaga. Também como o palimpsesto, sua riqueza está na pluralidade de textos que encerra e seu valor, em ser múltiplo e mutante.[9]

Quanto à reação da crítica, Paz afirma: "(...) los críticos pueden escoger, si les parece, las versiones anteriores de este o de aquel poema. (...)"[10]

Libertad bajo palabra é um texto coletivo do qual participam todos os leitores e no qual Paz, como leitor ideal, interfere, dando-lhe vitalidade e fazendo-o plural. Os demais leitores participam na medida em que podem escolher entre as diversas versões e, ao conhecer todas, assistem ao processo de criação: verso e reverso, cara e coroa, criação e reflexão que formam um todo completo, mas jamais acabado. "Nunca he creído que he terminado realmente un poema; simplemente me resigno, no puedo ir más allá."[11]

Ao refletir sobre a reescritura dessa obra, adentramos o mundo dos espelhos e vemos apagarem-se as fronteiras: coincidem o verso e o re-verso — o verso refeito e a versão anterior, que passa a ser o seu avesso —, o ser e seu reflexo, imagens refletidas nas palavras.

A página branca torna-se um espelho no qual vemos insinuar-se a imagem do poeta cada vez que ele aproxima-se para reescrever. Ao olhar a página, acompanhamos a transformação do demiurgo em Narciso, cuja sede de poesia não o leva à morte, apenas confirma sua vitalidade.

Notas

[1] PAZ, Octavio, "El mono gramático". In: *Poemas (1935-1975)*. Barcelona: Seix Barral, 1987, p.519.

[2] VALÉRY, Paul, "Acerca do cemitério marinho". *Variedades*. Trad. Maiza Martins. São Paulo: Iluminuras, 1991.

[3] Acaba de ser publicada a oitava versão deste livro, no 11º volume das *Obras completas* de Octavio Paz (Fondo de Cultura Económica, do México, em co-edição com o Círculo de Lectores, da Espanha). Porém, não foi possível fazer o cotejo para verificar que tipo de reescritura foi realizada.

[4] Utilizaremos abreviaturas, indicadas entre parênteses, para referimo-nos às diversas versões no decorrer do texto.

[5] PAZ, Octavio, "Genealogía de un libro" [Entrevista a Anthony Stanton]. In: *Vuelta*. México: nº 145, diciembre 1988.

Nossa contagem do número de poemas não coincide com a que é realizada por Santí na edição que organiza, nem com a realizada por Paz. Os números apresentados por ele, na p.19 do livro, são os seguintes, aos quais justapomos os nossos:

SIGLAS	SANTÍ	PAZ	GÊNESE
L0			27 poem./158 pp.
L1	90 poem./134 pp.	74 poem.	91 poem./136 pp.
L2	225 poem./316 pp.	208 poem.	219 poem./318 pp.
L3	195 poem./264 pp.	164 poem.	191 poem./264 pp.
L4	206 poem./242 pp.	176 poem.	206 poem./264 pp.
L5	207 poem./287 pp.	177 poem.	206 poem./296 pp.
L6			206 poem./264 pp.

Ele esclarece em nota de rodapé:

"Nuestra cuenta del número de poemas distingue, en aquellos textos de varias secciones, entre poemas unitarios y series de poemas. Utilizamos una distinción retórica: cuando nos há parecido que el poema mismo reclama unidad retórica, lo contamos como un solo poema. En cambio, en aquellos casos en que se impone una heterogeneidad retórica y resalta esa falta de unidad, hemos optado por contarlo como más de uno. De ahí que contemos como unidades los siguientes poemas: 'Bajo tu clara sombra', 'Raíz el hombre', 'Noche de resurrecciones', 'La caída', 'Cuarto de hotel', 'Entre la piedra y la flor', 'Elegía a un compañero muerto en el frente', 'El ausente', 'Virgen', 'Hacia el poema'. En cambio, contamos como series de poemas los siguientes: 'Sonetos' (5 poemas), 'Apuntes del insomnio' (4 poemas), 'Frente al mar'(3 poemas), 'Crepúsculos de la ciudad' (5 poemas), 'Conscriptos U.S.A.'(2 poemas), 'Lección de cosas' (16 poemas), 'Ser natural' (3 poemas). La diferencia entre la cuenta de Paz y la nuestra es lo que explica, entre otras cosas, que en L3 él haya advertido la exclusión de 'más de cuarenta poemas', cuando según nuestro criterio esse número equivaldría sólo a 26. (...)" (p.15)

Concordamos com o critério seguido por Santí, mas queremos fazer algumas observações: "Apuntes del insomnio" é um conjunto de 5 poemas em L1, passando a ser um conjunto de 4 poemas a partir de L2, conjunto de 3 poemas, o que também não é dito; "Piedras sueltas"é um conjunto de sete poemas até L3, passando a ser um conjunto de 8 poemas a partir de L4, o que Santí não indica; consideramos "Ser natural" como um só poema, enquanto Santí classifica-o como um conjunto de 3 poemas. Isto esclarece um pouco a diferença na contagem dos poemas de L1 a L4.

Quanto à diferença na contagem de poemas de L5, há um erro de Santí e de Paz. Se considerarmos "Crepúsculos de la ciudad" como um conjunto de poemas, o fato de que um deles se faz independente não significa que se tenha um poema a mais no livro, pois o conjunto que tinha 6 passa a ter 5 — com a independência do penúltimo, que passa a chamar-se "Pequeño monumento" —, mas a quantidade de textos no livro continua sendo a mesma.

Também se equivoca Santí em algum outro ponto, pois diz que, na passagem de L2 para L3, são suprimidos 26 poemas, mas a diferença entre a quantidade de poemas nestas duas edições é de 30 unidades. Pela nossa contagem, são suprimidos 28 poemas.

Na passagem de L3 para L4, pelas nossas contas, a diferença é de 15 poemas (são reincorporados 14 dos 28 poemas que tinham sido suprimidos e acrescenta-se mais um ao conjunto "piedras sueltas"); Santí aponta a reincorporação de 12, mas a diferença entre L3 e L4 é de 11 poemas, de acordo com os números que ele apresenta.

Quanto aos números apresentados por Paz, só podemos ter a supressão de mais de 40 poemas, na passagem de L2 para L3, se considerarmos cada um dos cantos de "Bajo tu clara sombra", "Raiz del hombre" e "Noche de resurrecciones" como um poema, o que não é correto, pois eles são poemas longos, dos quais são suprimidos partes ou cantos. Inclusive Paz refere-se a eles, em entrevistas, como poemas longos.

Não há como explicar a diferença na contagem do número de páginas, em cada edição.

[7] PAZ, Octavio, "Advertência", in *Libertad bajo palabra*. México: FCE, 1960, p.7.

[8] Ibidem, p.8.

[9] Octavio Paz reconhece a pluralidade de *Libertad bajo palabra* e, assim, multiplica-se, desdobra-se, para justificar a reescritura:

"(...) El monólogo del poeta es siempre diálogo con el mundo o consigo mismo. Así, mis poemas son una suerte de biografía emocional, sentimental y espiritual. Sin embargo, al reunir en un libro los que he escrito durante cuarenta años, me he dado cuenta de que se trata de la biografía de un fantasma. Mejor dicho, de muchos fantasmas. (...) este libro há sido escrito por una sucesión de poetas; todos se han desvanecido y nada queda de ellos sino sus palabras. Mi biografía poética está hecha de las confesiones de muchos desconocidos. Andamos siempre entre fantasmas.

A sabiendas de que no soy yo el que há escrito mis poemas, me he atrevido a corregirlos. (...) esta práctica se justifica por una razón: lo que cuenta no es el poeta sino el poema. (...)

El poeta que escribe no es la misma persona que lleva su nombre. (...) En cambio, el poeta no es una persona real: es una ficción, una figura de lenguaje.

(...) Corregí mis poemas porque quise ser fiel al poeta que los escribió, no a la persona que fui. Fiel al autor de unos poemas de los cuales yo, la persona real, no he sido sino el primer lector. No intenté cambiar las ideas, las emociones, los sentimientos, sino mejorar la expresión de esos sentimientos, ideas y emociones. Procuré respetar al poeta que escribió esos poemas y no tocar lo que, con inexactitud, se llama el fondo o el contenido; sólo quise decir con mayor economía y sencillez. Mis cambios no han querido ser sino depuraciones, purificaciones. Y quien dice pureza, dice sacrificio: obedecí a un deseo de perfección. Por supuesto, es posible que no pocas veces me haya equivocado. Escribir es un riesgo y corregir lo escrito es un riesgo mayor." PAZ, Octavio. 'Los pasos contados", in *Camp de l'arpa Revista de Literatura*, n.74, pp.51-52.

[10] PAZ, Octavio, "Poesía de circunstancias [Conversación con César Salgado], in *Vuelta*, n. 138, mayo de 1988, p.18.

[11] PAZ, Octavio, "Tiempos, lugares, encuentros" [Entrevista a Alfred Mac Adam], in *Vuelta*, n.181, diciembre, 1991, pp.13-21.

Pontos de confluência

Octavio Paz e o subcomandante Marcos: "Máscaras e silêncios"*

*Margo Glantz**

Primeira parte

O que diz o silêncio

Permanece vigente a Revolução Mexicana? Durante vários sexênios, ou seja, durante os diversos reinados sexenais dos sucessivos presidentes da República Mexicana, a partir do triunfo do movimento armado — depois de 1920 — fazia-se constante alusão à Revolução e ao partido oficial, o PRI (Partido Revolucionário Institucional), que se postulava como seu herdeiro legítimo e, com um desfile, comemorava a cada 20 de novembro o grande aniversário cívico. Em 1992, o então presidente da República, Carlos Salinas de Gortari, revisou e reformou o famoso artigo 27 da Constituição de 1917, uma das conquistas mais importantes da Revolução Mexicana, a Reforma Agrária, pondo fim à distribuição de terras e propiciando o desmantelamento dos "ejidos", comunidades agrárias surgidas da Revolução, de propriedade do Estado que as cedia a uma coletividade camponesa para usufruto e com caráter inalienável. Apesar de a distribuição de terra ter se iniciado antes, a maior parte foi distribuída durante o regime de Lázaro Cárdenas (1934-1940), época em que se começou a fazê-la em Chiapas (e se alguns governos revolucionários favoreceram a criação de grandes latifúndios, a Constituição, entretanto, mantinha vigente o direito dos camponeses de possuir a terra). É possível afirmar, então, que com as reformas de Salinas foi dado o primeiro golpe de misericórdia fatal na Revolução Mexicana, movimento essencialmente agrário. No dia 1º. de janeiro de 1994, mesmo dia em que o Tratado de Livre Comércio (Nafta) entre México, Estados Unidos e Canadá era firmado, um novo movimento armado, o EZLN, Exército Zapatista de Libertação Nacional, surpreendeu tanto os mexicanos

---

* Este texto, agora corrigido e aumentado, foi escrito para o XXXII Congresso da *Revista Iberoamericana*, celebrado em Santiago de Chile de 28 de junho ao 3 de julho de 1998, sob o patrocínio da Universidad Católica.

** Traduzido por Rômulo Monte Alto.

quanto o mundo inteiro: tratava-se de um grupo camponês que reivindicava como programa e como lema o nome de Zapata, combatente agrário; ademais, e isto é o mais importante, parecia tratar-se de uma sublevação indígena, ainda que seu líder visível, o *Subcomandante* Marcos, fosse mestiço.

Yvon Le Bot, um dos mais lúcidos conhecedores das guerrilhas latino-americanas, pergunta-se, em seu livro, sobre Marcos e o Zapatismo:

> *El alzamiento del 10 de enero de 1994 sorprendió y dividió a las élites intelectuales y políticas mexicanas: ¿se inauguraba una nueva época o, por el contrario, era otro fenómeno marginal y sin futuro, una manifestación más del atraso indígena, del subdesarrollo de una región abandonada?*[1]

Não é minha intenção aqui pronunciar-me a favor ou contra o ELZN, mas sim tentar analisar a paradoxal produção de um excesso verbal e a queda repentina no silêncio, traçando uma correlação entre dois discursos e dois silêncios: alguns dos discursos que o subcomandante Marcos começou a enviar a partir de 10 de janeiro de 1994, e seu silêncio que durou vários meses, mais exatamente, a partir de 10 de março de 1998, dia em que emitiu um comunicado publicado em *La Jornada* de 5 de março, silêncio rompido com interjeições no dia 15 de julho, às vésperas da chegada do Secretário Geral das Nações Unidas, Koffi Annan, seguido de um comunicado publicado em 18 de julho em *La Jornada*, com o título de "México 1988. Arriba y abajo: máscaras y silencios" (México 1988. Acima e abaixo: máscaras e silêncios), e depois, na terça feira, 21 de julho, no mesmo jornal, a "Quinta Declaração da Selva Lacandona". Reporta-me-ei, ademais, à morte de Octavio Paz, acontecida dia 20 de abril, segunda feira, às 22:35 horas — momento em que inaugura seu silêncio final — e analisarei brevemente alguns textos seus como *El laberinto de la soledad*, *El Mono Gramático* e *Las trampas de la fe*.

A *suspensão do discurso*

São bem conhecidas as palavras de Sor Juana quando, em sua *Respuesta a Sor Filotea* (pseudônimo do bispo Manuel Fernández de Santa Cruz), justifica seu silêncio, apoiando-se nas máximas figuras da tradição católica, entre elas a mãe de Batista, a quem a visita da Virgem Maria entorpece o entendimento e suspende o discurso. Essa suspensão do discurso, geralmente associada a estados místicos, adquire na monja um sentido político:

> *Perdonad, Señora Mía, la digresión que me arrebató la fuerza de la verdad; y si la he de confesar toda, también es buscar efugios para huir de la dificultad de*

responder, y casi me he determinado a dejarlo al silencio, pero como éste es cosa negativa, aunque explica mucho con el énfasis de no explicar, es necesario ponerle algún breve rótulo para que se entienda lo que se pretende que el silencio diga; y si no dirá nada el silencio, porque ése es su propio oficio: decir nada.[2]

A história do zapatismo poderia se resumir a uma alternância entre o silêncio ou suspensão do discurso e uma produção desmesurada de palavras, num período de quatro anos em que a palavra falada e a palavra escrita ocupam um lugar descomunal. Essa hemorragia verbal é simplesmente um parêntese que rompe muitos anos de silêncio — o silêncio ou a invisibilidade indígena — reforçado pelo sigilo com que se foi armando o movimento frente ao estrondo de 1º. de janeiro de 1994, dia em que começaram as batalhas, marcado, no entanto, por um silêncio aterrador, manifesto assim ao pé de uma fotografia: "O silêncio, sobretudo, era impressionante. Nenhum deles — os indígenas — falava".[3]

Essa insurreição inicia-se como a de qualquer outra guerrilha, com um assalto em que as armas têm a palavra, um estado de coisas que dura exatamente doze dias, durante os quais o exército zapatista ocupa várias cidades de Chiapas, entre elas San Cristóbal las Casas, Las Margaritas, Altamirano, Ocosingo. Em 10 de janeiro, o presidente Carlos Salinas de Gortari nomeia um comissário para travar negociações com os sublevados: trata-se de Manuel Camacho Soliz, ex-secretário de Relações Exteriores. No dia 12 de janeiro, decreta-se o cessar unilateral de fogo e, de 21 de fevereiro a 2 de março, inicia-se um diálogo de paz entre os dirigentes do exército zapatista e o governo: de um lado o *sub comandante* Marcos com vinte comandantes e membros do Comitê Clandestino Revolucionário Indígena (CCRI), do outro, o comissário governamental e um mediador, Samuel Ruiz, bispo de San Cristóbal las Casas, mais tarde membro principal da Comissão Nacional de Intermediação (CONAI). A partir deste momento, se produz uma enorme quantidade de comunicados e documentos, a maior parte procedentes do *subcomandante* Marcos, documentos agora contidos em três tomos publicados pela editora Era,[4] nos quais a palavra é considerada literalmente como arma, ou melhor, como a única arma, através do que a luta do EZLN muda de signo e se converte, em realidade, em uma anti-guerrilha:

El movimiento zapatista no es la continuación de ni el resurgimiento de las antiguas guerrillas, dice Le Bot. Por el contrario, nace de su fracaso, y no sólo de la derrota del movimiento revolucionario en América Latina y en otras partes, sino también de un fracaso más íntimo, el del propio proyecto zapatista tal y como lo habían concebido e iniciado, a principio de los ochenta, los pioneros

del EZLN, un puñado de indígenas y mestizos. Una 'derrota' infligida no por
el inimigo, sino por el encuentro de esos guerrilleros con las comunidades
indígenas. Lejos de convertir a éstas a la lógica de la organización político-
militar, el contacto produjo un choque cultural que desembocó en una inversión
de las jerarquías; así los miembros de la antigua vanguardia guerrillera que
sobrevivieron y se quedaron en la selva se transformaron en servidores de una
dinámica de sublevación indígena. El segundo zapatismo, el que sale a la luz
el 1°. de enero de 1994, nace de ese fracaso.

A Primeira Declaração do zapatismo culmina com várias ordens, entre as quais uma que parecia inverossímil, que era avançar com um exército quase inexistente e mal armado, em direção à capital, e destituir o governo considerado como ilegítimo! Em retrospectiva, e depois desses quatro anos em que o movimento adquiriu importância internacional, esse primeiro documento parece assombroso, tem algo de ingrato e exageradamente enfático, ao mesmo tempo que maravilhoso e exaltante, como se a verdade estivesse entre dois pólos inalcançáveis. Revisando os textos posteriores, este sentimento de mal estar persiste, pela estranha mistura de discursos que Marcos tem conservado, nos quais passa da proclamação política e da declaração de guerra à parodia, à caricatura, ao sermão, ao texto cosmogônico, à fabula, à visão profética e, por que não?, ainda que pareça obsoleto, a uma consciência dilacerada. Por outra parte, em todos os textos se mantém vigente o compromisso político e um chamado à ação revolucionária. Recorro a um velho ensaio de Roland Barthes, recolhido em seus *Estudos Críticos*, que poderia esboçar uma resposta aproximada à perplexidade que a figura e a palavra de Marcos provocam. Barthes resenha, no começo dos anos sessenta, um livro publicado na Bélgica, quase desconhecido naquela época e ainda hoje, o romance *Je* (Eu), de Yves Velan, um pastor protestante, espécie de sacerdote da Teologia da Libertação numa Europa totalmente diferente da de agora, esta Europa da globalização e do mercado comum:

> *...a subjetividade do narrador não se opõe aos demais homens de um modo indeterminado... sofre, reflete, busca-se diante de um mundo minuciosamente determinado, específico, onde o real já é pensado, e onde os homens estão repartidos e divididos de acordo com a lei política; e esta angústia só nos parece insensata em proporção à nossa má fé, que insiste em tratar os problemas de engagement em termos de consciência pacificada, intelectualizada, como se a moralidade política fosse fruto de uma razão, como se o proletariado (outra palavra que parece que já não existia, e eu acrescento, neste caso, o campesinato) só pudesse interessar a uma minoria de intelectuais educados, porém nunca a uma consciência ainda enlouquecida...*[5]

A heterogeneidade dos discursos

Em sua "Primeira Declaração da Selva Lacandona", intitulada ¡Hoy decimos basta! (Hoje dizemos basta!) Marcos faz um breve resumo histórico de 500 anos de lutas contra o sistema ou os sistemas políticos do México, e inicia a linguagem reiterativa, imprecatória, acumulada e repleta de negações que o identificará. Como exemplo, cito o primeiro parágrafo onde, depois de passar em revista os sucessivos movimentos armados da história mexicana, cita Zapata e Villa, acrescentando:

> ...hombres que como nosotros a los que se nos ha negado la preparacióm más elemental para así poder utilizarnos como carne de cañón y saquear las rique-zas de nuestra patria sin importarles que estemos muriendo de hambre y de enfermedades curables, sin importarles que no tengamos nada, absoluta-mente nada, ni un techo digno, ni tierra, ni trabajo, ni salud, ni alimentación, ni educación, sin tener derecho a elegir libremente a nuestras autoridades...[6]

A Declaração é seguida de uma série de ordens dirigidas às forças militares zapatistas e de um texto que imita o estilo das primeiras procla-mações revolucionárias do padre Morelos, durante a Guerra de Indepen-dência do México contra Espanha (1810-1821), onde se decreta um novo *corpus* de leis que reformariam a atual Constituição vigente, insistindo, em um capítulo especial, na participação e emancipação das mulheres. Esta proclama tem uma data significativa, 1º. de dezembro de 1993, um ano antes de que se produzisse o movimento armado.

O primeiro texto paródico de Marcos aparece em 27 de janeiro de 1994 e se trata de um pastiche político do Quixote; está reproduzido na recompi-lação do primeiro volume publicado pela editora Era e é assim introduzido:

> Muy estimados señores:
>
> Ahora que Chiapas nos reventó en la conciencia nacional, muchos y muy variados autores desempolvan su pequeño Larousse Ilustrado, su México Desconocido, sus diskets de datos estadísticos del Inegi o el Fonapo o hasta los textos clásicos que vienen desde Bartolomé de las Casas. Con el fin de aportar a esta sed de conocimientos sobre la situación chiapaneca, les mandamos un escrito que nuestro compañero Sc. Marcos realizó a mediados de 1992, para buscar que fuera despertando la conciencia de varios compañeros que por entonces se iban acercando a nuestra lucha.
>
> Esperamos que este material se gane un lugar en algunas de las secciones y suplementos que conforman su prestigiado diario. Los derechos de autor

pertenecen a los insurgentes, los cuales se sentirán retribuidos al ver algo de su historia circular a nivel nacional. Tal vez así otros compañeros se animen a escribir sobre sus estados y localidades, esperando que otras profecias, al igual que la chiapaneca, también se vayan cumpliendo.[7]

E assina: "Departamento de Imprensa e Propaganda, EZLN, Selva Lacandona", que parecia constituir-se de apenas um membro, Marcos. Esse texto de Marcos responde à afirmação indígena que diz que se deve mandar obedecendo? É Marcos simplesmente um mediador entre os indígenas da selva Lacandona e a cultura dominante? No texto recém citado, perfila-se um personagem que teria produzido uma escrita silenciada por carecer de acesso aos meios de comunicação, e que graças às batalhas do mês de janeiro, podia se difundir. Trata-se de uma situação ambígua e nem por isso menos significativa. Poder-se-ia dizer que se trata de um texto que revela as veleidades de um homem que aspira a ser escritor para alcançar uma voz própria, literária, mas que ao mesmo tempo pretende dar voz a uma comunidade indígena sem expressão em castelhano, que transmite seu saber a um mediador que nos fala dele (como os contos do velho Antonio, por exemplo)? É a verificação de quem não é agente da história, que sofre seus efeitos? Deixo abertas as perguntas e transcrevo uma possível explicação, a de Yvon Le Bot, que descreve os progressos do movimento zapatista, cuja história, insisto, cobre longos períodos de silêncios, separados entre si por um período em que a supremacia era tida pela palavra:

> *El discurso y las prácticas leninistas dejaron lugar a la insurrección social y moral. Se transitó de la movilización de un actor social, por parte de una vanguardia político militar, a la práctica del secreto y la clandestinidad compartidos por la comunidad. La guerrilla, formada por un puñado de revolucionarios profesionales, se transformó en un movimiento comunitario armado, en el que los combatientes, fuera de un nucleo restringido de cuadros militares y políticos, son campesinos que empuñan las armas (palos y rifles viejos) a la hora del levantamiento y luego regresan a sus actividades cotidianas, a la manera de los campesinos-soldados de Emiliano Zapata... El proyecto de revivir el ejército de Zapata o la evocación de la famosa División del Norte de Francisco Villa, podían considerarse en los ochenta como fantasmas románticos de algunos intelectuales alejados de la realidad chiapaneca e insatisfechos con un presente mexicano demasiado prosaico. En algunas entrevistas Marcos refiere a través de qué intermediarios, sobre la base de cuales rupturas y cuales conversaciones pudo este sueño convertirse en el de buena parte de la población indígena de Chiapas y cómo ese sueño vio un principio*

de realización al tomar la forma de resistencia y el levantamiento indígenas, y cómo se transformó con este encuentro, antes de transformarse nuevamente tras su confrontación con la sociedad nacional.[8]

Sem sombra de dúvidas, o aparecimento do zapatismo como acontecimento político no México inaugura outro registro da realidade mexicana:

La novedad del EZLN, dice Marcos en una entrevista que le hizo Le Bot, no está en que se haya metido en la comunicación satelital, que ahora digan que los zapatistas son más que guerrilleros, internautas de la comunicación. Está en una redimensionalización de la palabra política que, paradójicamente, vuelve a mirar al pasado. No inventar un nuevo lenguaje sino resemantizar o darle un nuevo significante y un nuevo significado a la palabra en política. Este lenguaje empieza a buscar sus propios terrenos de lucha, el terreno de la prensa... un espacio tan novedoso que nadie pensaba que una guerrilla pudiera acudir a él...[9]

As máscaras e as palavras suspeitas

As palavras de Marcos e dos zapatistas provêm de uma voz que sai de um rosto mascarado. Poderia traçar-se aqui alguma relação com a velha máscara descrita por Paz em seu já mítico *Laberinto de la Soledad*? Sería absurdo tomar o texto ao pé da letra, contudo alguns de seus postulados se converteram em lugares comuns que nutrem a demagogia política e, em várias ocasiões, são utilizados como slogan da propaganda governamental, articulada de maneira muito particular durante o regime do presidente Salinas. Paz começava o capítulo IV de seu livro, intitulado "Máscaras mexicanas", desta manera:

Viejo o adolescente, criollo o mestizo, general, obrero o licenciado, el mexicano se me parece como un ser que se encierra y se preserva: máscara el rostro y máscara la sonrisa. Plantado en su arisca soledad, espinoso y cortés a un tiempo, todo le sirve para defenderse: el silencio y la palabra, la cortesía y el desprecio, la ironía y la resignación. Tan celoso de su intimidad como de la ajena, ni siquiera se atreve a rozar con los ojos al vecino: una mirada puede desencadenar la cólera de esas almas cargadas de electricidad. Atraviesa la vida como desollado; todo puede herirle, palabras y sospechas de palabras.[10]

Nesta ontologia, onde os mexicanos são catalogados por sua idade, sua raça ou sua profissão, Paz omite, dentro das classificações raciais, a indígena. Explorando o texto, percebemos que esta ontologia se constrói a partir da perspectiva de um eu narrativo que enfrenta um "ele", "o mexicano", rapidamente transformado em um "eles", "os mexicanos"; e, acompanhando atenciosamente a articulação desta estratégia pronominal, adverte-se que, da terceira pessoa masculina do plural, passamos ao pronome feminino de terceira pessoa do singular, "ela", isto é, "a mexicana". Ao constituir-se a série, a mexicana perde sua identidade nacional e a devolve à sua identidade biológica, essencialista, a da espécie, torna-se, sem rodeios, "a Mulher", cuja "fatalidade anatômica"[11], a ferida perpetuamente aberta de seu corpo, impede sua própria individualidade, ou seja, participar da História, uma vez que, por sua própria essência, é "impessoal"[12]. Prosseguindo a análise, a mulher se liga estreitamente a outra classe de personagens anônimos e coletivos, compreendida na categoria racial do índio, indistinguível da natureza, e "que en sus formas más radicales, sublinha Paz, llega al mimetismo":

> El indio se funde con el paisaje, se confunde con la barda blanca en que se apoya por la tarde, con la tierra oscura en que se tiende a mediodía, con el silencio que lo rodea. Se disimula tanto su humana singularidad que acaba por abolirla; y se vuleve piedra, pirú, muro, silencio: espacio.[13]

Ao diferenciar cuidadosamente a série constituída pelos mexicanos — "ele" e "eles" (os velhos ou adolescentes, crioulos ou mestiços, generais, trabalhadores ou licenciados) — e a série dos excluídos, as mulheres e os índios, Paz outorga um caráter político ao que parecia uma simples enumeração descritiva. Não é este o lugar para analisar mais profundamente a conexão que existe entre a mulher e o índio nesse livro fundamental de Octavio Paz, basta fazer esta referência e esperar outra ocasião para voltar ao tema. Aqui nos é útil enquanto se refere ao uso concreto das máscaras por parte dos camponeses zapatistas. Sua indiferenciação facial e social tornaria inútil a utilização de lenços e disfarces para cobrir o rosto, por isso os índios não precisam de máscaras para os que os vêem do outro lado da história. Acaso não são in-diferenciáveis, não se "confundem com o espaço"? Nesse contexto, é significativo um romance de Rosario Castellanos, *Balún Canán*: a menina crioula, nascida em Chiapas, protagonista da primeira e terceira partes do romance, em grande medida uma personagem autobiográfica, diz, ao final de um longo período em que deixou de ver a babá índia que a havia criado: "Dejo caer los brazos desalentada. Nunca, aunque la encuentre, podré reconocer mi nana. Hace tiempo que nos separaron. Además, *todos lo indios tienen la misma cara*" (Deixo cair os braços desalentada. Nunca, ainda que a encontre, poderei reconhecer minha babá. Faz tempo que nos separaram. Além disso, *todos os índios têm a mesma cara*).[14] É uma verificação constante e abundante na literatura mexicana, como por exemplo em *Los bandidos de Río Frío* de Manuel Payno, em *Baile y cochino* de José Tomás de Cuellar, em *El águila y la serpiente* de Martín Luis Guzmán, etc. etc. etc.

Marcos evidencia essa indiferença e faz com que os índios sublevados dupliquem sua inexistência facial ao utilizar máscaras como signo distintivo do levante zapatista. Volta a ser evidente o paradoxo anunciado no inciso anterior, de que a palavra de Marcos é uma palavra mediadora porque transmite a voz das comunidades indígenas, mas ao mesmo tempo é uma voz narcisa, a de um aspirante a escritor, ainda que esta voz também esteja atravessada pelo paradoxo, neste caso, pela ironia, ou melhor, pela broma, uma forma de dessacralização bem conhecida no México. O rosto indígena é comunitário, anônimo, ao passo que o de Marcos é singular, destaca-se por seus traços, por seu nariz — esse nariz impertinente — por seu cachimbo, sua cor facial: a máscara que reitera o caráter coletivo dos indígenas isola o *subcomandante*.

A palavra de Marcos, que temos escutado durante um longo período, joga com a metáfora de Octavio Paz: o governo se esconde atrás de uma palavra mascarada, daí as conversações de paz, esse diálogo tantas vezes rompido pelo próprio governo e pelo exército, se converterem de fato em uma palavra mascarada. A longa luta entre zapatistas e governantes segue marcada por uma disjuntiva, a que legitima os que levam a máscara no rosto e a palavra verdadeira, e desqualifica — ilegitima — segundo os zapatistas, os que representam o governo, ou seja, os que se ocultam detrás de uma palavra suspeita e não são fiéis à sua própria máscara, para tomar literalmente as palavras da epígrafe com que Marcos abriu o texto que rompeu seu silêncio em 18 de julho de 1998. Para não comparar o incomparável, me contentarei em ressaltar o que foi dito antes, utilizando um texto recém-citado, no qual se faz referência específica às máscaras e ao silêncio, ainda que as palavras sejam tomadas do *Juan de Mairena*, de Antonio Machado. De fato, o tema da máscara remete à imagem cunhada por Paz e sua conotação política reforça a imagem da palavra suspeita, encenando uma simulação:

> El simulador — afirma Paz em El laberinto — pretende ser lo que no es. Su actividad reclama una constante improvisación, un ir hacia adelante siempre, entre arenas movedizas. A cada minuto hay que rehacer, modificar el personaje que fingimos, hasta que llega un momento en que realidad y apariencia se confunden.[15]

Quando se critica os zapatistas dentro do governo, na verdade o que se pede é que "mostrem a cara", que tirem a máscara, o que neste caso, é uma operação literal; o anonimato do rosto indígena é realçado com a máscara, que se torna um instrumento ideal para reverter a metáfora da palavra mascarada usada pelo inimigo. Também sob essa perspectiva, mas em sentido contrário, poder-se-ia interpretar a frase do Secretário de Governo, Francisco Labastida Ochoa, quando pergunta, referindo-se a Marcos: "¿Sebastián Guillén? (a verdadeira identidade do subcomandante Marcos, segundo o governo). Es un señor que está mandando algunos comunicados" (É um senhor que está mandando alguns comunicados).[16] O rosto de Marcos, mesmo coberto pela máscara, seria identificável e sua identidade se reforçaria com um nome graças a uma operação — inoperante — que pretenderia anular a outra máscara, a do apelido.

A *máscara da guerra*

Em fins de dezembro de 1997, grupos paramilitares massacraram os zapatistas desalojados no povoado de Acteal. Essas mortes em massa foram justificadas como se se tratassem de simples rixas entre grupos tribais. Ao manejar a violência como algo irracional, própria de gente pouco desenvolvida (não o reconhece abertamente um alto funcionário do governo, quando exclama: "¿Las leyes no se hacen en la selva?" (As leis não se fazem na selva?) — *La Jornada*, 25 de julho de 1997) e desconhecer as reivindicações indígenas, disfarçando-as de mesquinhos ódios exacerbados entre pares, o assassinato se minimiza e a morte se reduz ao mero enunciado de uma cifra, pronunciada e arquivada, com o que, sancionado este subterfúgio, a luta indígena se esvazia dos seus verdadeiros motivos, que são os políticos.

O exército ocupou a zona zapatista e hostilizou a população civil, as chamadas bases zapatistas. Com isso, propiciou-se a formação de grupos paramilitares, os acordos de San Andrés foram desconhecidos, dissolveu a CONAI, encabeçada pelo bispo Samuel Ruiz. Poder-se-ia dizer, portanto, que Chiapas vive uma guerra de baixa intensidade.

Segunda parte e à maneira de obituário

1. O *Mono Gramático*[17] poderia ser simplesmente um livro de viagens, um itinerário de Paz pelo caminho de Galta, na Índia, e um passeio por um jardim de Cambridge, na Inglaterra, mas também um caminho iniciático como os percorridos no mundo ocidental, talvez a partir de Prudêncio. Dita

peregrinação o conduziria sem rumo fixo a uma finalidade que seria precisamente sua não-finalidade, ainda que, como disse antes, o livro de Paz é também uma viagem interior. Para Paz, um caminho que buscaria descobrir o sentido último da linguagem e suas armadilhas, idéia obsessiva que mais tarde o levaria a intitular seu livro sobre Sor Juana como *Las trampas de la fe* (As armadilhas da fé),[18] acrescentando-lhe um sentido político. A busca do caminho e o pavor ante esse fim incerto explicam certas figuras e estados obsessivos, circulares, imagens visionárias e inquictantes, acontecimentos sagrados que, tão logo percebidos, nos levam a um grande solipsismo final:

> *El camino — diz Paz — también desaparece mientras lo, pienso, mientras lo digo. La sabiduría no está ni en la fijeza, ni en el cambio, sino en la dialéctica entre ellos, constante ir y venir: la sabiduría está en lo instantáneo. Es el tránsito. Pero apenas digo tránsito se rompe el hechizo. El tránsito no es sabiduría sino un simple ir hacia... el tránsito se desvanece: sólo así es tránsito.[19]*

2. Mas nessa constante flutuação entre o que aparece e desaparece, ainda que permaneça indelevelmente inscrito pela linguagem, há também um percurso concreto, quase histórico, diria eu, que é o que nos conduz pela vereda empoeirada que leva a Galta, cujo nome também cairia no vazio. Contudo, desenha colinas reais, corroídas e achatadas por séculos de nevascas e dominadas pelas planícies amareladas, produto de longos períodos de seca. Como se Paz verificasse nesse árduo trajeto para encontrar as palavras, e apagá-las, uma verdadeira paisagem devastada pela história e pela meteorologia, uma paisagem e uma cidade premonitórias, as paisagens de seu próprio país:

> *La palabra, afirma, tal vez no es quietud sino persistencia: las cosas persisten bajo la humillación de la luz... Todas estas ondulaciones, cavidades e gargantas son las cañadas y los cauces de arroyos hoy extintos. Estos montículos arenosos fueron árboles. No sólo se camina entre casas destruidas: también el paisaje se ha desmoronado y es una ruina.[20]*

Enquanto isso, as palavras se pulverizaram, se converteram em silêncio, "las cosas son más cosas, todo está empeñado en ser, nada más en ser" (as coisas são mais coisas, tudo está empenhado em ser, nada mais em ser).

3. Nessa ruptura entre palavras e coisas, entre poesia e história, Paz se revela de maneira meridiana, sobretudo em *Las trampas de la fe*, onde a biografia de Sor Juana encobriria, na verdade, sua própria autobiografia, como assegura Pedro Serrano em um extenso trabalho de investigação,

onde compara Eliot com Paz.[21] Assim verbalizou o poeta mexicano, certa vez: "No podría decir, al final, como Flaubert sobre Madame Bovary, 'Madame Bovary c'est moi'. Pero lo que sí puedo de hecho decir es que me reconozco en Sor Juana" ("não poderia dizer, no fim, como Flaubert sobre Madame Bovary, 'Madame Bovary sou eu'. Mas sim, o que de fato posso dizer é que me reconheço em Sor Juana"). Em seu livro sobre a monja, Paz procura revelar sua própria vida, mas sobretudo, mediante sua própria terminologia analógica, analisa o fundamento das correspondências, uma correspondência — um vínculo — quase exato entre seu universo pessoal e o de Sor Juana, o da sociedade histórica em que viveu e o da sociedade colonial em que viveu a monja novo-hispânica...

> *El siglo XVII fue el siglo de los emblemas y sólo dentro de esa concepción emblemática del universo podemos comprender la actitud de Sor Juana... pero los jeroglíficos y los emblemas no sólo eran representaciones del mundo, sino que el mundo mismo era jeroglífico y emblema. No se veía en ellos únicamente una escritura, es decir, medios de representación de la realidad, sino a la realidad misma. Entre los atributos de la realidad estaba el ser simbólico: ríos, rocas, animales, astros, seres humanos, todo era un jeroglífico sin dejar de ser lo que era. Los signos adquirieron la dignidad del ser: no eran un trasunto de la realidad: eran la realidad misma. O más exactamente: una de sus versiones. Si la realidad del mundo era emblemática, cada cosa y cada ser era símbolo de otra. El mundo era un tejido de reflejos, ecos y correspondencias.[22]*

Ainda que Paz se refira à mentalidade do século XVII e, por extensão, à de Sor Juana, também está se referindo à mentalidade do poeta moderno, ou seja, à sua própria. Ouçamos Pedro Serrano:

> *Paz reconoce que la concepción que de sí misma tiene Sor Juana no es la misma que la del poeta moderno, pero gracias a esta* amplificatio *del vínculo entre la 'corriente oculta' de la poesía moderna con el universo del siglo XVII, logra establecer la base retórica de su propia identificación e inclusión. Con su libro sobre la monja, Paz se instala como heredero legítimo de toda una tradición poética. Con él también construye una autobiografía mítica disfrazada de biografía de una monja del siglo XVII.[23]*

4. Aqui viria o que nos interessa destacar nestas notas. A analogia que Paz traça entre o universo e as coisas, entre Sor Juana e seu mundo e entre o mundo da monja e, insisto, o seu próprio, nos permitiria verificar um fato, sobretudo se tentamos levar esta analogia ao extremo mais dilatado. Se Sor Juana representa para Paz a história do acontecer novo-hispânico e

ao mesmo tempo, essa história é a biografia da monja, e se esta e a história colonial são, por inferência analógica e metafórica, a história do próprio Paz, a vida deste representaria, por sua vez, a história do México atual, coisa que ele mesmo talvez tenha considerado, se se levar em conta alguns dos títulos com que classificou seus livros ao ordenar a compilação de suas *Obras Completas* em vários volumes, intitulando-os, por exemplo, *El peregrino en su patria y México en la obra de Octavio Paz*. Mas, sobretudo, com esta citação: "No basta con decir que la obra de Sor Juana es un producto de la historia; hay que añadir que la historia también es un producto de esa obra"(Não basta dizer que a obra de Sor Juana é um produto da história; deve-se acrescentar que a história também é um produto desta obra) (SJ, p.15), o que, de alguma maneira, equivaleria a dizer que a história do México atual é também um produto da obra de Octavio Paz. O prólogo de seu livro sobre Sor Juana termina anunciando que se trata de um ensaio de restituição, ensaio de restituição de um mundo, que como o do *El mono gramático*, somente pode ser feito com as palavras de um poeta, neste caso, com as de Paz:

> ...la comprensión de la obra de Sor Juana incluye necesariamente la de su vida y la de su mundo. En este sentido mi ensayo es un intento de restitución; pretendo restituir a su mundo, la Nueva España del siglo XVII, la vida y la obra de Sor Juana. A su vez, la vida y la obra de Sor Juana nos restituye a nosostros, sus lectores del siglo XX, la sociedad de la Nueva España en el siglo XVII. Restitución: Sor Juana en su mundo y nosotros en su mundo. Ensayo: esta restitución es histórica, relativa, parcial. Un mexicano del siglo XX lee la obra de una monja de la Nueva España del siglo XVII. Podemos comenzar.[24]

Sigo puxando o fio e chego a uma conclusão mais ou menos aterradora de que, se volto a mover o jogo pronominal que Paz organiza em seus textos, se o "nós" se converte em "eu" e se Sor Juana representou uma mentalidade, a do crioulo novo-hispânico, orgulhoso de uma identidade em formação que explicava um país maravilhoso, com uma natureza exuberante, definitivamente superior em riqueza e beleza a qualquer outra, uma natureza privilegiada pelo sol e até pela Virgem de Guadalupe, e se Paz é representante de um país onde tanto o estado como a natureza se foram degradando de maneira dramática, poderia afirmar-se então, que o poeta, considerado por muita gente como a figura do patriarca intelectual, uma espécie de "Sócrates mexicano", pudesse também assumir a figura de Huitzilopochtli, o deus alimentado com sangue e corpos humanos, graças ao qual o mundo pré-hispânico se mantinha vivo? Prosseguindo com a analogia, a morte de Paz se tinge de cores apocalípticas, pois em México as coisas se pulverizam, o estado se esvazia e a natureza se torna adversa; não acabamos de suportar uma terrível seca que calcinou e deixou famélica a montanha, como dizia o próprio poeta em *El mono gramático*? Não nos cega a luz contaminada de nossa cidade abandonada pela água, humilhada pelo calor, nosso Distrito Federal, alguma vez Tenochitlán e agora a cidade menos transparente de ar? Mas temo cair num Apocalipse de ocasião, como de alguma forma também lhe sucedeu a Paz, quando iniciou seu longo caminho em direção à morte com o incêndio de sua casa e a desaparição de muitos de seus livros e objetos mais queridos, e que morreu deixando-nos no desamparo, no caos, no incêndio dos céus e dos bosques. Queria sua morte anunciar o fim de um século e o começo de outro novo, como acreditavam os aztecas? Existe, na verdade, entre Sor Juana e seu *Primer Sueño* e Gorostiza e *Muerte sin fin*, um vazio de duzentos anos como queria Lezama Lima? E entre Paz e este novo vazio, quantos anos?

Creio que as correspondências ou analogias me levaram demasiado longe. No entanto, e para insistir neste tom apocalíptico, termino meu texto com um fragmento de *El mono gramático*:

> *Manchas: malezas: borrones. Tachaduras. Preso entre las líneas, las lianas de las letras. Ahogado por los trazos, los lazos de las vocales. Mordido, picoteado por las pinzas, los garfios de las consonantes. Maleza de signos: negación de los signos. Gesticulación estúpida, grotesca ceremonia. Plétora termina en extinción: los signos se comen a los signos. Maleza se convierte en desierto, algarabía en silencio: arenales de letras. Alfabetos podridos, escrituras quemadas, detritos verbales. Cenizas...*[25]

Notas

[1] LE BOT, Yvon, *Subcomandante Marcos, el sueño zapatista*, México, Plaza Janés, 1997, p.33.

[2] DE LA CRUZ, Sor Juana Inés, *Obras completas, respuesta a Sor Filotea*, México, FCE, 2ª. reimp., 1976, vol. IV (prólogo y notas de Alberto G. Salceda, p.441).

[3] LE BOT, op. cit., p.193.

[4] EZLN, *Documentos y comunicados*, 1º. de enero/ 8 de agosto de 1994, México, Era, 1994 (prólogo de Antonio Garcia de León, crônicas de Elena Poniatowska y Carlos Monsiváis; volumen 2, 15 de agosto de 1994/ 29 de septiembre de 1995, México, 1995; volumen 3, 2 de enero de 1995/ 24 de enero de 1997, México, 1997; los volúmenes 2 y 3 con prólogo de Antonio García de León, crónicas de Carlos Monsiváis y los tres volúmenes con ilustraciones de El Fisgón y Magú).

[5] BARTHES, Roland, *Ensayos críticos*, Barcelona: Seix Barral, 1967, pp.162-163.

[6] EZLN, *Documentos*, vol. 1, p.33; salvo aclaração, todas as cursivas são minhas.

[7] Ibidem, p.49.

[8] LE BOT, op. cit., pp.73-73.

[9] Ibidem, pp.348-9.

[10] PAZ, Octavio, *El laberinto de la soledad*, México FCE, 4ª. ed., 1967, p.26.

[11] Ibidem, p.34.

[12] Ibidem, p.33.

[13] Ibidem, p.39.

[14] Rosario Castellanos, *Balún Canán*, México, FCE, 1983, p.268. Cf. Margo Glantz, "Las hijas de la Malinche", en Glantz, ed. *La Malinche, sus padres y sus hijos*, UNAM, 1994.

[15] PAZ, Octavio, *El laberinto de la soledad*, p.37.

[16] Nota de Hugo Morales Galván, *La crónica*, 23 de julio de 1998.

[17] PAZ, Octavio, *El mono gramático*, Barcelona, Seix Barral, 1974.

[18] PAZ, Octavio, *Sor Juana, las trampas de la fe*, 3ª. reimp., México, FCE, 1990.

[19] Ibidem, p.12.

[20] PAZ, Octavio, *O mono gramático*, p.20.

[21] SERRANO, Pedro, "La torre y el caracol", en *Fractal*, nº 6, otoño, 1997. Cf. también su tesis inédita sobre T. S. Eliot y Octavio Paz.

[22] PAZ, Octavio, *Sor Juana, las trampas de la fe*, pp.220-221.

[23] FRACTAL, p.120.

[24] PAZ, Octavio, *Sor Juana, las trampas de la fe*, p.18.

[25] PAZ, Octavio, *O mono gramático*, p.39

Paz, Aleixandre e o espaço poético*

*Julio Ortega***

Em *La destrucción o el amor* (1935), de Vicente Aleixandre, o texto
poético constrói um espaço próprio e auto-suficiente a partir de uma prática que podemos chamar gerativa: os enunciados se sucedem sem postu-
lar um discurso lógico (ou seja, transgredindo a língua natural); e, ao
mesmo tempo, esses enunciados se organizam fraturando a representação (ou seja, questionando a base referencial da língua). Portanto, essa
escritura se produz como descontinuidade: os enunciados são variantes
que brotam de uma percepção dinâmica, a qual se expande, ocupando
um espaço inédito. Daí a articulação dos enunciados sustentar-se em uma
mesma origem: no ato da enunciação, na atividade gerativa que os dina-
miza. O texto será, por isso, o lugar de uma origem sem termo, onde a
linguagem reconhece sua liberdade e também seu drama.[1]

Espaço textual de construção, o poema está feito da dinâmica de
contrapontos, expansiva, desiderativa e analógica, dos enunciados. Vicente
Aleixandre trabalha, assim, em uma situação textual dramatizada pelos
materiais polares que emergem e divergem no espaço ilimitado de uma
linguagem transgressora. Com efeito, esse espaço se nos aparece como
um contraponto de polarizações, tensões e disjunções. O enunciado não se
sustenta na imagem, mas dela parte para construir uma trama expansiva,
de atrações e fricções, não meramente visual. A sintaxe, ao invés de expressar uma lógica natural, tende a se projetar sobre esta: o enunciado é
sintaticamente lógico, ainda que não pretenda sê-lo em sua significação:
o sentido é aqui uma "revulsão" do sentido. Inclusive no nível lexical está
subvertido pela dinâmica gerativa do texto: este, com certeza, não é um
léxico tradicional, mas tampouco é um léxico consagrado pelas vanguardas de plantão; é, melhor dizendo, um léxico exasperado e orgânico, que
não rejeita o coloquialismo nem os termos discordantes, e que se recusa a
qualquer preciosismo ou purismo lírico. Assim, também o léxico tende a

---

* Este ensaio foi publicado, em espanhol, no livro: ORTEGA, Julio. *Arte de innovar*. México:
Coordinación de Difusión Cultural / Dirección de Literatura -UNAM / Ediciones
Equilibrista, 1994, p.199-203.
** Traduzido por Maria Esther Maciel.

projetar-se sobre seu sentido: tende a articular-se no espaço sintático maior do texto. As polarizações criam outra tensão: a suma disjuntiva dos enunciados é, com efeito, um discurso super-realista, mas que funciona, na verdade, como um expressionismo verbal.[2]

Deste modo, o texto é, em primeiro lugar, um espetáculo de seu próprio acontecimento: as fusões e dispersões de seus materiais ocorrem como um ato de agonia e celebração.

Aqui radica a origem deste discurso desassossegado: o espaço do texto equivale à liberação dos sentidos. Ou seja, o texto do corpo é o lugar referencial do espaço dramatizado do texto poético. Corpo e poema nutrem-se mutuamente na energia liberada por uma linguagem pré-idiomática, pré-lógica. Linguagem, portanto, impugnadora e também fundadora. São as relações tradicionais do texto e do corpo que são aí impugnadas. É um novo espaço de conversão que é inaugurado: o espaço dos sentidos que perseguem seu re-ordenamento da significação, sua reformulação do *logos* em *eros*.

Se o espaço textual desse livro fundador é, em conseqüência, original, supõe-se também que se configure como uma realização maior de nossa poesia, em coincidência reveladora com a liberação textual que Neruda, em *Residencia en la tierra*, e Vallejo, nos *Poemas humanos*, praticam nos mesmos anos. O fato de que esse espaço não seja derivativo das vanguardas, mas uma prova da específica aventura poética do idioma, anuncia também nossa fundamental diferença frente aos *ismos* da época: a necessidade, comum em Vallejo, Neruda y Aleixandre, de subverter a linguagem para refazer o sentido da origem. Último dia da linguagem e primeiro dia da consciência original.[3]

Pois bem, quando Octavio Paz publica seu primeiro grande livro, *La estación violenta* (1958), aquele espaço poético, textualmente constituído, já faz parte de nossa tradição moderna, que é de impugnação; e cujo radicalismo situou a percepção poética como centro de uma consciência originária e reformuladora. É sobre essa paisagem que a rica exploração de Paz irá exercer-se.[4]

Com efeito, Paz já não requer que se refaça o caminho da origem textual: seu drama textual não parte, como em Aleixandre, do questionamento do idealismo e da recuperação do corpo e sua plenitude sensorial. Tampouco requer que se refaça o caminho da percepção poética que Aleixandre teve que percorrer desarticulando a lógica natural da linguagem para que o texto dissesse mais que a fala. Igualmente, a nossa poesia moderna restaurou (desde Vallejo) a materialidade substantiva da experiência. Mais que isso, é agora a dispersão do sentido o que informa o drama da certeza no poema.[5]

O dilema do texto, a percepção poética, a reconstrução do sentido são, em *La estación violenta*, outra aventura. Em primeiro lugar, o texto se projeta como um "himno entre ruinas": a história irrompe no texto como a nova origem da desarticulação. A história moderna é o âmbito ruinoso: a dispersão do sentido na errância da mudança. O texto dramatiza, por isso, seu encontro com essa história dissolutiva: o hino se levanta como a forma da consciência desligada, com sua agonia e sua solidão. Desse modo, o texto equivale agora à consciência: nesta analogia, a fé poética e a ironia crítica são a nova tensão interna do discurso poético.

Entretanto, o texto da consciência não é uma resposta por si mesma: o poeta sabe que o reconhecimento da crise moderna é apenas o ponto de partida. Por isso, a consciência é, primeiro, consciência do próprio poema: o texto busca desdobrar-se como um texto total, onde a linguagem flua e circule em um universo análogo ao mundo natural e ao mundo histórico; e é desse modo que o espaço do texto é aí o lugar do mito. O drama do texto não mais está em sua construção disjuntiva mas, sim, em uma aventura mais radical e unânime: que possa acontecer como uma supra-consciência. Isto é, em lugar dos repertórios do conhecimento, das lições da experiência e dos trabalhos da expressão, o texto quer intentar agora ser nada menos que um pensamento próprio sobre o mundo.[6]

O espaço do texto, por isso mesmo, será o lugar da combinação sem trégua e da conjunção sem fim: o lugar analógico por excelência. Espaço, assim, interior à linguagem: as palavras, as figuras, o discurso dizem o que dizem, mas pensam em um código de todo independente; possuem a lógica da língua natural, porém se projetam em outra ordem da linguagem: no mito de sua totalidade como equivalência reveladora do mundo. E lugar também exterior à linguagem: o texto é um objeto anômalo entre os objetos culturais, porque assume o papel insólito de pensá-lo todo de novo. Objeto, assim, contrário à errância dissolutiva do historicismo alienado; mas também objeto histórico, porque se rebela ante a condição do sentido na modernidade.

A partir do poema, o sentido torna-se um ato subversivo: toda certeza é uma denúncia; toda interrogação, um reclame. A poesia abre o caminho da contradição: longe do objeto poético isolado e voltado para si mesmo, esse texto discordante e atual não deixa de exercer sua dissidência.

Daí o comovedor arrebatamento inquisitivo que atravessa esses poemas memoráveis. Certeza e perigo se tramam no rito circular de uma indagação apaixonada e crítica. O espaço do poema é maior que a percepção do falante, supõe o próprio *corpus* da linguagem e expande-se como uma revelação indócil da dispersão, na certeza unitária que demanda. Em um mundo desarticulado, em um tempo relativizador, em um pensamento sem centro, a linguagem poética propõe-se a construir outra vez a rota do sentido, sua origem e sua liberação. A poesia aparece assim como a última aventura do sentido. Por isso se desdobra ritualmente no espaço mítico de seu texto analógico, buscando um tempo perpétuo e uma linguagem total, capaz de sustentar o texto do mundo no texto do poema a partir de um diálogo assim mesmo integrador.[7]

Crítica e comunhão, ironia e analogia tramam-se, desse modo, no texto das articulações, que é, entretanto, o discurso de uma busca intransigente através do ritual e da celebração. Em um tempo em ruínas acontece o tempo cerimonial do poema como ato propiciatório. É por isso que o drama do texto está em sua projeção: na circularidade do mito do poema como supra-consciência. O texto é a aliança superior. O centro, onde têm lugar o desamparo e a promessa que ilustram as provas da certeza.[8]

Assim, de Aleixandre a Paz, o espaço poético não fez senão dar conta do destino moderno de nossa poesia: propor para o sentido uma cerimônia alternativa a suas apropriações e dissoluções.

Notas

[1] A crítica tem procurado estabelecer na obra de Aleixandre um processo de "depuração": do super-realismo franco dos primeiros livros à concreção temática e linguagem lógica posteriores. É certo que essa obra reconhece uma evolução do discurso poético, mas não deduz uma hierarquização valorativa em detrimento da fratura verbal. Crer que a obra avança em direção à sua própria claridade é um erro de perspectiva. Sobre o caráter super-realista deste livro, consulte-se: PUCCINI, Darío. *La parola poetica di Vicente Aleixandre*. Roma: Bulzoni Editore. 1977, pp.57-84; e BODINI, Vittorio. *I poeti surrealiste spagnoli*. Torino: Einaudi, 1963. Carlos Bousoño estudou extensivamente os mecanismos estilísticos deste poeta em seu livro *La poesía de Vicente Aleixandre* (Madrid: Gredos, 1968), e é particularmente de interesse sua análise de "La estructura interna de la imagen" (c.XIV e XV). Sobre o drama da elaboração do texto, ver Luis Felipe Vivanco: "El espesor del mundo en la poesía de V.A.", em seu *Introducción a la poesía española contemporánea* (tomo 1, Madrid: Guadarrama, 1971, 317).

[2] Vicente Aleixandre referiu-se posteriormente a esse livro nos seguintes termos: "A visão do mundo do poeta alcança uma primeira plenitude com esta obra, concebida a partir do pensamento central da unidade amorosa do universo" (*Mis mejores poemas*, Madrid: Gredos, 1956, p.57). Também a propósito do poema "A ti viva", incluído nesse libro, disse que

"força erótica universal, assumidora do mundo, desprendeu-se unificando os amantes com a natureza circundante" (*Obra completa*, Madrid: Aguilar, 1968, pp.1562-1566).

[3] Apesar da numerosa crítica sobre a obra de Aleixandre, ainda nos falta um estudo detido deste livro central. Boa parte dessa crítica já estabeleceu a situação histórico-literária do autor e avançou especialmente em sua descrição temática e estilística.

[4] Sobre o trânsito do primeiro Paz ao de "Himno entre ruinas"(1948), escreveu Juan García Ponce: "O poder da poesia para invocar a realidade lhe permite agora, em vez de se perder nela, obrigá-la a levar o criador até as origens" ("La poesía de Octavio Paz", em FLORES, Ángel (ed.). *Aproximaciones a Octavio Paz*. México: Mortiz, 1974, p.21). Sobre *La estación violenta*, conferir XIRAU, Ramón. *Octavio Paz: el sentido de la palabra*. México: Mortiz, 1970, c.II); assim mesmo os ensaios de Xirau, John M. Fein e José Emilio Pacheco no tomo citado de Flores, onde Jean Franco escreve sobre "El espacio" (pp.74-87). Uma excelente análise deste livro no conjunto da obra é o de Guillermo Sucre, em seu *La máscara, la transparencia* (Caracas, Monte Ávila, 1975).

[5] Um bom resumo das relações de Paz com o surrealismo é o de Jason Wilson: "Octavio Paz y el surrealismo: actitud contra actividad", em ORTEGA, J. (ed.). *Convergencias/divergencias/ incidencias* (Barcelona: Tusquets, 1973, pp.229-246). Conferir também KING, Lloyd. "Surrealism and the sacred in the aesthetic credo of Octavio Paz", *Hispanic Review*, jul 1969, pp.383-393.

[6] A consciência poética é também um signo do próprio texto, e acontece como seu desdo-bramento: "Se despeñan las últimas imágenes y el río negro anega la conciencia"("Mutra"); "Y mi pensamiento que galopa y galopa y no avanza, también cae y se levanta/ y vuelve a despeñarse en las aguas estancadas del lenguaje"("¿No hay saida?"); "Yo estoy de pie, quieto en el centro del círculo que hago al ir cayendo desde mis pensamientos"("¿No hay saida?"). Por isso mesmo o sujeito poético é também outro signo desta produtividade do texto desdobrando sua circularidade; porém ela não atua como o eixo do texto, mas, por assim dizer, o pensamento que o poema constrói descobre também o eu poético e o projeta em seu movimento reordenador. *La estación violenta* foi publicada no México pelo Fondo de Cultura Económica em 1958; "Himno entre ruinas" havia sido incluído antes como o últi-mo poema da primeira compilação de *Libertad bajo palabra* (1949); "Piedra de sol" havia aparecido em forma de livro e em edição limitada em 1957; o conjunto foi logo incluído como a última seção de *Libertad bajo palabra* (México: Fondo de Cultura, 1960).

[7] Este diálogo, com efeito, parte do desamparo do dizer, que é seu início: interrogar, duvi-dar, questionar, deslocar o des-conhecimento da percepção poética até a supra-consciência do poema. Daí que a percepção ceda seu lugar aos nomes elementares, que o texto começa a mobilizar e combinar em sua dinâmica analógica, em seu movimento à origem (retorno) e seu espaço totalizado (revelação). A partir do rito da purificação do não-dizer ganha-se, assim, o centro de uma energia unânime:

No,
no tengo nada que decir, nadie tiene nada que decir,
nada ni nadie excepto la sangre,
nada sino este ir y venir de la sangre, este escribir sobre
lo escrito y repetir la misma palabra en mitad del
poema,
sílabas de tiempo, letras rotas, gotas de tinta,
sangre que va y viene y no dice nada y me lleva consigo

(El río)

[8] "Piedra de sol", um dos mais altos momentos de nossa poesia, requer ainda uma análise detalhada. O próprio Paz assinalou alguns dos círculos analógicos do poema: "El poema está compuesto por quinientos ochenta y cuatro endecasílabos. Tal cifra no se debe al azar: corresponde al número de días de la revolución sinódica del planeta Vênus. Piedra de sol es

el nombre que se da en México al calendario azteca. Mi poema trata de ser una especie de calendario, no constituido por jeroglíficos grabados en piedra, como entre los indios, sino por palabras e imágenes. Refleja tres preocupaciones. La primera, inmediata, está tomada de mi vida personal; la segunda, más amplia, está ligada a las experiencias de mi generación; en cuanto a la tercera busca expresar una visión del tiempo y de la vida" (en *La Gaceta*, México, n. 55, 1959). Na primeira edição do poema Paz incluiu um comentário mais detalhado sobre suas correlações míticas (J. E. Pacheco o reproduz em seu artigo sobre "Piedra del sol", A. Flores, *Op.cit.*, p.173). Certamente, o outro horizonte análogo do poema é sua própria natureza textual: sua reprodução circular, sua indagação totalizadora, sua conversão em um espaço mítico de mediação e conjunção. O texto é também esse "tiempo total donde no pasa nada / sino su próprio transcurrir dichoso". Ou seja: duração, reconciliação, prazer.

Algumas afinidades entre
Octavio Paz e Walter Benjamin

Georg Otte

1

As afinidades entre Octavio Paz e Walter Benjamin, que neste artigo apenas serão sublinhadas, são múltiplas e parecem revelar uma postura comum que se reflete nos mais variados contextos.[1] Cabe lembrar que, para os nossos dois autores, a solidão era uma experiência pessoal — não pela falta de contatos pessoais, mas pela dificuldade que tiveram em lidar com o pensamento predominante que, pelo menos nos anos 30 e 40, era fortemente marcado pelo estalinismo.

No que se refere a Benjamin, a tentativa de passar seus trabalhos pelo crivo marxista encontrou a resistência de seus dois melhores amigos: enquanto Adorno justifica sua recusa de publicar o trabalho sobre Baudelaire, chamando-o, praticamente, de mau marxista,[2] Scholem põe o dedo na ferida: "O que mais o compromete é o desejo de fazer parte de uma comunidade [...], muito mais que o horror da solidão que se expressa em diversos textos seus [...]"[3] Críticas diretas ao marxismo, algumas delas de caráter fundamental, encontram-se apenas em textos não-publicados em vida, como na chamada *Obra das Passagens (Das Passagen-Werk)* ou nas variantes de *Sobre o conceito de história*.

Paz, por sua vez, não fugiu do "horror da solidão", nem se importou com a proscrição que sofreu por parte da esquerda e dos meios oficiais. Enfrentando "uma dupla oposição e desconfiança",[4] ele se afirmou em sua posição solitária e corajosa, criticando, ao mesmo tempo, a "docilidad" daqueles intelectuais mexicanos que, para "romper su soledad",[5] preferiram aderir ao comunismo oficial da época, ou seja, ao estalinismo. Mau marxista ou não-marxista, tanto Benjamin quanto Paz destacaram-se por uma postura quase anárquica também em relação aos movimentos de oposição, por desconfiar da precipitação com que esses movimentos enquadram realidades particulares em teorias universais.

O gosto pelo particular e o gosto de ser particular, que unem os dois autores, aparecem logo no primeiro capítulo de *El labirinto de la soledad*, que trata dos *pachucos*: esses mexicanos que, emigrados para os Estados Unidos,

> *se singularizam tanto por su vestimenta como por su conducta y su lenguaje. Rebeldes instintivos, contra ellos se ha cebado más de una vez el racismo norteamericano. Pero los "pachucos" no reivindican su raza ni la nacionalidad de sus antepasados. A pesar de que su actitud revela una obstinada y casi fanática voluntad de ser, esa voluntad no afirma nada concreto sino la decisión—ambigua, como se verá—de no ser como los otros que los rodean [...] Queramos o no, estos seres son mexicanos, uno de los extremos a que puede llegar el mexicano.*[6]

O *pachuco* é um mexicano representativo por ser um extremo que se "singulariza" em seu ambiente. Ele é o "singular-extremo"[7] que Benjamin apresenta, em seu "Prefácio epistemológico" de *A origem do drama barroco alemão*, como decisivo para o conhecimento em geral. Relacionar o comportamento dos mexicanos que vivem nos Estados Unidos e o drama barroco alemão seria mais que forçado se, nos dois casos, não se tratasse apenas de temáticas de primeiro plano. Na verdade, trata-se antes de dois exemplos que servem para ilustrar um 'extremismo' que perpassa a obra de ambos os autores. Não se trata de uma coincidência terminológica, pois, por trás do *topos* benjaminiano do "singular-extremo", há uma determinação muito clara em não aceitar o procedimento das ciências, isto é, de nivelar o particular em favor de um conceito abrangente. Ao invés de descartar o extremo como exceção à regra, ele passa a ser a baliza que orienta a compreensão de um todo. Se a apoteose barroca "se consuma no movimento entre os extremos",[8] o *pachuco* é, no mínimo, neo-barroco.

2

El labirinto de la soledad é o particular levado ao extremo; a particularização da sociedade em setores que não comunicam entre si e em indivíduos que não podem se "abrir"[9] não faz parte de uma teoria que facilita a compreensão da sociedade mexicana, mas é apenas uma simples constatação de uma situação histórica e social. A solidão é um fato histórico na medida em que faz parte de uma evolução iniciada pela própria colonização. A chegada dos espanhóis, que significou a destruição das estruturas comunitárias até então existentes, seria o primeiro passo de um processo que acaba com o isolamento absoluto do homem do século XX. Se o catolicismo, enquanto comunidade religiosa, ainda oferecia um sistema de referências no qual o mexicano, através de um sincretismo próprio, podia se sentir "em casa", a Reforma de 1857, marcada por uma influência fortemente positivista e laica, e a subseqüente ditadura de Porfírio Díaz privaram a população de qualquer refúgio espiritual.

No entanto, a solidão também é um fato histórico no sentido de o indivíduo conviver ou não com seu passado. A Reforma, além de impor uma ideologia européia que pouco tinha a ver com a realidade pré-industrial mexicana, aboliu os *calpulli*, as comunidades rurais que eram protegidas durante a época colonial. Viver nessas comunidades era, ao mesmo tempo, viver em comunhão com o passado pré-hispânico, ou seja, cultivar uma tradição. Se a Igreja Católica ainda permitia conservar, de alguma forma, as religiões autóctones, a mentalidade positivista do final do século XIX não deixou mais nenhuma brecha para que se mantivessem intatos os vínculos com o passado. Quando estourou a Revolução de 1910, o povo mexicano não tinha mais nada a perder, pois, para ele, tudo já estava perdido, principalmente a identidade cultural.

A Revolução mexicana foi muito criticada, do ponto de vista ético, como matança generalizada (morreram mais ou menos 1 milhão de pessoas) e também, do ponto de vista político, por ter dado início a um regime de partido único, o PRI, cujo nome — Partido Revolucionário Institucionalizado — já é uma contradição em si. No romance *La región más transparente* (1958), Carlos Fuentes procura e o leitor encontra todas as críticas possíveis aos acontecimentos ligados à Revolução. Evidentemente, essas críticas partem das classes mais altas que se distinguem inclusive pelo seu estilo francês. Uma vez que a hostilidade à Revolução e a alienação dessas classes do próprio país são interligadas, não é mais difícil deduzir qual é a conjuntura oposta. Trata-se de uma fração de intelectuais que, ao contrário dos intelectuais imitadores do existencialismo francês, reconsideram as críticas sumárias à Revolução para nela detectar elementos positivos e construtivos.

Certamente são esses os intelectuais que liam *El labirinto de la soledad* "em voz alta", pois encontraram nesse livro o apoio para sua reavaliação da Revolução, que passa a ser considerada como acontecimento decisivo na busca da identidade mexicana. Num país dominado por estruturas e mentalidades coloniais, qualquer movimento contrário ao poder imposto tem um caráter libertador, mesmo quando leva, como de fato ocorreu, a uma desorientação generalizada dos combatentes. Essa desorientação nada mais era do que a manifestação de uma solidão já existente; o principal era ficar livre de qualquer imposição, mesmo não sabendo o que fazer com essa liberdade. É nesse sentido que Paz atribui à Revolução "un carácter al mismo tiempo desesperado y redentor".[10]

Chamando a Revolución mexicana de "explosión de la realidad"[11] e de "verdadeira revelación de nuestro ser",[12] Paz deixa claro que a Revolución Mexicana não obedeceu a um programa político como a Revolução Francesa (que, aliás, acabou não cumprindo seu programa), mas representa uma insurreição da própria "realidade". Segundo Paz, é "esta ausencia de programa previo [que] le otorga originalidad e autenticidad populares".[13] Qualquer ação contra uma ideologia alheia como o Positivismo significa, por uma questão de lógica, uma passo rumo à autenticidade e à "revelação do ser", pois é destruindo a super-estrutura, para usar a terminologia marxista, que se chega à base.

Falar da "realidade" e do "verdadeiro ser" é, como já foi exposto, um empreendimento no mínimo delicado. Quando Paz fala, ainda, da "autenticidad popular", ele até se aproxima um pouco do chavão populista segundo o qual o "povo" seria o guardião da autenticidade, ao passo que os poderosos, por estarem no poder, seriam fatalmente corrompidos e alienados por ele. Por outro lado, Paz não tem a pretensão de fornecer uma definição desse ser, mas apenas o usa como categoria negativa que desmente imposições inadequadas. O "ser mexicano", apesar de inarticulável, é uma força que se opõe à sua violação por uma ideologia alheia.

3

"A consciência de fazer explodir o *continuum* da história é própria às classes revolucionárias no momento da ação." Esta frase inicial da 15ª tese de Walter Benjamin em "Sobre o conceito de História" poderia ser inserida no texto de Paz sem maiores problemas, eliminando-se apenas o tom marxizante que Benjamin adotou nos seus últimos escritos. Como Paz, Benjamin se caracteriza por algo que poderia se chamar 'nostalgia do ser', que, talvez, se devesse a uma espécie de cansaço com relação à tentativa de dominar a realidade através dos meios do conhecimento e sua fixação em forma de teorias e ideologias. As teses de "Sobre o conceito de História" talvez sejam a melhor ilustração desse cansaço, pois nelas Benjamin não diferencia entre a História enquanto objeto de estudo e o conhecimento da História enquanto projeção de um sujeito 'conhecedor'. O sujeito está imerso nessa História, o sujeito é objeto, um ser que não se eleva sobre sua história, mas que se integra nela.

Parece haver uma ligação entre o posicionamento que se adota diante do pensamento teórico e a preferência ou pelo passado ou pelo futuro. Em outras palavras: o conhecimento teórico, por mais que se alimente das "lições" do passado, é muito mais voltado para o futuro. Uma vez que o passado e o presente são marcados pela miséria e pela injustiça, a solução só pode estar numa projeção — teoricamente bem elaborada — de um 'futuro melhor'. É o caso do próprio marxismo que nunca cansou de se autodenominar "científico" e que sempre se sustentou pela projeção de uma sociedade sem classes.

O cansaço teórico é, ao mesmo tempo, cansaço das utopias, que, por natureza, se localizam no futuro. Tanto Paz quanto Benjamin rejeitam essa 'fuga para frente' e querem "redimir" — ambos fazem uso desse termo teológico — o presente, fazendo "explodir o *continuum*". O ato libertador *do* presente acontece *no* presente, e não é protelado para um futuro que, cada vez que não cumpre suas promessas, precisa ser adiado.[14] A "redenção" do presente não significa apenas libertá-lo do peso do passado, mas também de sua subordinação a um 'futuro melhor'. O presente deixa de ser apenas um ponto intermediário e fugaz entre o não-mais e o ainda-não, passando a representar, para Benjamin, uma chance única de reencontrar um passado tido como perdido. A continuidade do passado recente precisa ser "explodida", pois não apenas pesa sobre o presente, como também barra o acesso à totalidade da história anterior.

Seria fácil expandir os paralelos entre Paz e Benjamin no que diz respeito à questão da história e descobrir em muitos tópicos das *Teses* benjaminianas uma correspondência no pensamento de Paz. No entanto, um tal procedimento, além de correr o risco de usar as idéias de Benjamin sobre a história como aplicativo para as idéias de Paz sobre a situação mexicana, seria inadequado para ambos os autores. De alguma forma, os dois rejeitam a imposição de um pensamento sistematizado a uma situação concreta, principalmente quando se trata de um pensamento 'fora do lugar' (o Positivismo é uma ideologia 'importada' da Europa) e 'fora do tempo' (a introdução do Liberalismo na América Latina no século XIX é um anacronismo, pois não pode se apoiar num fundamento social adequado).

Quando Paz destaca a "ausencia de programa previo" para a Revolução Mexicana quase que como prova de sua "autenticidad", ele, mais uma vez, evidencia suas afinidades com Benjamin, pois a "explosão do *continuum*" nada mais é que a 'defesa do presente', a defesa da contingência que não seja mais escrava do passado — e nem do futuro. Pois é da natureza de qualquer programa ser *anterior* ao fato ao qual é aplicado e visar a enquadrar esse fato na visão de um estado *posterior*. Qualquer conhecimento teórico vem do passado e vai para o futuro (quando a teoria se transforma em programa), de modo que procurar o conhecimento do presente, a rigor, é uma ilusão. O presente sempre é outro.

A Revolução livrou o México da continuidade da ditadura política de Porfirio Díaz e da ditadura filosófica do Positivismo, mas não da história. Como Benjamin, Paz deixa claro que a função da "explosão" da linha do tempo não é ficar livre do passado, porém, muito pelo contrário, conseguir acesso ao passado como um todo. Um dos alvos da crítica benjaminiana é a visão linear da história, segundo a qual a história nada mais seria do que uma seqüência de fatos, segundo a qual cada fato novo extinguiria o anterior. Benjamin opõe a esta perspectiva historicista (que, aliás, pode ser chamada de positivista, pois só procura ver o fato puro, positivo), que limita a história a um processo de sucessão e de substituição, a idéia da "presença do passado no presente".[15]

O passado, para Benjamin, não passou. Em analogia com o pensamento de Freud, Benjamin parece partir de uma espécie de inconsciente histórico (e também coletivo)[16] que resistiria, subliminarmente, ao passar do tempo.[17] E, como em Freud, haveria todo um processo de recalque do verdadeiro 'ser' da história ou ainda um processo de deformação desse ser quando levado para a superfície do conhecimento. Essa deformação resultaria da imposição de um determinado modelo epistemológico como a representação do tempo enquanto cadeia linear de causa e efeito. É contra os estragos causados pela nossa consciência que o anjo da história da 9ª tese procura lutar: "Onde nós vemos uma cadeia de acontecimentos, ele vê uma catástrofe única, que acumula incansavelmente ruína sobre ruína e as dispersa a nossos pés."[18]

Contrariando a opinião vigente da época, Paz não considera a Revolução mexicana como "catástrofe única", porém como "verdadeira revelación de nuestro ser". Da mesma maneira que o inconsciente da teoria freudiana se manifesta através de algum tipo de desordem na organização consciente do indivíduo, a Revolução, enquanto manifestação do "inconsciente coletivo", acaba com a ordem social imposta. Falta apenas reverter os conceitos de valor e enxergar que a "catástrofe" não é o caos inicial da Revolução (comparável ao caos inicial que o processo terapêutico provoca no indivíduo), mas a violação da história em nome da ordem e do progresso. A adoção de um sistema político inadequado é como uma negação da realidade histórica; a negação dessa negação através de uma revolução pode não gerar, automaticamente, a construção de um sistema mais adequado, mas abrir um caminho até então fechado.

Paradoxalmente, essa abertura, por mais que ela seja importante para o futuro, leva ao passado, isto é, possibilita uma reconciliação do presente com o passado (remoto). Embora o "Plano de Ayala" de 1911, o manifesto revolucionário de Zapata, estabeleça algumas metas políticas para o futuro, ele é, também, uma "citação" no melhor sentido benjaminiano: além de "hacer saltar las formas económicas y políticas que nos oprimían",[19] procura restaurar as formas indígenas de agricultura e seu caráter coletivo. Paz não escapa de um certo tom nostálgico quando mistifica o Plano de Ayala como volta à "edad de oro".[20] Mas, uma vez que a coletivização da propriedade rural é um dos anseios dos partidos progressistas, essa volta ao passado acaba sendo um avanço, o regresso um progresso.

Para Benjamin, não há nenhuma perspectiva de se voltar a uma "idade de ouro". Contudo, ele compartilha com Paz a convicção de que o passado não se perdeu, mas continua presente nas ruínas da história[21] ou, para usar a imagem preferida por Paz, de baixo das pirâmides aztecas que sempre recobrem outros santuários.[22] Tanto Benjamin quanto Paz divergem das ortodoxias progressistas, sobretudo marxistas, quando se trata de "redimir" a humanidade de seus pesadelos históricos: a solução não está no futuro, nem numa utópica sociedade sem classes, mas no resgate do passado.

Notas

[1] Maria Esther Maciel chamou a atenção para o fato de os dois autores terem se ocupado com questões em torno da analogia, correspondência (cf. MACIEL, 1995. p.96ss.), semelhança (cf. o ensaio — não traduzido — "A doutrina do semelhante", de Benjamin) etc. A própria palavra "afinidade" ganha dignidade terminológica em Benjamin no seu ensaio sobre as *Afinidades eletivas* de Goethe.

[2] BENJAMIN, Walter, 1978, p.787: "O efeito causado por todo o trabalho ["A Paris do Segundo Império em Baudelaire";...] é que o Sr. se violentou [...] para pagar ao marxismo tributos que não fazem jus a ele, nem ao Sr."

[3] BENJAMIN, Walter, op. cit., p.533.

[4] BERTUSSI, Guadelupe. "Autor era 'liberal conservador'". *Folha de São Paulo*, cad. "ilustrada", 04/05/98, p.6.

[5] PAZ, 1997, p.172.

[6] Ibidem, p.16.

[7] BENJAMIN, Walter, "Ursprung des deutschen Trauerspiels". *Gesammelte Schriften*, Vol. I. Frankfurt/M.: Suhrkamp, 1990, p.203-430. (em al.: "das Einmalig-Extreme")

[8] BENJAMIN, Walter, *Origem do drama barroco alemão*. Tradução, apresentação e notas: Sérgio Paulo Rouanet. São Paulo: Brasiliense, 1984, p.182.

[9] Cf. o capítulo "Los hijos de la Malinche"

[10] PAZ, 1997, p.160.

[11] Ibidem, p.153.

[12] Ibidem, p.148.

[13] Idem.

[14] As afinidades de Benjamin com o anarquismo não se limitam à reminiscência da 'bomba' anarquista, mas tem suas raízes no próprio judaísmo, como mostra LÖWY (1983). No entanto, como Benjamin afirma na 1ª Tese, a teologia, "hoje, [...] é pequena e feia e não ousa mostrar-se."

[15] GAGNEBIN, 1985, p.15.

[16] Na carta do 02/08/35, Adorno critica Benjamin pela sua proximidade com C.G. Jung; cf. BENJAMIN, 1978, p.674-675.

[17] Em sua entrevista de novembro de 1975, concedida a Claude Fell, Paz também menciona Freud quando fala da mesma idéia: "Una de las ideas ejes del libro [*El labirinto de la soledad*] es que hay un México enterrado pero vivo. Mejor dicho: hay en los mexicanos, hombres y mujeres, un universo de imágenes, deseos e impulsos sepultados. [...] El estudio de Freud sobre el monoteísmo judaico me impresionó mucho."; PAZ, 1997, p.325-326.

[18] BENJAMIN, 1985, p.226.

[19] PAZ, Octavio. *El laberinto de la soledad. Postdata. Vuelta a El laberinto de la soledad.* México, 1997, p.155.

[20] Ibidem. p.156.

[21] BENJAMIN, 1985, p.226.

[22] PAZ, 1997, p.102. A representação do tempo através de imagens *espaciais* como resultado de uma posição contrária aos conceitos lineares e progressistas seria mais um aspecto comum aos dois autores.

Tempo branco
Octavio Paz e Francisco de Quevedo

*Gonzalo Moisés Aguilar**

Uma sombra do futuro

Em 1996, Octavio Paz escreve o ensaio *Reflexos: réplicas (Diálogos con Francisco de Quevedo)*, no qual faz o relato de suas relações com um escritor que o acompanhou por toda a vida. Não se trata, porém, de um diálogo que se esgota em um aspecto fragmentário, visto que a figura total de Paz se define nesse reflexo e em sua réplica. Fim de um legado e de uma trajetória, *Reflexos: réplicas* inicia-se com a recuperação do ensaio fundacional "Poesia de soledad y poesía de comunión", onde, com o pretexto de uma homenagem a San Juan de la Cruz, Octavio Paz se ocupa — sobretudo — de Quevedo.[1] Nesse ensaio, San Juan é colocado — de um modo arbitrário e produtivo — na pré-história da modernidade, ao passo que Quevedo é lido como poeta moderno.[2] O contraste entre San Juan e Quevedo baseia-se na diferença entre comunhão e solidão: a dilacerada consciência de si, inerente a Quevedo, opõe-se à reconciliação que se produz em "la llama de la religiosidad personal". Também o efeito provocado por ambos no leitor difere: enquanto os poemas do místico não podem ser analisados e sua palavra não pode ser tocada ou profanada, por serem poemas perfeitos e plenos (uso palavras de Paz), os de Quevedo, ao contrário, exigem a crítica, a lucidez, a análise (eles próprios assumem uma atitude distanciada ante a linguagem). E embora se trate de fato menor, não deixa de ser curioso que os versos de San Juan não sejam citados e, sim, os de Quevedo, como se a completude do poeta místico e a precariedade quevediana fossem virtudes literais que se transferem ao corpo do poema.

Ao fazer de Quevedo o primeiro poeta moderno em língua castelhana, Octavio Paz faz uma leitura transversa e original da modernidade. O movimento permite que ele se situe no próprio seio da língua poética em castelhano, além de afrouxar a carga cronológica que pesava sobre a arte, pelo menos desde as vanguardas. Paz pode, assim, dizer que o poeta espanhol é "baudelairiano", em um gesto que Haroldo de Campos denominou

---

* Traduzido por Maria Esther Maciel.

de "leitura sincrônica-retrospectiva".[3] Ao atribuir-lhe o caráter de poeta mal-dito, que não teria destoado do século passado francês, Paz cria seu *próprio* poeta moderno: "en esta desolada conciencia de la separación reside la extraordinaria modernidad de Quevedo".[4] Atravessado por leituras contem-porâneas (Heidegger, o existencialismo, a poesia contemporânea), Paz proje-ta no outro um reflexo que é, mais do que uma réplica, uma construção.

A presença de Quevedo na obra de Paz manifesta-se em diversos níveis e não somente na escritura poética. Os poemas de Quevedo tocam uma fibra medular dos ensaios de Paz: seu brilho retórico, seu desdobra-mento de afirmações e de negações, de paradoxos e jogos conceituais, estão mais perto de Quevedo do que de qualquer outro ensaísta. Mesmo um certo saber que Paz deposita nas sentenças conclusivas e abertas ao mesmo tempo alimenta-se da escritura poética e emerge, aos poucos, em formato poético de hendecassílabos ou alexandrinos quase autônomos.[5] A afinidade de Paz com Quevedo se detecta, entre outros planos, no retórico (daí ele dizer que "Amor constante más allá de la muerte" é "admirable como una perfecta máquina retórica").[6]

O deslocamento de *um gênero a outro* faz do antepassado, ao desalojá-lo e deslocá-lo, um objeto passivo de violência: Borges, ao ler a metafísica como ramo da literatura fantástica; Augusto de Campos, quando se vale da música de Anton Webern para escrever poemas; Octavio Paz, fazendo de Quevedo poeta um ensaísta da modernidade. Os contemporâneos jo-gam, nesse plano, com a vantagem do tempo. Entretanto, a necessidade de converter os antepassados em objetos passivos demonstra a verdadei-ra força que estes contêm: eles (graças à força supra-histórica da escritura literária) são antecessores, chegaram antes e exercem uma fascinação que incita ao plágio ou ao epigonismo. "Instintivamente — confessa Paz — vi a Quevedo más como un antecedente que como un antepasado".[7] A escri-tura atual, para se constituir diferencialmente, tem que surgir no mesmo terreno dos antepassados, se quer deixar de ser a lamentação de um sujei-to retardatário que chegou muito depois.

No campo da poesia, o primeiro contato entre Octavio Paz e Quevedo deu-se, tal como consta em *Reflejos: réplicas*, nos *Sonetos quevedianos* de 1942 ("La caída", "Pequeño monumento"). Nesses poemas a influência é secreta e o precursor é apagado (neles não há nenhuma menção explícita a Quevedo, ainda que sua presença cresça à medida que se quer ocultar). Em 1960, há um retorno a Quevedo, mas Paz já conta com uma obra (desse ano é a primeira edição de *Libertad bajo palabra*) e um nome. O poema se intitula

"Homenajes y profanaciones" e começa reproduzindo integralmente o soneto "Amor constante más allá de la muerte", sob o nome de Francisco de Quevedo. Só a partir dessa sombra se inicia a (re)escritura. Já não tem que plagiar (esconder o nome da vítima), visto que pode nomeá-lo para exibir toda a diferença. Retorna ao iniciador para lhe devolver tudo o que foi aprendido (e, nesse gesto, destruí-lo ou desalojá-lo).

Como diria Hoelderlin, "no perigo está o que salva". O poeta se dispõe a profanar um texto, fazer um morto falar, esvaziar um sepulcro, mas o perigo maior não é outro senão o de profanar-se a si mesmo, anular-se na escritura do outro. Por isso Paz regressa quando tem um rosto próprio.

Mapas de Quevedo

É preciso ler Quevedo, é preciso *enfrentar* Quevedo: sua escritura já faz parte da língua (poética). Poderia se traçar um mapa com os diversos Quevedos que os escritores forjaram. De Pablo Neruda e César Vallejo a Jorge Luis Borges; de José Martí ("Quevedo ahondó tanto en lo que venía, que los que hoy vivimos con su lengua hablamos") a Octavio Paz; de José Lezama Lima a Guillermo Cabrera Infante. Como toda sombra que surge dentre os mortos, Quevedo convoca imediatamente o seu duplo invertido, Luis de Góngora, como se ambos não fossem simplesmente dois poetas, mas duas tendências antitéticas ou em confronto, de nossa linguagem poética. Assim, a aproximação de uma dessas duas tendências implica o distanciamento, a redução ou a recusa da outra. Em 1976, Octavio Paz afirma:

> *Hace mucho quería decirlo y* ahora *me atrevo: las* Soledades *es una pieza de marquetería sublime y vana. Es un poema sin acción y sin historia, plagado de amplificaciones y rodeos divagantes; las continuas digresiones son a veces mágicas, como pasearse por un jardín encantado, pero la repetición de maravillas termina por resultar tediosa.*[8]

Tão logo a sua posição no campo literário lhe permite, Paz transfigura Góngora em uma sombra enfadonha e Quevedo em um corpo apaixonado. Em um gesto inverso, Borges, em seu último livro de poemas de 1985 (*Los conjurados*), dedica um poema a "Góngora" e aguça seu distanciamento de Quevedo, que esteve tão presente em seus anos de formação:

> *Sí, yo creo que tenía una admiración excesiva por Quevedo [...] Actualmente mi admiración por Quevedo es muy limitada. Es curioso: en aquella época, yo*

creía que Lugones era superior a Darío, y que Quevedo era superior a Góngora.
Y ahora, Góngora y Darío me parecen muy superiores a Quevedo y Lugones.
Creo que tienen cierta inocencia, cierta espontaneidad, que no tuvieron los
otros –que tomaron todo demasiado en serio.[9]

Borges tinha visto em Quevedo um mestre das metáforas da língua e, se o antepôs a Gôngora, foi, dentre outras coisas, porque este remetia ao que, em inícios do século, se denominava "rubenismo". "La grandeza de Quevedo es verbal", escreveu no ensaio de *Otras inquisiciones*.

Muito diferente é o Quevedo de Neruda, exposto em um de seus poucos ensaios escritos: "Viaje al corazón de Quevedo".[10] Escrito durante a década de 40, nesse escrito Neruda enfoca duas questões: quais são os poetas da Guerra Civil Espanhola e qual é a relação entre a poesia e a metafísica (noção que havia readquirido uma grande força nesses anos). Em consonância com o que foi dito em "Los poetas celestes" (*Canto general*, V), Neruda recupera uma noção de metafísica que não exclui o biológico nem o sociopolítico: "Por eso para Quevedo la metafísica es inmensamente física [...] Por eso, en tanta región incierta, Quevedo me dio a mí una enseñanza clara y biológica".[11] Quevedo é a tradição espanhola que se rebela contra os horrores da guerra e seu vestígio pode ser encontrado nos grandes poetas que foram vítimas do franquismo: Antonio Machado, Miguel Hernández y García Lorca.[12] Se Paz o chama "baudelairiano" e Borges "intenso" e "inumerável", Neruda escreve: Quevedo, "o rebelde".

Diversas roupagens para uma poesia que, em sua indeterminação de sentido, supera o momento histórico de sua gênese e fala de situações e presentes diversos. Mas o fato de a poesia se aprofundar na indeterminação não significa que suporte qualquer leitura: as arbitrariedades de Paz, Neruda ou Borges têm como conseqüência ampliar Quevedo e não anulá-lo. Na atividade da leitura, somos testemunhas de um encontro, de um contato que transfigura todos seus participantes. O que se produz é a construção e o discernimento de uma subjetividade textual que, em Octavio Paz, se articula em torno do conceito de consciência cindida, separada do mundo, que oscila entre feitiço e desengano, violência e conciliação.

Queimadura

Sob a forma da variação, da citação ou da tradução, a reescritura sempre existiu. Entretanto, o *modo moderno* de reescrever tem algo de novidade: não mais desloca o objeto de uma série, de um código ou de um conjunto de tópicos, mas o solapa em seus próprios fundamentos.

A irrupção moderna só se pode fazer sentir pelo intervalo do tempo e pela brutal divergência ou desvio que intervém na linha diacrônica. Verdadeiro tempo paralelo, os artistas modernos são como ladrões que esperam, disfarçados, na beira do caminho. Eles não vão contra o transcorrer do tempo, mas simplesmente o atravessam para pegar o que lhes serve.

É em seu livro de poemas *Salamandra (1958-1961)* que Octavio Paz inclui "Homenajes y profanaciones", sem dúvida o poema onde a presença de Quevedo é mais literal e poderosa. O procedimento de transcrever o poema e logo reescrevê-lo e transfigurá-lo recupera muito da força originária do poeta mexicano. Em um texto precursor sobre Octavio Paz, de 1937, acerca de um poema que só seria incluído parcialmente em *Libertad bajo palabra*, Jorge Cuesta observa: ""Pues su pasión no parece haber alcanzado su objeto hasta que no lo destruyó, hasta que no pudo vagar, desatada, por las ruinas, por los escombros, por las cenizas de lo que la contiene sin agotarla".[13] Assim, em "Homenaje y profanaciones", os primeiros versos do soneto de Quevedo:

Cerrar podrá mis ojos la postrera
sombra que me llevare el blanco día

transformam-se em:

Sombras del blanco día

verso que inicia o poema de Paz.

De uma página a outra, o poema se converte em ruínas: o poeta *ingressa* no poema e, do seu interior, apenas com sua presença, produz o estalido. Para construir o espaço de uma subjetividade (que se alça diante da sombra de um antepassado venerável e venerado), "Homenajes y profanaciones" despreza sua *estrutura* compositiva: o soneto. O soneto não pode se constituir como o *lugar* (a *forma*) da palavra. Por isso, o sujeito deve destruir a estrutura, reduplicá-la ("soneto de sonetos"), disseminá-la ("sonetos libres, y muy poco sonetos"), contradizê-la.[14] Podemos pensar aqui na proposta de Ernesto Lacalu, segundo a qual "a estrutura fracassou no processo da constituição plena" do sujeito e, portanto, este deve se articular na fala (uma concepção relacional destitui a idéia de um sujeito pleno).[15] O poema de Paz não nega o soneto, simplesmente o abre para que a escritura poética moderna tenha lugar.

O soneto serve, em todo momento, como marco de referência: não é o ponto de encontro e sim a origem inapagável do poema de Quevedo.

Nenhuma das duas subjetividades se funda a partir de nada, mas se *relacionam* entre si: não se trata de um sujeito que se introduz em outro, mas de um sujeito que se constitui *depois* de se introduzir no outro. Nas autópsias, o cadáver ainda fala. Nas reescrituras contemporâneas, a linguagem é para o poeta como o corpo para o cirurgião: ingressa nele, retoca-o, modifica-o, afetando a própria medula da escritura. O cirurgião procede de modo analítico: pega partes, decompõe, extrai fragmentos, amplia, enfoca, distorce. Assim atua o poeta mexicano em um procedimento que se nutre da pintura e que tem seu primeiro antecedente moderno em Edouard Manet e que continua, neste século, em Pablo Picasso e Marcel Duchamp.

A propósito de "Homenajes y profanaciones", Paz cita duas vezes Picasso e sua versão de *Las meninas*, de Velázquez.[16] Por que Picasso volta a Velázquez e a outros artistas do passado? "Acaso será que, de viejo, Picasso haya vuelto, como hijo pródigo, a devolver la paleta y los pinceles que a los catorce años conquistó con demasiada facilidad", diz John Berger, em *Éxito y fracaso de Picasso*.[17] Toda a questão radica na diferença entre "os catorze anos" e a velhice: Picasso já não é apenas um discípulo, sua invenção é tão poderosa que é ele quem inicia a série: simulando o gesto do aluno que leva seu cavalete e seus pincéis ao museu para fazer cópias, nos dá um Velázquez *picassiano*. Deseja o outro e nesse mesmo ato o transfigura: tanto Picasso quanto Octavio Paz necessitam entrar nesse corpo (pintura ou poema) e, no ato crítico da reescritura, investigar a natureza da paixão que os constitui.

Paz, de qualquer modo, aproxima-se mais de Alberto Gironella do que de Picasso, tanto pela destruição quanto pelas interferências que realiza.[18] Ou melhor, há como que um vaivém entre a homenagem de Picasso e a profanação de Gironella:

> *La actitud de Gironella ante la gran pintura española –escribe Octavio Paz– se inserta dentro de esta perspectiva. Sin embargo, hay una diferencia: su crítica es indistinguible de la devoción y la devoción de la furia vengativa. El tratamiento que inflige a obras como la* Reina Mariana, las Meninas, El entierro del conde de Orgaz *o las* Vanitas de Valdés Leal, *está más allá de la crítica: es una suerte de liturgia de la tortura. La violencia pasional convierte al diálogo crítico en monólogo erótico en el que el objeto del deseo, cien veces destruido, renace cien veces de sus escombros. Asesinatos y resurrecciones, ritos interminables de la pasión.*[19]

Em Paz, como Velázquez em Gironella, Quevedo é o ponto de partida para se ampliar a tradição. O poeta que reescreve lança sobre o outro o intervalo de tempo que os separa. Assim, Paz introduz interferências surrealistas, como as imagens que nos remetem ao cinema de Buñuel e a Dalí: os corpos que se atam e são desatados, de *L'age d'or*, ou "los dos ojos cubriéndose de hormigas" que são um eco das mãos desejantes, de *El perro andaluz*. Além disso, há também uma apropriação territorial do barroco ("el entierro es barroco todavía/en México"), uma menção ao "pedernal" pré-colombiano e uma incursão joyciana em um *portmanteau* ("solombra") que, por um lado, evidencia os alcances que a cirurgia da linguagem alcançou na modernidade e, por outro, dá a essa palavra um matiz quevediano ou barroco de sentidos pesados, obscuros, densos (a solidão, a sombra, o sol: o branco dia e a morte), que o distancia da tradição de língua inglesa. Ao carregá-lo com a tradição que o sucede, Paz fratura o poema de Quevedo.

Entretanto, a interferência principal é a simbolista, que toma como ponto de partida o verso: "sombra que me llevare el blanco día". Segundo Borges,

"los latinos, con lógica severísima, sólo le vieron dos colores al tiempo y para ellos la noche fue siempre negra, y el día, siempre blanco. En el Parnaso español de Quevedo se conserva alguno de esos días blancos, muy desmonetizado". [20]

Ou, com mais ironia: "Alma mía, agua fría, ley severa, ¡qué ociosidad para adjetivar!".[21] Paz detém-se ali onde a linguagem de Quevedo está fossilizada por já não pertencer a ninguém, e sim à tradição, ao tópico, à retórica.

Ao "desconjuntar" o verso, Paz imprime nesse *branco* toda uma gama de matizes que aproxima o poema de "la sinfonía de blancos" simbolista e, mais diretamente, de Stéphane Mallarmé.[22] Uma sinfonia que inclui a inversão literal ("dia blanco") e simbólica (o branco é a morte), a substantivação ("lo blanco", "la blancura"), o lugar-comum ("la hora en blanco"), a re-metaforização (a "hora blanca"), o oxímoro ("sombras blancas"), a antítese ("sombras blanco día") e outras palavras associadas como "luz", "claridades", "velas", "penumbra", "ossos", o "nada". Variações em torno do branco, negatividade da poesia e nascimento do signo.

O branco, como o rio do esquecimento ("blancura de aguas muertas"), é a página em branco. Há um deslocamento tanto da homenagem quanto da profanação: não se trata de cruzar o Letes, mas de levar a experiência à página:

el trazo negro de la quemadura
del amor en lo blanco de los huesos.

O deslocamento desvia uma aposta que, se em Quevedo se dava em termos de alma e morte, aqui se produz na imanência da escritura.

Em Quevedo, a imanência existe mas não se diz a si mesma. Em "Homenajes y profanaciones", ao contrário, a única referência mitológica (a Dafne) é metafórica e cultural, não carrega em si nenhuma possibilidade de transcendência: o *nada* é o outro antecedente do texto (e, ademais, seu futuro). Nesse ponto, Paz se vincula à única dimensão de Quevedo que efetivamente lhe importa: a intensidade do signo poético, uma imanência que o poema ainda comporta e que se opõe (explicitamente ou não) a uma transcendência que lhe sirva de salva-vidas. As margens não são as da mitologia (como as do Letes quevediano), mas as do nada, do branco e do silêncio, entre os que se elevam a escritura e o corpo, buscando-se entre si:

> Se lo comió la luz. ¿En tu memoria
> serán mis huesos tiempo incandescente?

Surge nesses versos o último golpe da imanência: já não se trata de "a memória", mas da memória de outro. Se Borges diz, ao comentar esse soneto, que "la intensidad es la promesa de inmortalidad",[23] aqui a intensidade apenas promete poesia de um amor individual, "vertiginoso", elo entre a natureza e a história, a linguagem e a cidade.

"Homenajes y profanaciones" é um poema sobre o tempo e sobre suas possíveis epifanias que — na poesia de Octavio Paz — se dão na esfera do sentido. E esta é talvez a razão última que une Quevedo e Paz, o que melhor define o Quevedo que Paz *construiu*. Não um poeta encavalgado nos brilhos do significante (como os da tradição gongórica), nem um poeta que se entrega ao irracional (para além da vertente surrealista de sua poesia), nem que aposta no mistério e no indizível (como alguns simbolistas), mas um poeta capturado pela paixão do sentido, pelas negações e afirmações, pelos rodeios e explicações. Um poeta conceitual — ou conceptista. Ruína de papel, o soneto é ressuscitado ao preço de sua própria destruição: "el sentido anegado en lo sentido". A escritura é um extrair das águas brancas e, simultaneamente, um volver ao tempo branco pela força de queimaduras: torná-lo *incandescente*. Entre branco e branco, as forças da escritura poética roçam, ainda que por apenas um instante, o sentido.

Caminhos e profanações

Nos anos 90, Octavio Paz reconhece em Quevedo o seu par, o seu duplo: o ensaio *Reflejos: réplicas* é, na realidade, uma confissão e um reconhecimento que se completam com um comentário do soneto que dá origem a "Homenajes y profanaciones" e que está incluído no ensaio *La llama doble (Amor y erotismo)*, e ainda com o poema "Respuesta y reconciliación" que é, como anuncia o próprio título, uma "reconciliación con nuestro destino terrestre". Este Paz conciliatório me apaixona menos que o das profanações. E se, em "Poesía de soledad y poesía de comunión", Quevedo foi um motivo de crítica social (num sentido mais sutil e articulado que o de Neruda), o Quevedo de *La llama doble* é apenas levemente tocado e deslocado (algo da violência fecunda de "*El laberinto de la soledad* e de *Los hijos del limo* falta a esse livro).[24] Tanto a origem deste último poema a Quevedo ("la lectura de libros científicos [...] la ciencia se hace hoy las preguntas que la ciencia ha dejado de hacerse") quanto o fato de que Paz tenha contraposto esta predileção às ciências sociais ("Más peligrosa aún que la superstición cientista es la proliferación de las ciencias sociales"), explicam que "Respuesta y reconciliación" seja uma pálida sombra de "Homenajes y profanaciones".[25] A oposição entre ciências exatas e ciências sociais é da ordem do pensamento (assim como a oposição entre Quevedo e Góngora é histórica e lingüística), mas Paz a reforça e a dicotomiza a partir do ensaio dos anos 70. Uma espécie de esclerosamento dos signos em rotação. Por isso também é necessário despojar Paz do peso cronológico da trajetória e recuperar (para cada leitor) os momentos em que sua vasta escritura se torna incandescente. "Homenajes y profanaciones" é um desses momentos: a paixão crítica de Octavio Paz provoca ruínas e cinzas para deixar surgir a luz da palavra sobre a página em branco e sobre a escritura dos antepassados.

Notas

[1] A citação de Paz pertence a *Las peras del olmo*, op.cit., p.104. O conceito de "*leitura sincrônico-retrospectiva*" foi exposto por Haroldo de Campos en *A arte no horizonte do provável* (São Paulo, Perspectiva, 1967), em "Texto e História" (*A operação do texto*, São Paulo, Perspectiva, 1967), em *Revisão de Sousândrade* (São Paulo, Invenção, 1964), escrito em colaboração con Augusto de Campos, e em *O seqüestro do barroco na formação da literatura brasileira: o caso Gregório de Mattos* (Salvador, FCJA, 1989).

[2] Embora gire em torno do mesmo problema (como reconstruir a tradição e a modernidade em tempos de pós-vanguarda), o movimento de Octavio Paz é inverso, em dois sentidos, ao que realiza José Lezama Lima em seu ensaio "Sierpe de Don Luis de Góngora", também fundacional. Em vez de eleger Quevedo, Lezama opta por Góngora e em vez de deslocar San Juan (como realiza Paz, em um gesto mais moderno), acopla-o a seu poeta predileto: "Sus cacerías afiligranadas por la medialuna del blanco [ele se refere a Góngora], se desvanecen ante el sin sentido y el soplo alejador del discurso imaginario de San Juan de la Cruz" (en *Esferaimagen*, Barcelona, Tusquets, 1970, p.27).

[3] Em *La otra voz*, livro da década de oitenta, Octavio Paz sustenta o lugar fundacional desse texto: "Mi *primer* ensayo es de 1941. Fue una meditación (quizá sea más apropiado llamarlo, por lo descosido, una divagación) sobre los dos extremos de la experiencia poética y humana: la

soledad y la comunión. Las veía personificadas en dos poetas que en aquellos años leía con fervor, Quevedo y San Juan de la Cruz, en dos de sus obras: *Lágrimas de un penitente* y *Cántico espiritual*" (*La otra voz (Poesía y fin de siglo)*, Barcelona, Seix Barral, 1990, p.5, grifo meu). O ensaio está incluído no livro *Las peras del olmo* (Barcelona, Seix Barral, 1982), cuja primeira edição é de 1957.

[4] *Reflejos: réplicas (Diálogos con Francisco de Quevedo)*, México, Vuelta, 1996, p.17.

[5] Cito dois fragmentos do ensaio "Poesía de soledad y poesía de comunión": "La poesía siempre es disidente" é um hendecassílabo (p.98) e "El poeta revela la inocencia del hombre" um alexandrino (p.99). Em *Las peras del olmo*, op.cit.

[6] Entrevista "Cuatro o cinco puntos cardinales" realizada por Emir Rodríguez Monegal e Roberto González Echevarría e incluída em *Pasión crítica* (Barcelona, Seix Barral, 1985. Prólogo, selección y notas de Hugo J. Verani), p.34.

[7] En *Reflejos: réplicas*, op.cit., p.13.

[8] En *La otra voz (Poesía y fin de siglo)*, Barcelona, Seix Barral, 1990, p.22.

[9] Fernando Sorrentino: *Siete conversaciones con Jorge Luis Borges* (Buenos Aires, Casa Pardo, 1973), p.97. Os ensaios que Borges escreveu sobre Quevedo nos anos 20 são os seguintes: "Menoscabo y grandeza de Quevedo" em *Inquisiciones*, "Un soneto de don Francisco de Quevedo" em *El idioma de los argentinos* e "Quevedo humorista", incluído em *Textos recobrados*. Posteriormente escreveu muitas vezes sobre Quevedo, sendo talvez sua versão crítica mais importante a que expõe em "Quevedo", *Otras inquisiciones*, Buenos Aires, Emecé, 1960.

[10] Este ensaio foi publicado no livro *Viajes: al corazón de Quevedo y por las costas del mundo* (Santiago, Sociedad de Escritores de Chile, 1947) e em *Viajes* (Santiago, Nacimento, 1955). Versões anteriores não publicadas em livro se encontram no folheto *Neruda entre nosotros* (Montevideo, AIAPE, 1939), com o título de "Quevedo adentro" e com seu título definitivo em *Cursos y conferencias*, revista do Colegio Libre de Estudios Superiores (Buenos Aires, núm.199-200, octubre-noviembre de 1943).

[11] Op.cit., p.14.

[12] Op.cit., p.17. É curioso como Neruda distancia García Lorca de Góngora e o concebe como um descendente de Quevedo, embora Neruda faça, nesse ensaio, mais finca-pé em seu fuzilamento que em sua poesia. O ensaio é contemporâneo da morte de Miguel Hernández e das conseqüências imediatas da guerra.

[13] "*Raíz del hombre* de Octavio Paz" en Jorge Cuesta: *Poesía y crítica* (México, Conaculta, 1991), p.319.

[14] As citações pertencem a *Pasión crítica*, op.cit., p.34. A estrutura dispersiva e multiplicadora do poema de Paz está exposta em *Reflejos: réplicas*, op.cit., pp.24-25.

[15] Em *Nuevas reflexiones sobre la revolución de nuestro tiempo*, Buenos Aires, Nueva Visión, 1993, pp.60, 220.

[16] Na entrevista "Cuatro o cinco puntos cardinales" (op.cit.), Octavio Paz assinala: "Un poco como Picasso que volvió a pintar *Las meninas*: escarnio y homenaje" (*Pasión crítica*, op.cit., p.34) y en *Reflejos: réplicas*: "Inspirado por varios pintores modernos, que han hecho versiones, mitad homenaje y mitad sátira, de algunos cuadros famosos –el ejemplo mejor y más inmediato es el de Picasso con *Las meninas*– se me ocurrió realizar una operación semejante con *Amor constante más allá de la muerte*" (p.23). Com a palavra "imediato", Paz inventa seu próprio precursor.

[17] John Berger: *Éxito y fracaso de Picasso* (Madrid, Debate, 1990), p.218.

[18] O artista plástico Alberto Gironella nasceu em 1929 no México. Suas obras se caracterizam pelas transformações a que submete as obras que parodia, imita ou homenageia. Em 1952, iniciou esse tipo de trabalhos com *La condesa de Uta*, baseada em uma escultura do

século XIII de Naumbrog. Seus trabalhos posteriores foram inspirados, sobretudo, na pintura de Diego Velázquez, Francisco Goya e no cinema de Luis Buñuel, tomando da tradição espanhola seus aspectos mais sinistros e grotescos.

[19] "Las obvisiones de Alberto Gironella" en *Los privilegios de la vista (Arte de México)* (México, FCE, 1987), p.441.

[20] Em *El tamaño de mi esperanza*, p.103.

[21] "Un soneto de don Francisco de Quevedo" em *El idioma de los argentinos*, Buenos Aires, Seix Barral, 1994 (1ª edición: Buenos Aires, Gleizer, 1928), p.66. O contexto e a citação anteriormente transcrita nos permitem acrescentar "blanco día" (uma metáfora da vida) à lassidão de Quevedo. Sobre os primeiros nove versos, Borges argumenta o seguinte: as primeiras oito linhas são um mero "petrarquizar", enquanto nas últimas seis "se dió en especular y en sentir": "Es decir, estos ocho renglones preparatorios son un compás de espera, un escúcheme, un hacer tiempo casi de cualquier modo mientras la atención del auditorio está organizándose" (pp.66-67).

[22] Não pude deixar de pensar em *Blanco*, poema que Paz escreveria em 1966. De cunho mais mallarmeano, este poema inclui um verso de Quevedo ("Las altas fieras de la piel luciente"). O leitor de língua portuguesa pode consultar a excelente tradução de Haroldo de Campos na exaustiva edição de *Blanco: transblanco (em torno a Octavio Paz)*, Rio de Janeiro, Guanabara, 1986.

[23] "Un soneto de don Francisco de Quevedo" em *El idioma de los argentinos*, p.68.

[24] *La llama doble (Amor y erotismo)*, Buenos Aires, Seix Barral, 1996 (primeira edição: Barcelona, Seix Barral, 1993), pp.64ss.

[25] A primeira citação é de *Reflejos: réplicas*, op.cit., p.34, e a segunda de *La otra voz*, op.cit., p.93.

Encontro da poesia com a política

Mesa redonda com Octavio Paz

Octavio Paz: o encontro da poesia com a política

Texto integral da mesa-redonda com Octavio Paz,
realizada no dia 6 de maio de 1985,
*no auditório do jornal O Estado de São Paulo**

Saudação a Octavio Paz

(por Julio de Mesquita Neto)

Neste mesmo recinto já tivemos a oportunidade de ouvir figuras das mais expressivas do Pensamento e da Cultura de nosso tempo, tais como a do filósofo espanhol Julián Marías, e do economista norte-americano John Kenneth Galbraith e do sociólogo e pensador francês, o saudoso Raymond Aron. Nesta noite é imensa a nossa satisfação de aqui podermos ouvir o poeta, escritor, ensaísta e pensador político Octavio Paz, cujas qualidades de lucidez, originalidade e independência, de criação e de pensamento, de há muito o transformaram em expressão cultural singular do continente latino-americano, sem deixar de situá-lo também na posição de grande expoente do pensamento contemporâneo universal. Nós, eu temos tido o freqüente privilégio do comparecimento de Octavio Paz, por meio de seus claros e brilhantes textos, às páginas de nossos jornais — *O Estado de São Paulo* e *Jornal da Tarde* —, consideramos privilégio ouvi-lo, de viva voz. Nesta noite, terá ele oportunidade de conversar com alguns de seus amigos e admiradores, dos muitos que tem em São Paulo e no Brasil. Dada a própria diversificação, a versatilidade dos interesses intelectuais de Octavio Paz — abrangendo os campos da Poesia, da Literatura, das Artes e da Política, afora sua experiência na Diplomacia, como embaixador de seu país, o México, em importantes nações —, é provável que cada um de seus interlocutores, presentes nesta mesa, venha trazer referências específicas ou suscitar questões relativas a determinado campo de sua reflexão ou determinado aspecto de sua vasta obra: seja na criação poética, seja na ensaística, seja na reflexão política.

Particularmente, e enquanto jornalista, gostaria de referir-me a um determinado aspecto da reflexão de Octavio Paz — é o que diz respeito à *especificidade* da formação histórica que levou à *especificidade* das instituições, na América Latina. E é o que diz respeito, sobretudo, às nossas semelhanças

---

* Publicado no suplemento *Cultura* do Jornal *O Estado de São Paulo*, em 26/05/85.

e diferenças, tanto umas quanto outras tão pouco compreendidas em profundidade pelo resto do mundo, inclusive — ou especialmente — por nossos conterrâneos continentais, ao Norte. Digo enquanto jornalista porque nessa qualidade pude testemunhar, nas muitas viagens que fiz por quase todos os países da América, anos atrás, como membro da Sociedade Interamericana de Imprensa, essa pouca compreensão em relação às nossas próprias peculiaridades, continentais e nacionais. Como todos aqui devem saber, a SIP congrega mais de mil representantes, empresas jornalísticas e profissionais de imprensa de toda a América. Sendo metade destes representantes de veículos norte-americanos, sempre foi minha preocupação, nos congressos da SIP, nas reuniões e conversas informais que mantinha com os colegas dos Estados Unidos da América, tentar fazê-los compreender tanto as peculiaridades da formação histórico-cultural quanto as decorrentes características institucionais, diversificadas, de nossas nações latino-americanas. Pois sempre achei que, para entender-se a América Latina, a par das semelhanças, é fundamental captar-se as diferenças. Primeiro, a relativa às duas origens — uma espanhola, outra portuguesa. Segundo, as dessemelhanças culturais, territoriais, históricas e mesmo étnicas, porquanto até as nossas férteis miscigenações não são idênticas. Com efeito, de que forma haveríamos de fazer a identificação entre um Haiti e uma Venezuela, entre um Equador e uma Argentina, entre um México e uma Guiana, entre um São Domingos e um Brasil?

Eis por que me permito aqui destacar o ensinamento, para mim fundamental, de Octavio Paz, no campo da *especificidade* — de um lado identificadora, mas do outro diferenciadora — das nações latino-americanas. A meu ver, ninguém melhor que ele conseguiu penetrar, e com tal lucidez, nas peculiaridades sutis dos povos, das nações e das instituições da América Latina, tematizando-os com as linhas de força precisas de nossa formação histórica. Sobre esse ensinamento do grande pensador mexicano — hoje nosso convidado — gostaria de mencionar aqui um texto seu que particularmente me impressionou e entusiasmou, tanto quanto aos leitores de *O Estado de São Paulo*. Refiro-me ao ensaio de Octavio Paz, que publicamos em nosso suplemento *Cultura* de 21 de novembro de 1982, sob o título "A Democracia e a América Latina". Prova maior desse entusiasmo é que escrevemos três editoriais seguidos no *Estado* comentando esse mesmo texto — algo de certo modo inédito em nosso jornal —, sendo ainda que, no último desses editoriais, confessando aos nossos leitores a impossibilidade de esgotarmos a análise dos riquíssimos caminhos apontados por Octavio Paz à reflexão sobre nossa existência latino-americana, remetíamo-los diretamente ao próprio texto do autor, impresso no suplemento *Cultura*. Hoje sabemos, com muita satisfação, que este ensaio que Octavio Paz escreveu a pedido do nosso jornal deu origem a seu livro *Tiempo Nublado*, já considerado uma de suas maiores obras no campo da reflexão política. Muitas coisas nos chamaram a atenção naquele brilhante ensaio, que, a nosso ver, deveria transformar-se em documento definitivo de consultas e estudos em nossas universidades — brasileiras e latino-americanas em geral: a detecção profunda de dois séculos de equívocos que se acumularam sobre a realidade histórica da América Latina, onde nem sequer os nomes que pretendem designá-la são exatos; a compreensão da realidade peculiar de povos que falam espanhol ou português, que são ou foram cristãos, que têm costumes, instituições, artes e literaturas diretamente descendentes de Espanha ou Portugal; o entendimento da presença do elemento não europeu em nossa formação histórica, este também muito diversificado — fortes núcleos indígenas em umas nações latino-americanas, fortes continentes negros em outras, as primeiras diversificando-se entre índios e descendentes de altas civilizações pré-colombianas (como as do México, Peru e América Central) e povos remanescentes de povoações nômades; a comparação entre as três grandes revoluções que iniciaram o século XIX, a saber, a norte-americana, a francesa e a das nações latino-americanas. Neste tópico, diz Octavio Paz: "As três revoluções triunfaram no campo de batalha, mas nos aspectos econômico, político e social, foram diferentes. Nos Estados Unidos apareceu a primeira sociedade plenamente moderna, ainda que manchada pela escravidão dos negros e extermínio dos índios. Na França, ainda que a nação tenha sofrido mudanças substanciais e radicais, a nova sociedade surgida da Revolução, como bem demonstrou Tocqueville, continuou em muitos aspectos a ser a França centralista de Richelieu e Luís XIV. Na América Latina, os povos conquistaram a independência e começaram a governar-se por si mesmos; entretanto, os revolucionários não conseguiram estabelecer, salvo no papel, regimes e instituições livres e democráticas de verdade. A revolução norte-americana fundou uma nação; a francesa transformou e renovou uma sociedade; as revoluções da América Latina fracassaram em um de seus objetivos centrais: a modernização política, social e econômica. As revoluções da França e dos Estados Unidos foram conseqüência da evolução histórica das duas nações; os movimentos latino-americanos limitaram-se a adotar doutrinas e programas *alheios*. Na América Latina não existia a tradição intelectual que, desde a Reforma e o Iluminismo, havia formado as consciências e as mentes das elites francesas e norte-americanas. Também não existiam as classes sociais que correspondiam, historicamente, à nova ideologia liberal e democrática. Quase nem existia uma classe média e a nossa burguesia não havia ultrapassado ainda a etapa mercantilista. Entre os grupos revolucionários da França e suas idéias havia uma relação orgânica — ocorrendo o mesmo na revolução norte-americana; mas, entre nós, as idéias não correspondiam às classes. As idéias tiveram uma função de máscara e assim se converteram em ideologia, no sentido negativo da palavra, isto é, em véus que interceptam e desfiguram a percepção da realidade. Pois a ideologia converte as idéias em máscaras: oculta o sujeito e, ao mesmo tempo, não deixa ver a realidade. Engana aos outros e engana a nós mesmos". E Octavio Paz continua a dissertar sobre as causas, as origens das grandes dificuldades que enfrentamos até hoje para construirmos na América Latina regimes democráticos verdadeiros e duráveis. Salienta, contudo, que, apesar de todos os despotismo, dos caudilhismos e militarismos de que tem padecido, jamais a América Latina desistiu de seu projeto democrático, e prova disso é que ele costuma constar de nossos papéis constitucionais, mesmo durante as ditaduras.

Para não me alongar mais, gostaria de aqui reter, para nossa reflexão, essa idéia de Octavio Paz: a idéia de um projeto democrático historicamente difícil, mas jamais desistido, e, portanto, possível de realizar-se plenamente no continente latino-americano. Mesmo porque Democracia não é uma superestrutura, uma conseqüência do determinismo histórico: é uma *criação popular*, uma criação política, um conjunto de idéias, instituições e práticas que constituem uma *invenção* coletiva. E mais, é a condição, o fundamento da civilização moderna — como oportunamente nos ensina nosso ilustre convidado.

E aqui encerro minhas considerações, para dar início à conversação de Octavio Paz com seus demais interlocutores, nesta mesa.

Mesa-Redonda

(Octavio Paz, Haroldo de Campos, Celso Lafer, João Alexandre Barbosa, Léo Gilson Ribeiro, Nilo Scalzo, Ruy Mesquita, Julio de Mesquita Neto e Décio Pignatari)

Octavio Paz: Vou ser muito breve e depois poderei estender-me em alguns pontos. Antes de qualquer coisa, gostaria de transmitir a minha emoção por estar aqui, o meu desejo de aprender com vocês e escutá-los e, em seguida, de modo essencial, quero agradecer ao Sr. Julio de Mesquita Neto por suas amáveis palavras: comoveu-me especialmente sua alusão ao *Tiempo Nublado*. Com efeito, meu pequeno livro *Tiempo Nublado* teria sido impossível sem o convite do jornal que o senhor dirige, que me convidou a colaborar nesse suplemento;

escrevi um pequeno ensaio, que foi aumentando. Escrevi 50 páginas, enviei-as, depois as reli, pensei que poderia aumentá-lo e, pouco a pouco, se transformou num livro — eu fiz um livro. De modo que esse livro foi feito pensando um pouco nos senhores e nos leitores brasileiros. Agradeço-lhe verdadeiramente. Agradeço-lhe também essa síntese inteligente, feita dos meus conceitos no ensaio "A América Latina e a Democracia". Não posso dizer mais, além da minha alegria de ver que a democracia pouco a pouco ganha terreno nestas terras: agora voltou a democracia ao Brasil, à Argentina, Uruguai, fortificou-se no Peru e está robusta na Venezuela. Enfim, o sistema democrático parece que é o sistema que os povos da América Latina escolhem espontaneamente, quando os deixam escolher. Isto é fundamental: que nos deixem escolher o governo que queremos, porque em geral o governo que queremos é o da convivência democrática — disto não tenho a menor dúvida.

Haroldo de Campos: Bem, como poeta, e para, inclusive, registrar a minha grande satisfação a nível pessoal pela presença entre nós, finalmente, do grande poeta, ensaísta e pensador e amigo de tantos anos Octavio Paz e a querida Marie-José, gostaria de enfocar um problema que tem a ver diretamente com a questão da poesia, mas, além disso, tem a ver com o problema da cultura latino-americana. Um tema por excelência de interesse dessa cultura, e em particular da mexicana e da brasileira, para não falar de outros países de nossa América, é o tema do Barroco. Sobre esse tema Octavio Paz escreveu um livro fundamental, focalizando a grande poeta mexicana Sor Juana Inés de la Cruz, que coincide no tempo seja com o nosso grande poeta barroco Gregório de Matos, seja com o nosso grande prosador barroco Antônio Vieira.

Sobre Sor Juana, Octavio Paz, em seu livro *Sor Juana Inés de la Cruz o las trampas de la fe*, traçou, elaborou a imagem extremamente sedutora de uma poeta do barroco tardio, que, tendo, aparentemente, uma influência forte de Góngora, nem por isso deixava de ter uma surpreendente originalidade. Onde estaria exatamente esta originalidade de Sor Juana? Estaria na sua condição de poeta e intelectual — poeta crítica. Falando sobre o grande poema de Sor Juana, sua obra máxima "Primeiro Sonho", um poema escrito em torno de 1685, Octavio Paz faz sentir exatamente esse aspecto: apesar de algumas semelhanças de superfície com Góngora, há uma diferença fundamental, que está exatamente com este poema ser um poema da aventura do conhecimento, enquanto o grande poeta dom Luís de Góngora y Argote era sobretudo um poeta da imagem, da cor, da metáfora, da polimorfia de formas de beleza, como diz Damaso Alonso.

Bem, Octavio Paz, ao fazer este contraste entre Sor Juana de um lado e Gôngora de outro, vê em Sor Juana uma precursora da modernidade, colocando um ponto de referência fundamental — que para mim é um ponto de referência extremamente caro — para mim e para minha geração de poetas. Eu me lembro do caro poeta, falecido há tantos anos, e também tão grande amigo, que era Mário Faustino, que era um grande cultor de Mallarmé. A referência que Octavio Paz faz é com relação ao poema "Um Lance de Dados", de Mallarmé, dizendo que "O Primeiro Sonho" de Sor Juana é uma verdadeira antecipação desse poema. Por outro lado, no grande poema "Blanco" — poema que tive a satisfação pessoal de traduzir para o português, numa operação a que denominei "transblanco" e vai ser objeto de uma leitura amanhã no anfiteatro da USP — Octavio Paz dialoga também com o "Lance de Dados" de Mallarmé.

Então, eu gostaria de perguntar ao Octavio, de pedir a ele, sobretudo — não é bem uma pergunta, mas é antes um pretexto para ouvi-lo —, que falasse sobre o tema, essa extraordinária convergência, um marco de cerca de três séculos de dois poetas críticos e pensadores mexicanos que dialogam com um poeta francês, que foi o fundador da modernidade: Mallarmé.

Octavio Paz: Eu não me atreveria, de maneira nenhuma, a comparar-me nem com Juana Inés de la Cruz nem com Mallarmé. Enquanto a relação entre Juana e Mallarmé é relação de fato curiosa, estranha — em todo caso, um caso único na história da poesia de língua espanhola. A poesia de língua espanhola conheceu no século XVI vários poetas místicos ou religiosos. Um deles, por exemplo, frei Luis de Leon, profundamente influenciado pelo neoplatonismo renascentista. Claro, quando falamos de neoplatonismo falamos de céu, falamos de estrelas, a sociedade das estrelas, diríamos, é a sociedade das almas imortais, para os antigos. E a contemplação da divindade. Isto é frei Luis de Leon, esta é a atitude tradicional, em geral, da poesia européia nos séculos XVI e XVII. No entanto, essa ordem logo se rompe, por exemplo, um pouco mais tarde, na Inglaterra, quando Pope examina o céu, examina o cosmos e verifica que há dois enigmas: acima e abaixo, que o infinito é um abismo; enfim, descobre que essa visão da harmonia universal se rompe. Porém, no México, uma monja católica que nunca foi heterodoxa se interessa pelo saber, pelo conhecimento e, como para toda a sua época, o conhecimento para ela é, fundamentalmente, a teologia, por um lado, mas também é, por outro, a astronomia, a física. E, apresar de que não se desvia demais da imagem tradicional do céu ptolomaico, no entanto, ao contemplar o céu intervêm a dúvida e o diálogo entre a alma e o céu; mas já não como algo que podemos contemplar e ver no céu noturno, no cosmo, a imagem da perfeição, senão o que vemos no céu: a imagem do enigma; não sabemos o que são as estrelas, não sabemos o que são os átomos, não sabemos o que são as plantas — a natureza se torna enigmática —, de ser um mistério que podemos contemplar se transforma num grande enigma: o diálogo do homem solitário frente ao cosmos. Assim, Sor Juana Inés de la Cruz inaugura a posição moderna do poeta moderno frente ao cosmos, que depois, dois séculos mais tarde, Mallarmé vai revelar num poema essencial, no qual o girar dos astros esquematiza não a perfeição, senão a interrogação, o talvez, o não saber o que somos. Esse, na minha opinião, é o começo da modernidade. E assim encontramos o paradoxo de que dentro de uma forma barroca, fechada e que parece que está não apenas fechada como fechada em si mesma, imediatamente, de repente esta monja se abre para o universo, e abrindo-se ao universo se abre ao mundo moderno e divulga a primeira interrogação — esta interrogação é sempre a nossa, ou de qualquer modo a nossa. Isso é tudo o que eu posso dizer.

Celso Lafer: Eu teria duas questões a colocar, nesta noite, em que temos o prazer de ter Octavio Paz aqui em São Paulo e no Brasil, graças à feliz iniciativa de *O Estado de São Paulo*.

A primeira pergunta diz respeito à própria obra de Octavio Paz e a outra a um tema sobre o qual ele meditou e escreveu, e para o qual, aliás, a própria obra dele oferece uma resposta exemplar.

A primeira questão vincula-se à unidade que eu vejo entre a sua obra de poeta e de ensaísta. Paz, como poeta e pensador, explora as relações de afinidade e de oposição das sociedades e dos indivíduos com a modernidade, com o progresso, com a técnica — esta cisão que ele acaba de examinar.

Esta cisão é problemática. Por isso, tanto a palavra do poeta quanto a do pensador é, hoje, antes um fragmento do que uma totalidade. Paz, como poeta, lida constantemente com o genérico da linguagem, que é algo social e objetivamente dado, e com o específico da criação poética que procura devolver ao signo a pluralidade de seus significados.

Na obra de Paz esta heurística da poética se expande numa arte combinatória que abrange a reflexão literária, a política e a filosófica. Daí, a meu ver, a correspondência existente em todos os níveis da sua criação que o tornam um autor único na América Latina. E quero exemplificar: vejo uma grande unidade entre o ensaio "Signos em Rotação" — um dos pontos altos do seu ensaísmo literário e uma grande reflexão sobre Mallarmé —, o poema "Blanco", uma das cumeeiras da sua poesia — a que Haroldo acaba de referir — e o livro *Tiempo Nublado*, o seu mais completo livro de análise política, que, como hoje verificamos, foi suscitado por um artigo solicitado pelo *Estado*.

Eu penso que "Signos em Rotação" está para a sua reflexão poética e ambos para a sua reflexão política em *Tiempo Nublado*. Neles o poeta redescobre a figura do mundo na dispersão concreta dos fragmentos, através de um esforço de recuperar, por meio da análise da linguagem, a pluralidade dos significados que se escondem atrás das máscaras petrificadas e petrificantes, que são os cristais deformantes dos universais abstratos, das ideologias, como disse o Dr. Julio de Mesquita Neto. E aí a minha pergunta: é válida esta minha leitura unitária do pluralismo da sua obra?

Faço, em seguida, a segunda pergunta, que diz respeito à dialética do nacional e do universal na literatura da América Latina. Esta dialética entre o universal e o nacional, para Paz, é dialógica: "o nacional — diz ele — não pode ser uma simples repetição do repertório universal porque senão o diálogo se petrifica e há de ser crítico senão o diálogo se imobiliza". A obra de Paz é um paradigma desta sua proposta, assim como, entre nós, para dar um exemplo na poesia, Carlos Drummond, ou na ficção, Guimarães Rosa, o são. Daí a pergunta: como é que um autor pode ser qualificado como representativo da América Latina? O que na verdade se traduz numa pergunta mais ampla: o que fez de um autor um clássico de uma literatura e da literatura?

Octavio Paz: Bom, querido Celso, são duas perguntas muito difíceis e complexas. Vou tentar responder em primeiro lugar à primeira, que me toca muito de perto.

Você falou da correspondência provavelmente entre a minha prática poética, especialmente esse poema, "Blanco", a teoria poética ou a poética propriamente dita e, finalmente, a reflexão política, ou, como eu preferiria chamar, "reflexão histórica".

Em termos gerais, esta pergunta pode-se decompor em vários níveis: o primeiro seria a correspondência geral entre a reflexão e a criação. Parece-me que quase desde as suas origens a poesia moderna tem sido sempre reflexão e criação — não sempre —, temos o caso do homem que reflete e não é poeta; evidentemente há muitos teóricos da poesia que não foram poetas — eu tive a sorte de conhecer vários, um deles Roman Jakobson — e também é o caso do poeta que é apenas poeta e que não reflete sobre a sua criação — esse é o caso mais abundante, provavelmente —, Neruda é um exemplo notável, outro exemplo notável seria Paul Éluard, na França, e tantos outros. Creio que o poeta realmente moderno é aquele no qual se dão a reflexão crítica e a poesia ao mesmo tempo. O modelo, o paradigma mais perfeito dessa dualidade, seria, é claro, o grande poeta do Ocidente, Dante, no qual há teoria poética e criação poética. Mas não há necessidade de nos remontarmos a Dante. Na época moderna, Coleridge, Baudelaire e tantos outros refletiram sobre a poesia e, ao mesmo tempo, escreveram poemas; na idade moderna, praticamente na idade contemporânea, em língua inglesa temos o caso de Ezra Pound, Eliot e tantos outros. Nesse sentido não fiz senão seguir, por um lado, a tradição de nossa época, por outro lado, seguramente é a minha vocação; não quis trair nem o poeta que quero ser nem o homem que reflete, que também sou ou quero ser. Mas há essa dualidade e creio que a reflexão se nutre sempre da criação e, por sua vez, a criação se nutre da reflexão. Não é certo que o pensamento seja inimigo da poesia, não é certo que os poetas têm que ser, forçosamente, instrumentos cegos de não sei que inspiração sem nenhuma consciência. Eu não acredito nisso. Eu creio que o poeta é também uma consciência e, sendo uma consciência, reflete aquela linguagem; a linguagem fala pelo poeta, mas quando a linguagem fala pelo poeta a consciência do poeta reflete sobre a linguagem. Este jogo contínuo entre reflexão e criação me parece que é uma das características essenciais da poesia moderna.

Agora, passemos ao segundo ponto, a correspondência entre os três níveis. Para mim é muito antiga. Uma das idéias essenciais, do pensador que funda nossa tradição, Platão: vê o céu como um espaço que devemos contemplar porque é a imagem da perfeição divina. E por isso vê no círculo que retorna ao ponto de partida a expressão do tempo que regressa a si próprio, expressão da eternidade. Quer dizer, o círculo resolve a dualidade entre movimento e identidade. Quando Platão pensa em termos políticos, ele encontra no céu o modelo: gostaria que a sociedade humana fosse como o céu e não o é — mas gostaria que o fosse; Aristóteles também encontra na natureza o modelo do céu. Se vemos a história do pensamento político, encontramos sempre essa relação entre a imagem do cosmos e a imagem da sociedade, como se a sociedade fosse um pouco um cosmo, um microcosmos, ou como se o céu fosse aquilo que os homens desejariam em suas relações diárias entre eles. Fourier, por exemplo, que é o último pensador otimista, diríamos, de nossa tradição, pois o utopista Fourier também pretende que encontrou na lei da atração apaixonada entre os homens, do erotismo humano, encontrou o equivalente da teoria da atração dos corpos de Newton: diz que ele é o Newton da nossa sociedade. Isso logo se rompe assim como o céu, já não é a imagem da perfeição, está precedida por forças e por leis que não podemos sequer calcular exatamente, também a sociedade humana já não é mais a imagem do céu, nem encontramos a perfeição da sociedade no céu. Quer dizer que num caso e no outro introduzem-se os signos em rotação. Por isso chamei "Signos em Rotação" ao meu ensaio sobre a poesia. Por isso também, ao refletir sobre a realidade contemporânea, sempre pensei que intervêm nessa realidade contemporânea lutas de forças, o acaso, o acidente, o movimento, enfim, tudo aquilo que, como no caso do poema de Sor Juana, delineia a interrogação. Se há algum signo que defina a nossa época, esse signo é o signo da interrogação — o "x", diríamos. Não sabemos aonde vamos exatamente, mas queremos dominar nosso destino e aí esta correspondência entre os "Signos em Rotação" e a poesia e a política.

João Alexandre Barbosa: Em primeiro lugar, eu gostaria de agradecer muito aos organizadores desta mesa pelo oportunidade que me deram de participar deste encontro. O poeta, ensaísta e tradutor Octavio Paz é uma personalidade a quem, como leitor de poesia e como professor de teoria literária e literatura comparada, devo muito. Entretanto, pensando sob o signo de Mallarmé, acho que, na medida em que Mallarmé dizia que o poeta deve ceder a iniciativa às palavras, o componente de uma mesa-redonda deve ceder a iniciativa ao poeta. Eu vou fazer apenas duas perguntas extremamente sintéticas e que me interessam muito. Em ensaio recente de um crítico alemão, Robert Weimann (?), que está no livro sobre história literária e mitologia — exatamente um ensaio sobre a metáfora em Shakespeare — uma surpreendente nota de rodapé menciona alguns dos maiores poetas hispano-americanos, dentre os quais Octavio Paz, como representativos de uma corrente antimetafórica da poesia moderna. A afirmação me parece equivocada, em geral, e, mais particularmente, no que se refere à obra de Octavio Paz. Pelo que eu posso ler nessa obra, não se trata de antimetáfora, mas de uma crítica nos interstícios do poema da própria metáfora.

Tendo em vista a importância que na obra do poeta, crítico e tradutor tem a imagem como elemento de articulação da poesia, da realidade e da história, gostaria de ouvi-lo discorrer um pouco sobre esse processo de articulação não só em sua obra, mas, se quiser, com exemplos de obras de outros. Esta seria a primeira questão: a importância da imagem como articulação.

Octavio Paz: De novo, é uma pergunta terrível, muito difícil, sobretudo porque não respondi a segunda pergunta de Celso Lafer sobre o nacionalismo e a universalidade. Espero que tenhamos tempo de voltar a isso, assim como ao tema do céu e das galáxias.

Bem, a mim me parece que é essencial, não concebo a poesia sem metáforas, a própria linguagem já é uma metáfora essencial e não fazemos senão metáforas de metáforas — de modo que parece essencial. Borges pensa que há quatro ou cinco metáforas e o resto são variações. É possível que não haja senão uma metáfora, assim como só há um Deus, mas não sabemos o seu verdadeiro nome. Eu penso ao contrário: penso que cada vez que falamos, cada vez que dizemos alguma coisa, dizemos alguma coisa, dizemos uma metáfora e estamos continuamente inventando alguma. Quer dizer que nunca nem a poesia nem a linguagem refletem o mundo e nada mais. Claro, a palavra "mesa" reflete esta realidade, mas também a transforma, a inventa; a transforma em som, em eco e a dissipa; a linguagem é o inventor do mundo mas também o dissipa. O fundamento da poesia é isto: sem a poesia o mundo não existiria totalmente.

João Alexandre Barbosa: Uma segunda questão — e eu encerro aqui — é que uma das reflexões mais instigantes do livro *Los hijos del limo*, que já está inclusive traduzido para o português — mal traduzido —, é aquela que se refere à história literária não como evolução, progresso, sucessão, mas como substituição de sistemas literários que não obedecem necessariamente uma perspectiva diacrônica. O exemplo mais contundente naquele livro é a aproximação entre o simbolismo francês e o pré-romantismo e romantismo alemães e ingleses e não o romantismo francês. Tendo em vista a preocupação cada vez maior entre os críticos com as questões de história literária, num sentido não necessariamente diacrônico, gostaria de ouvi-lo sobre sua posição hoje diante de tais questões.

Octavio Paz: Novamente, é difícil responder com precisão, não é meu campo nem minha especialidade; creio, profundamente, na realidade da história; história literária, creio menos. Parece-me que na literatura há, de um lado, mudanças e variações, do outro, há repetições constantes. É impossível entender Virgílio sem Homero; ao mesmo tempo damonos conta, claramente, de que são poetas muito diferentes, uma vez que a *Eneida* não é redutível à *Odisséia* ou à *Ilíada*. Assim, pois, encontramos esse jogo entre variação e identidade, variação e continuidade, que é, diríamos, de um lado a essência da história, mas também a essência da literatura. Creio que toda obra literária é uma obra histórica, está datada. Está claro que a fez um homem num momento determinado, numa determinada sociedade, e que neste sentido ela se inscreve numa história determinada, numa sociedade precisa, mas também essa obra se desprende de sua época, é lida de modo diferente dez anos depois, vinte anos depois, cinqüenta anos depois; cada leitura é uma modificação da obra, cada leitura é uma recriação da obra. Assim, pois, os leitores sucessivos, as gerações sucessivas, de um lado continuam a obra, a repetem, repetem o gesto original do poeta ou do novelista ao escrever a obra, ao mesmo tempo a mudam: há continuidade e há variação, há invenção e há repetição. A literatura está feita, na minha opinião, dessas duas forças. Podemos falar de história literária sempre com a condição de que nos demos conta de que aquilo que define a história, que é a variação, oculta, talvez, uma ilusão, porque cada vez que há uma variação há também uma reiteração.

Léo Gilson Ribeiro: Eu ainda estou pouco refeito da eletrizante entrevista coletiva que o poeta Octavio Paz concedeu hoje a um grupo sumamente jovem de jornalistas, em sua maioria. E ainda sob esse impacto, uma das perguntas às quais eu me cingiria a fazer ao poeta Octavio Paz seria a de revelar um pouco a este público como foi a concepção de um dos seus livros que me agradam mais entre todos, o *El Mono Gramático*, sobre a Índia, sobre o Oriente. E, como o senhor teve uma experiência pessoal deste mundo, seria muito interessante, egoisticamente para mim e, possivelmente, também para o público, que o senhor nos elucidasse o que foi o "aporte", como se diz em espanhol, que a Índia lhe trouxe.

Octavio Paz: Escrevi *El Mono Gramático* como se escrevem todos os livros, sem me dar conta exatamente do que estava escrevendo. Não é certo que os escritores tenham pleno domínio sobre o que escrevem, nem também é certo que sejam de todo inconscientes. Quando eu escrevi *El Mono Gramático* havia deixado a Índia há pouco. Foi uma maneira, de certo modo, de recobrar uma realidade entranhável para mim; um pequeno povoado, umas experiências íntimas, mas também foi uma maneira de inventar a Índia; a minha Índia, a Índia do *El Mono Gramático*, provavelmente não é a Índia de ninguém, é a minha, é uma escritura, é uma metáfora da Índia: uma das muitas metáforas que a Índia provocou. Qual foi a influência da Índia sobre mim? Pois creio que a influência mais importante foi essa: haver provocado em mim uma metáfora. Mas não teria podido escrever esta metáfora, que é *El Mono Gramático*, se não tivesse vivido na Índia durante muitos anos, se não houvesse viajado pela Índia, se não houvesse casado na Índia, se não houvesse passado algumas das coisas importantes que me aconteceram na Índia. De modo que, por um lado, a Índia é algo que está fora de mim, é um país ao qual posso voltar ou não voltar, que posso lembrar ou não lembrar, mas que, por outro lado, é uma parte de mim, é algo que já é meu, que eu vivi. Nesse sentido, escrever e inventar a Índia foi também recordar. Hoje de manhã eu dizia que a memória é a musa do poeta, que o poeta é um pouco a memória da linguagem. Bem, se o poeta é a memória da linguagem, digamos que é uma memória que imagina: cada vez que um poeta recorda, inventa, cada vez que inventa, recorda.

Nilo Scalzo: Gostaria de saber de Octavio Paz — é menos uma pergunta do que um pedido de esclarecimento — a importância que atribui à incursão que fez pelo pensamento oriental, no qual colheu, entre outras coisas, a idéia da superação dos opostos. Em seu livro *O Arco e a Lira*, um dos mais lúcidos ensaios sobre a criação poética, diz Octavio Paz: "O pensamento oriental não sofreu este horror ao 'outro', ao que é e não é ao mesmo tempo. O mundo ocidental é o do 'isto ou aquilo'; o oriental, o do 'isto e aquilo' e, ainda, o do 'isto é aquilo'". De acordo com essa interpretação não haveria mais oposição, mas conciliação dos opostos. Gostaria, pois, de saber o quanto essa sua idéia, a que fiz alusão em artigo publicado no *Estado*, a propósito da sua obra poética e ensaística, influiu na análise que faz, em seus diferentes livros, do fenômeno estético e do fenômeno político.

Octavio Paz: Creio que a idéia da conjunção dos opostos é uma idéia tão antiga, quase, quanto os homens e aparece em todas as culturas e em todas as civilizações. Pensemos, por exemplo, no Ocidente, em

Nicolau de Cusa, que fala da união dos opostos, em Giordano Bruno, ou então na dialética de Hegel — ainda que na dialética de Hegel haja um artifício lógico, porque a tese que se resolve na antítese, sua negação, para logo fundir-se numa síntese, são momentos sucessivos de uma realidade mutável. É interessante saber se pode haver harmonia ou conjunção de opostos. Este pensamento aparece com muita freqüência no Oriente — na China, por exemplo, no Japão, na Índia também —, aparece entre os poetas na tradição religiosa do taoísmo e também aparece na política. Creio que não podemos entender claramente os japoneses se esquecermos que durante séculos foram, ao mesmo tempo, de um lado xintoístas, de outro budistas, sem contradição. Isso é o que nós, os ocidentais e os latino-americanos, dificilmente entendemos, porque estamos empenhados em ser apenas isto e não aquilo. Mas para o japonês não há muita dificuldade em ser ao mesmo tempo xintoísta e budista. Também não é muito difícil para um japonês tradicional adotar parte da moral confuciana e no entanto não utilizar o sistema do mandarinato — como na China. Na China ocorre o mesmo: Lao Tse, Confúcio e Buda coincidem. E agora, no mundo moderno, os japoneses, sem renunciar à sua tradição, são capazes de ocidentalizar-se e os chineses, depois de haver adotado com uma espécie de totalidade o marxismo, em suas formas mais ortodoxas, ou melhor, dizendo, mais rudimentares, mais primitivas, agora decidem mudar, decidem introduzir tipos de produção, tipos de comportamento que não são ortodoxos nas sociedades chamadas socialistas. De modo que é um exemplo do que poderíamos chamar não de pragmatismo, porque o pragmatismo é algo muito diferente, mas da capacidade dessas civilizações de abraçar os opostos sem trair a si mesmas — talvez uma lição que nós latino-americanos deveríamos aprender. Creio que os latino-americanos fomos vítimas, desde a época da nossa fundação, de nossa herança espanhola e portuguesa. Pela importância enorme que teve a contra-reforma em nossa civilização, estamos acostumados a pensar sempre em termos de afirmação e negação. Excluímos aqueles que não pensam como nós e, depois de tudo, os latino-americanos, os intelectuais latino-americanos temos, de certo modo, sido intolerantes, porque temos sido filhos dos teólogos neotomistas, que pensavam a filosofia como defesa da fé — eram cruzados intelectuais, diríamos. E por isso abraçamos com a mesma fúria ideológica e intolerante, numa época, o positivismo no México e no Brasil e depois o marxismo-leninismo.

Bom, isto eu creio que dá o exemplo oriental, nos ensina a ter um pouco de desconfiança ante os sistemas, não para rechaçar as idéias, senão mais para nos darmos conta de que as idéias não são absolutas e que sempre há maneiras de conciliar o que parece oposto. Isto no que toca à política. No que toca à poesia — pois me parece que falamos de metáforas — e o que é a metáfora? A metáfora essencialmente é a conciliação dos opostos, ou a transformação de uma realidade dada em outra realidade; a metáfora mais simples, digamos, é a águia um sol que cai, ou então o sol é uma águia que sobe. Estamos unindo duas realidades distintas e incompatíveis, afastadas entre si — águia e sol — para criar uma única realidade.

Bom, isto que é a metáfora, creio que poderia ser o exemplo do que poderia ser a nossa vida, se, em lugar de dividir quiséssemos reunir.

Haroldo de Campos: À pergunta que já fiz acrescentaria outra, que diz respeito também a um tema tanto artístico, poético, como de âmbito cultural mais vasto. Trata-se da questão do pós-moderno, que está em pauta de debate nos últimos tempos e sobre a qual nós podemos ler uma reflexão extremamente densa no livro de Octavio Paz *Los Hijos del Limo* —, um livro que está traduzido para o português. Exatamente um dos aspectos que me parecem mais fascinantes da argumentação de Octavio Paz está naquilo que ele chama a "crítica do futuro", em nome de um resgate de um presente ofendido, por assim dizer. Segundo Octavio, o presente, neste momento de crise da modernidade, passa a ser o valor central da tríade temporal e, partir desta reflexão, Paz propõe-se a fazer ou edificar, ou propõe que seja um problema extremamente importante para o nosso tempo edificar uma ética, uma política e uma poética do presente, do agora — da "agoridade", como eu diria, fazendo um neologismo em português —, "del ahora".

Gostaria de ouvir um pouco Octavio Paz sobre essa sua "crítica do futuro", sobre essa sua reflexão, sobre a nova emergência do presente na tríade temporal.

Octavio Paz: Sim, penso que cada sociedade, cada civilização e cada época se distinguem por sua visão do tempo. É certo, cada sociedade se distingue por sua técnica, por sua ciência, mas todas essas formas sociais, políticas e econômicas finalmente se expressam numa visão do tempo. Nas civilizações antigas, o passado teve quase sempre um lugar privilegiado; pensava-se como no velho provérbio espanhol, que provavelmente também existe em português: "Qualquer tempo passado foi melhor"; pensava-se que a idade de ouro havia sido na origem dos tempos, que o Paraíso era o começo e a época moderna era a decadência; também se pensou que a perfeição estava no passado mais remoto, na idade de ouro do começo, ou então que a perfeição estava fora do tempo: no céu. Mas a idade moderna decidiu baixar o céu até a terra e transformou a relação antiga dos três tempos, dos três modos temporais e instaurou o futuro. O futuro será o melhor, o futuro é o progresso, a filosofia do progresso é a filosofia do futuro, a sociedade de hoje é melhor do que a sociedade de ontem, mas a sociedade de amanhã será muito melhor que a de hoje. Esta maneira de pensar, de um lado, sacrificava os homens de hoje por um fantasma, porque, se há um inabitável, muito mais inabitável que os céus das religiões, é o futuro: ninguém irá ao futuro; por natureza, o futuro é inacessível. Mas não apenas o futuro é inacessível, mas, além disso, pouco a pouco nos foi revelado no mundo moderno que o futuro não é o lugar da perfeição, o lugar onde o homem vai realizar, afinal, o melhor de si mesmo, senão, provavelmente, o futuro esconde catástrofes terríveis. Assim, se voltou por mil razões, razões do tipo ecológico: o esgotamento dos recursos naturais, o crescimento da população, a poluição atmosférica, as catástrofes políticas e, finalmente, a astronomia e a física moderna nos deram os conhecimentos mais profundos e mais completos sobre o Universo, também nos deram a maneira de destruir a espécie humana. De modo que o progresso, a crítica ao progresso não somente fizeram as filosofias como principalmente as armas atômicas; uma sociedade que pode terminar amanhã por uma hecatombe nuclear é uma sociedade que não pode crer no futuro com a tranqüilidade com que Augusto Comte ou Spencer podiam crer no século passado. Está em quebra, em conseqüência, a idade do progresso. Isto, aplicado à idéia da arte também é muito claro, porque o primeiro teórico da arte moderna provavelmente foi Baudelaire, que disse que a arte de hoje é polêmica, parcial e faz a crítica da arte do passado. É verdade, mas hoje a vanguarda em muitos momentos repete a arte de ontem, apenas. Temos visto nos últimos 30 anos uma sucessão de movimentos cada vez mais frenética e, ao mesmo tempo, cada vez mais parecida ao que se fazia antes. Não vou mencioná-los porque é evidente tudo isso. De modo que estamos frente a uma crise, digamos, da idéia central da idade moderna, a idéia do progresso. Isto não implica uma deificação do passado, tampouco, mas o reconhecimento de uma mudança que se processa pouco a pouco — se vê sobretudo na atitude dos jovens e em outros muitos indícios de nossa época; por exemplo, no renascimento do movimento de veneração pela natureza; a idade moderna pensava que a natureza era um inimigo da espécie humana, que era preciso vencer: é preciso dominar a natureza, dizia-se. Agora, damo-nos conta de que é preciso estar em harmonia com a natureza. Mas tudo isso indica certas mudanças na sensibilidade contemporânea, não apenas na maneira de pensar; afinal a maneira de pensar é o menos importante nas mudanças de uma sociedade, o mais importante são a maneira de sentir e as crenças íntimas que, geralmente, não são totalmente racionais.

Então, espero não estar equivocado, mas advirto que no centro afetivo do homem moderno, mais e mais o que se vai passar agora, o que ocorrerá agora, cada vez mais é importante. Essa emergência do agora, do presente, frente à utopia do futuro ou à nossa nostalgia pelo passado, não é de maneira nenhuma uma volta ao hedonismo, ao gozar do instante; não porque o instante não possa ser motivo de prazer ou de gozo, senão porque sabemos também que o instante, o hoje, é vida, mas também é morte. Em conseqüência, o redescobrimento do agora é o redescobrimento do outro valor que a sociedade do futuro, edificada sobre o culto absurdo do futuro, havia desdenhado: o valor da morte, o valor da realidade. Acima de tudo, os homens são mortais. Em conseqüência, saber que somos mortais, ao mesmo tempo em que temos de viver agora, isto dá ao instante um valor único: lhe dá uma gravidade que não pode ter o homem que pensa que tudo desemboca num futuro melhor. Por isso eu creio que, pouco a pouco, se não sobrevier uma catástrofe, que também é possível, porque creio que nossa época está, diríamos, ensombrecida pela possibilidade de uma catástrofe, se não houver uma catástrofe, pouco a pouco os homens vão descobrir uma nova dimensão da vida, algo que não conheceram os antigos nem tampouco o que chamamos de "idade moderna": o valor de agora e do momento presente. E com esses valores, algo importante. Por que o que quer dizer presente? Presente quer dizer também o que está presente, aquilo que está totalmente presente, o que é? A presença, a presença dos outros frente a mim; descobrir um novo tipo de fraternidade, também um novo erotismo, fundado não na eternidade, senão no amor.

Ruy Mesquita: Eu fico meio sem jeito de descer do plano tão elevado das idéias gerais, do pensamento puro, da poética para, aproveitando algumas resvaladas de Octavio Paz para a realidade prática do mundo em que nós vivemos, fazer uma pergunta baseada no livro *Tiempo Nublado*, apenas para me esclarecer uma dúvida; que, aliás, não é propriamente uma dúvida. Com tudo o que eu ouvi aqui de Octavio Paz, que eu já tinha lido, entendi esse fenômeno quase único de ver um pensador, que é ao mesmo tempo um militante, porque debate na imprensa diária as idéias do dia e os problemas diários, práticos, da política mundial, consegue ser absolutamente imparcial, absolutamente lúcido, até quando analisa um inimigo histórico de seu país, como são os Estados Unidos. Talvez a melhor coisa que eu tenha lido na minha vida de jornalista sobre a sociedade americana é o estudo contido em *Tiempo Nublado*, sob o título "Democracia Imperial", sobre o comportamento da sociedade norte-americana. E lendo aqui um parágrafo desse estudo, que diz: "A sociedade norte-americana, ao contrário de todas as outras sociedades conhecidas, foi fundada para que seus cidadãos pudessem realizar pacífica e livremente suas finalidades privadas. O bem comum não consiste numa finalidade coletiva ou meta-histórica, mas na coexistência harmoniosa dos fins individuais. Podem viver as nações sem crenças comuns e sem uma ideologia meta-histórica? Antes, os feitos e as gestas de cada povo se alimentavam e se justificavam numa meta-história, ou seja, é um fim comum que estava acima dos indivíduos e que se referia a valores que eram ou pretendiam ser transcendentes. Certo, os norte-americanos compartilham crenças, valores e idéias: liberdade, democracia, justiça e trabalho. Mas todas elas são meios para isto ou aquilo; os fins últimos de seus atos ou pensamentos não são do domínio público, senão do privado. A União americana foi a primeira tentativa histórica para devolver ao indivíduo aquilo que o Estado desde a origem lhe arrebatara." Isto está contido em um contexto em que o senhor analisa o confronto, basicamente, dos Estados Unidos, com a Rússia soviética e o comportamento da diplomacia norte-americana que, como o senhor disse, baseia-se num atavismo que fez com que os Estados Unidos fossem um país que procura fugir da história.

Pergunto se este parágrafo é uma crítica ou se o senhor aplaude esta atitude dos americanos em relação à organização social a que ele pertence?

Octavio Paz: O senhor fez uma pergunta muito atinada e muito justa e que não sei como responder. Diria que é uma definição: fundamentalmente não é nem uma crítica nem um elogio, mas uma descrição. Creio que é verdade. Agora, creio que por um lado é admirável que a sociedade se edifique não para conseguir fins meta-individuais, mas para que os indivíduos ou as famílias que compõem a sociedade se realizem. É um pensamento fundamentalmente utópico: os Estados Unidos nasceram de uma utopia e como todas as utopias têm rasgos admiráveis e rasgos monstruosos, mas evidentemente vivemos no mundo, vivemos na história; está claro que a sociedade não pode esgotar-se nos fins dos indivíduos. Creio que uma das grandes fraquezas dos Estados Unidos é que, em geral, os interesses privados pesaram de uma maneira excessiva, muitas vezes, e as considerações de partido ou de grupos pesaram muito mais do que os interesses nacionais — mas esse é, talvez, o destino das democracias — do outro lado, encontramos antes um sacrifício dos indivíduos frente aos fins abstratos do Estado. Isso é muito mais grave e nesse sentido eu me sinto mais próximo dos norte-americanos, mas sinto-me mais próximo com reservas: primeiro, reservas filosóficas gerais; não posso simpatizar com uma sociedade na qual o privado seja o essencial — tenho outros valores. Por outro lado, como latino-americano tenho sérias reservas frente à viabilidade do modelo norte-americano para a América Latina. Em segundo lugar, como dizia o senhor, muito acertadamente, há uma incompreensão básica dos Estados Unidos frente à América Latina. Essa incompreensão não nasce nem mesmo de má vontade, do egoísmo, da perversidade do imperialismo, como se pretende muitas vezes; também não nasce de idiotice dos americanos — os americanos não são idiotas, são muito inteligentes —, nasce de uma certa incapacidade histórica de entender os outros. E é evidente que um país que se criou fora da história, que se edificou frente à história como uma sociedade à parte não pode compreender as outras sociedades e está condenado, de um lado, ao equívoco, e, do outro, não somente ao equívoco, mas à contínua série de erros, às vezes sangrentos, que comete.

Julio de Mequita Neto: Eu aproveitaria que a entrevista não está mais nas galáxias, mas na Terra, para fazer uma outra pergunta, num certo sentido político-ideológico. No artigo escrito no nosso suplemento "A Democracia na América Latina" e incluído em seu livro *Tiempo Nublado*, o senhor diz que a ideologia converte as idéias em máscaras, oculta o sujeito e, ao mesmo tempo, não deixa ver a realidade.

Partindo disso, eu perguntaria: o aprismo no Peru está dentro dessa tese?

Octavio Paz: Bem, não sei neste momento o que é o aprismo atual, porque o aprismo do fundador me parece cada vez mais distante do aprismo atual; não poderia opinar, sem arrogância e sem medo, sobre a situação do Peru. Tenho a sensação de que a grande tentação do aprismo

— é uma tentação funesta na América Latina — é o populismo; o populismo arruinou a Argentina, o populismo também foi obstáculo muito grande para o desenvolvimento do México. E se o aprismo se torna populismo, vai ser um novo fracasso.

Julio de Mesquita Neto: Mas o senhor diz o aprismo atual, não o aprismo de Haya de la Torre?

Octavio Paz: Sim. Então qual era exatamente a pergunta?

Julio de Mesquita Neto: Eu pergunto se, originalmente, o aprismo de Haya de la Torre seria uma máscara de idéias?

Octavio Paz: Creio que Haya de la Torre tratou de encontrar uma conciliação entre as aspirações revolucionárias da juventude e a realidade latino-americana. E nesse sentido me parece que foi um precedente muito valioso, foi uma tentativa — e creio que isso foi muito importante — para pensar em termos hispano-americanos as realidades do Peru. E isto nos aproxima da pergunta de Celso Lafer, tudo começa a se entrelaçar novamente. Está claro que não podemos renunciar à universalidade, não podemos renunciar a nenhuma das grandes tradições políticas que fundaram a nossa cultura, a cultura moderna; não podemos renunciar nem à enciclopédia, nem ao marxismo nem às outras correntes filosóficas ou às correntes libertárias: tudo isso forma já parte do nosso sangue intelectual, mas está claro que não basta, como pensavam nossos avós, traduzir essas idéias ou transladar essas idéias para a realidade norte-americana, temos que mudá-las, temos que torná-las nossas, temos que imaginar com essas idéias e com outras, soluções inéditas para o nosso continente. E, creio, que a América Latina, que deu mostras de ter imaginação poética, imaginação literária, ainda não deu mostras de imaginação política. Uma primeira tentativa foi, creio, o aprismo, e isto porque o aprismo tratou de reunir estes dois pólos: universalidade e nacionalismo.

Agora quero aproveitar para falar de algo muito diferente, voltando à primeira pergunta de Haroldo de Campos sobre Mallarmé e sobre "Blanco". A mim, o que parece significativo é que o livro de Haroldo de Campos se chame *Galáxias*, por aí nessas galáxias, nesse poema, nesse texto poético de *Galáxias* de Haroldo de Campos encontramos não uma ordem, mas, ao contrário, a linguagem em movimento, a linguagem em ebulição. E isto, esta linguagem em ebulição, novamente desenha esse signo que antes que ninguém, na tradição de poesia moderna, viu essa monja mexicana, Sor Juana Inés de la Cruz, este signo de interrogação; nem um sim nem um não; nem uma afirmação nem uma negação. Mas, como no poema de Mallarmé, um "talvez", e esse "talvez" também se desenha na política. E para que esse "talvez" se converta em algo distinto é necessária a imaginação poética dos poetas e a imaginação política dos políticos.

Celso Lafer: Eu retomo um pouco a minha pergunta, num contexto mais amplo: se a relação entre o universal e o nacional deve ser essa relação entre a variação e a repetição, como deve ser a relação entre Estado, sociedade e cultura? Sempre se tem uma preocupação, na medida em que a cultura se torna oficial, que ela se converta na máscara e a máscara insista na repetição e na ausência do diálogo. O tema da tolerância, o tema da liberdade, a necessidade da criação espontânea, a inexistência de censura me parece que são dados fundamentais que se inserem nesse tipo de reflexão sobre a relação entre o nacional e o universal. Creio que talvez a sua reflexão sobre o assunto merecesse uma exploração hoje.

Octavio Paz: Eu não poderia estar mais de acordo com o que acaba de dizer Celso Lafer. A relação entre a cultura e o Estado, incluindo a sociedade, sempre na época moderna é uma relação ambígua e ao mesmo tempo crítica. A cultura moderna, desde o século XVIII, desde que nasce a cultura moderna, é uma cultura essencialmente crítica: nossos mestres foram os críticos da sociedade, os críticos da filosofia; nossos mestres chamam-se Kant, Voltaire, Montesquieu, Hume, todos eles críticos da sociedade; nossos mestres também se chamam os poetas românticos que se rebelaram contra as iniquidades da sociedade, mas também contra a censura do Estado. Por isso, cada vez que vejo nos Estados modernos se pretendem criar ministérios da cultura, tremo, porque cada vez que há um ministério da cultura a tentação do Estado é maior: os Estados têm a tentação de converter-se em moralistas, e, ao mesmo tempo, não há nada pior que um Estado convertido em gramático.

De modo que não posso estar senão muito de acordo: a cultura em seu verdadeiro sentido, por um lado, é criação e, por outro lado, é crítica — e como crítica e como criação não pode estar sujeita a nenhum ministério da cultura.

João Alexandre Barbosa: Eu, por mim, volto ao plano das galáxias. Tradição e vanguarda são temas recorrentes na obra de Octavio Paz. E evidentemente que esses dois termos estabelecem uma relação de tensão no seu texto e para alguns leitores talvez seja interessante — para mim é interessante — perguntar-lhe o seguinte: qual a ponte entre o jovem poeta influenciado pelo surrealismo, o mágico sintetizador de poesia-história de "Piedra de Sol"; o radical criador de "Blanco"; o experimentador-tradutor de "Renga" e o leitor espantoso de Sor Juana Inés de la Cruz?

Octavio Paz: Pode ser uma relação puramente acidental, há uma entidade que se chama Octavio Paz, que fez coisas sucessivas, possivelmente, não sou senão o acidente de um homem. Não há muita relação, mas creio que é bom que não haja demasiada relação: penso que a essência dos homens é a contradição. E oxalá que naquilo que fiz haja contradição, lacunas, ou como dizia um poeta francês: Ivon Foin: "a sedução da imperfeição".

Léo Gilson Ribeiro: Eu gostaria de pedir licença à mesa para que a platéia também participasse desse nosso diálogo, se não for um pouco, digamos assim, prematuro. Muito obrigado.

Décio Pignatari: Caro Octavio Paz, às vezes estudando alguns aspectos da cultura da América Latina, me tem ocorrido que nós sempre operamos, estamos operando e ainda vamos operar num lento e longo processo de "bricolage". E dentro desta visão me toca assim mais de perto ou me preocupa mais, e ela diz mais respeito à América Latina de fala espanhola do que à América Latina de fala portuguesa. E trata-se da vinculação, não apenas estética e cultural, mas ideológica, entre dois pólos, justamente do passado e do presente. Ou seja, entre o barroco e o surrealismo.

No Brasil, a leitura do barroco não tem sido muito entranhada culturalmente como tem sido na América de fala espanhola. O México em particular, e você de modo particularíssimo, tem procedido à leitura do passado através do barroco, principalmente; isto é, como cultura no México. E a leitura da modernidade, a primeira leitura da modernidade através do surrealismo.

No Brasil, o barroco não tem sido realmente uma leitura entranhada e devidamente desenvolvida e o surrealismo não teve uma influência muito forte, a não ser nos últimos tempos, depois das manifestações da contracultura.

Eu perguntaria: como se deu esse desenvolvimento no México e no seu pensamento — não apenas cultural e poético, mas ideológico e político também —, esse vínculo, essa passagem do barroco ao surrealismo; sabendo que os surrealistas nos anos 20 — os franceses, os principais fundadores — acabaram adotando posições políticas de esquerda marxista. Isto é, como se deu esse desenvolvimento, esse vínculo, dialógico ou não, contrariado ou não, entre o barroco e o surrealismo e as posições político-ideológicas hoje dos escritores e dos artistas em geral.

Octavio Paz: Novamente uma questão complexa. Na realidade, no México não houve um trânsito do barroco ao surrealismo; originalmente o surrealismo é um movimento hostil à arte barroca; fui amigo de André Breton e nunca o ouvi falar bem de nenhum poeta barroco, mas Breton, que era um homem admirável, ignorava muitas coisas — de modo que também isso não é uma prova. No meu caso foi diferente: primeiro senti a inclinação pela poesia moderna em geral e depois pelo surrealismo. Isso me levou, por um lado, a simpatizar com as opiniões e as atitudes políticas do surrealismo, quer dizer, com as atitudes revolucionárias do surrealismo. Por outro lado, também sendo mexicano, me interessava muito pela antropologia e a antropologia e o surrealismo me ajudaram a conhecer a arte pré-colombiana. De modo que a minha primeira formação interveio muito mais radicalmente à arte pré-colombiana, provavelmente que o barroco. No entanto, o barroco também me influiu por duas razões: uma, por minha formação intelectual, minha formação estética; isso é geral, acredito, em todos os poetas de minha idade em língua espanhola. Nós nos formamos, éramos muito jovens no momento em que na Espanha e na América se redescobria a Góngora e Quevedo e, claro, no México redescobrimos Juana Inés de la Cruz. De modo que tudo são conquistas da modernidade: o barroco era para nós uma conquista da modernidade e a inserimos dentro de uma tradição moderna, é o que tentei explicar no meu livro; a poesia barroca pertence, de certo modo, a uma realidade datada, mas dentro do barroquismo de Sor Juana, há elementos modernos que não aparecem em Góngora e isso é o que eu pretendo sustentar no meu livro e muito bem o viu o Haroldo.

Quanto à parte política do surrealismo, o surrealismo muito rapidamente se dividiu em vários grupos, alguns deles abraçaram o stalinismo, como Luis Aragon — mais tarde Paulo Éluard —, foram ortodoxamente stalinistas; outros se inclinaram pelas posições do trotskismo e depois tomaram posições anarquistas e libertárias. Outros, como Luis Buñuel, no fim, adotaram atitudes mais céticas. De modo que o surrealismo também enfrentou o mesmo problema que todos os artistas modernos temos enfrentado, quer dizer, o grande feito histórico do século XX para mim foi o fracasso do socialismo na Europa do Leste — e isto nos marcou a todos — creio que também aos escritores brasileiros e de todo mundo, não só aos surrealistas; escritores tão diferentes como o grupo "Tel Quel", "Ahora", ou então escritores como Jorge Semprum, ou exilados como Kundera. Todas essas pessoas experimentaram as mesmas decepções que eu e que outros tantos. Não vejo uma relação clara entre barroco e surrealismo, no meu caso, vejo-a por essa explicação puramente anedótica, mas não me atreveria a denominá-la como uma teoria, mas uma concatenação de acidentes, de acasos.

Dados sobre os colaboradores

Alberto Ruy-Sánchez

Escritor e editor mexicano nascido em 1951. Fez doutorado na Universidade de Paris e exerce o cargo de diretor da revista *Artes de México* desde 1988. Entre 1984 e 1986 foi secretário de redação da revista *Vuelta*. É autor de doze livros de ensaios e ficção. Sua novela *Los nombres del aire (1987)* recebeu o prêmio Xavier Villaurrutia. Obteve, em 1988, a bolsa da Fundação Guggenheim de Nova York e, em 1990, a bolsa do Consejo Nacional para la Cultura y Artes, do México. Dentre suas publicações destacam-se: ficção: *Los demonios de la lengua, Morgador* e *En los labios del agua*; ensaio: *Al filo de las hojas* e *Una introducción a Octavio Paz*. É autor de inúmeros artigos publicados em revistas e jornais do México e de outros países.

Ana Maria Portugal

Nasceu em São João del Rei, em 1944. Reside em Belo Horizonte, onde exerce a profissão de Psicanalista. Licenciada em Psicologia, pela Pontifícia Universidade Católica de Minas Gerais (1967), e em Música (Violino) pela Universidade Federal de Minas Gerais (1972). Membro da Escola Letra Freudiana do Rio de Janeiro. Tem vários artigos publicados em revistas de Psicanálise e Literatura, de circulação nacional. Participação em livros: *Circulação Psicanalítica* (org. de Denise Maurano, Rio de Janeiro: Imago, 1992); *Culpa- Aspectos Psicanalíticos, Culturais e Religiosos* (org. Antônio Franco Ribeiro da Silva, São Paulo : Iluminuras, 1998).

Bella Jozef

Doutora em Letras e Livre-Docente de Literatura Hispano-Americana. Professora Emérita da Universidade Federal do Rio de Janeiro, Catedrática Honorária da Universidade San Marcos (Lima).Condecorada com as Palmas Acadêmicas (França), Ordem do Sol (Peru) e Ordem de Mayo (Argentina). Recebeu a medalha Pedro Ernesto pelos serviços prestados em prol da cultura no Rio de Janeiro. Conferencista e professora visitante de Universidades da Europa e América. Membro do júri dos prêmios "Juan Rulfo" e "Rómulo Gallegos". Principais publicações: *Historia da literatura hispano-americana*.3ª ed, Rio de Janeiro: Francisco Alves, 1989 (Edição em espanhol: Mexico,1991); *Antología general de la literatura brasileña*. México: Fondo de Cultura Económica,1995. *Jorge Luis Borges*. Rio de Janeiro: Francisco Alves, 1996.*O espaço reconquistado*. Rio de Janeiro: Paz e terra,1993.

Celso Lafer

Embaixador do Brasil em Genebra, Ph.D em Direito Internacional pela Universidade de Cornell (EUA), Professor de Filosofia e Teoria Geral do Direito da Faculdade de Direito do Largo de São Francisco (USP). Autor de *A reconstrução dos Direitos*

Humanos - um diálogo com o pensamento de Hanna Arendt (São Paulo: Companhia das Letras), dentre outros livros. Publicou ainda diversos artigos em livros e revistas nacionais e estrangeiras.

Gênese Andrade da Silva

Nasceu na cidade de São Paulo, em 1970. Mestre em Literaturas Espanhola e Hispano-Americana pela Universidade de São Paulo, tendo defendido a Dissertação intitulada *Verso y reverso: la reescritura de* Libertad bajo palabra, *de Octavio Paz*, em 1995. Colaboradora do volume *Oswald de Andrade. Obra Incompleta*, a ser publicado pela Coleção Archives. Doutoranda em Literaturas Espanhola e Hispano-Americana, pela USP.

Georg Otte

Nasceu na Alemanha e reside no Brasil desde 1985, onde exerce o cargo de Professor do Depto. de Letras Anglo-Germânicas da Faculdade de Letras da Universidade Federal de Minas Gerais. É Mestre em Literatura Hispano-Americana, com dissertação sobre Carlos Fuentes, e Doutor em Literatura Comparada, com tese sobre Walter Benjamin. É autor de vários artigos publicados em revistas nacionais. Exerce também atividades como tradutor.

Gonzalo Moisés Aguilar

Crítico literário, tradutor e docente da Universidade de Buenos Aires (UBA). Especializado em literatura latino-americana, publicou numerosos trabalhos sobre poesia concreta, Lezama Lima, Cabrera Infante, dentre outros. Escreveu livros sobre cinema, como *El cine de Leonardo Favio* (em colaboração), e organizou antologias em castelhano da obra de Oswald de Andrade (em colaboração). Tradutor e organizador de *Poesias*, de Augusto de Campos.

Haroldo de Campos

Poeta, crítico, tradutor, nasceu em São Paulo em 1929. Exerceu o cargo de Professor Titular de Semiótica da Literatura no Programa de Estudos Pós-Graduados em Comunicação e Semiótica da PUC-SP, instituição que, em 1990, outorgou-lhe o título de Professor Emérito. Doutor em Letras pela USP, foi também Professor Visitante junto às Universidades do Texas (Austin) e de Yale (New Haven). Com Augusto de Campos e Décio Pignatari (Grupo Noigandres), foi um dos fundadores do movimento nacional e internacional de Poesia Concreta, na década de 50. Dentre as dezenas de publicações, nas áreas de poesia, crítica e tradução, destacam-se os seguintes livros: poesia: *Xadrez de estrelas* (1976) *Galáxias* (1984), *A educação dos cinco sentidos* (1985) e *Crisantempo* (1998); crítica: *A arte no horizonte do provável* (1969), *Deus e o diabo no Fausto de Goethe* (1981), *Metalinguagem e outras metas* (1995), *O arco-íris branco* (1997); transcriações: *Transblanco* (com Octavio Paz, 1985 e 1994), *Qohélet (Eclesiastes)* (1990), *Bere´shith* (1993) e *Pedra e luz na poesia de Dante* (1998).

Horácio Costa

Poeta, ensaísta e tradutor. Nasceu em São Paulo, em 1954. Mestre em Artes da Literatura pela Universidade de Nova York e em Filosofia pela Universidade de Yale. Doutor em Literatura pela Universidade de Yale. Professor Titular da Faculdade de Filosofia e Letras da UNAM e membro do Sistema Nacional de Investigadores de México. Principais publicações: *28 Poemas ou Contos* (1981), *Satori* (1989, prólogo de Severo Sarduy), *The very short stories* (1991), *O menino e o travesseiro* (1994; publicados com gravuras de José Hernández e prólogo de José Saramago), *O menino e o* travesseiro (1994), *Quadragésimo/Cuadragésimo* (1996) e *José Saramago: o período formativo* (1998). Tem diversos ensaios, textos literários e traduções publicados em livros e revistas do Brasil e do exterior.

Hugo J. Verani

Nasceu em Montevidéu, Uruguai, e reside nos EUA desde 1964. Professor de Literatura Hispano-Americana na Universidade da Califórnia, Davis. Doutor em Letras pela Universidade de Wisconsin, Madison. Principais publicações: *Onetti: el ritual de la impostura* (1981), *Las vanguardias literarias en Hispanoamérica* (1986,3a.ed.1994), *Narrativa vanguardista hispanoamericana* (1996), *De la vanguardia a la posmodernidad: narrativa uruguaya - 1920-1996* (1996), *Bibliografía crítica de Octavio Paz (1920-1997).* É autor de inúmeros ensaios publicados em livros e revistas internacionais.

Ivete Lara Camargos Walty

Professora do Programa de Pós-graduação em Letras da Pontifícia Universidade Católica de Minas Gerais, Professora aposentada do Departamento de Semiótica e Teoria Literária da Faculdade de Letras da UFMG. Doutora em Teoria Literária e Literatura Comparada pela USP, com a tese *Narrativa e imaginário social: uma leitura de* Histórias de maloca antigamente, *de Pichuvy Cinta Larga,* livro este de que é também uma das organizadoras. Entre suas publicações estão *O que é ficção*, da coleção Primeiros Passos (São Paulo: Brasiliense) e *Teoria da Literatura na escola* (co-organizadora). Participou do livro *Navegar é preciso, viver: escritos para Silviano Santiago* (org. Wander Melo Miranda e Eneida Maria de Souza). Entre os artigos publicados em periódicos nacionais e internacionais, destaca-se "O diálogo Brasil/América Hispânica na crítica de Silviano Santiago e Octavio Paz" (*Revista Iberoamericana* n. 182-183, 1998).

Julio Ortega

Poeta, dramaturgo, novelista e crítico peruano. Professor do Departamento de Estudos Hispânicos da Brown University (Providence, USA) desde 1969. Lecionou na University of Texas (Austin) e na Brandeis University. Foi professor visitante de várias universidades dos Estados Unidos e de outros países. Dentre suas publicações, que incluem 15 livros e inúmeros textos publicados em revistas, jornais e coletâneas de circulação internacional, destacam-se: na crítica: *Retrato de Carlos Fuentes* (1995), *Arte de innovar* (1994), *El discurso de la abundancia* (1992), *Una poética del cambio* (1992), *Reapropriaciones: Cultura y literatura en Puerto Rico* (1991); na ficção: *La mesa del padre* (1995), *Ayacucho, Good Bye* (1994), *Canto de hablar materno* (1992); como organizador: *México fin de siglo* (1995), *La Cervantiada* (1994), *Venezuela: fin de siglo* (1994), e *Rayuela* de Julio Cortázar (1993).

Klaus Meyer-Minnemann

Nascido em 1940, Dr. phil., professor titular de Filologia Românica (literaturas hispânicas) da Universidade de Hamburgo. Publicações: *Die Tradition der Klassischen Satire in Frankreich*, Bad Hamburg v.d.H.: Gehlen 1969; *Der spanisch-amerikanische Roman des Fin de siècle*, Tubinga: Niemeyer 1979 (versão espanhola: México: Fondo de Cultura Económica 1991); *Avantgarde und Revolution. Mexikanische Lyric von López Velarde bis Octavio Paz*, Francfort d. M.: Vervuert 1987; numerosos artigos e resenhas sobre literatura hispano-americana, espanhola e francesa em edições coletivas e revistas especializadas, co-editor da revista *Iberoamericana*, Francfort d.M.

Manuel Ulacia

Poeta, crítico e tradutor. Nascido em 1953, na cidade do México. Doutor em Filosofia da Literatura, pela Universidade de Yale. Professor permanente do curso de Licenciatura de Letras mexicanas e da Pós-Graduação em Literatura Comparada da Faculdade de Filosofia e Letras da Universidade Nacional de México. Publicações: como ensaísta: *Luis Cernuda: escritura, cuerpo y deseo* (Barcelona: Editorial Laia, 1984) e *Octavio Paz: el árbol milenario* (no prelo); como poeta: *La materia como ofrenda* (México: UNAM, 1980), *El río y la piedra* (Valencia: Pre-Textos, 1989), *Origami para un día de lluvia* (México: El Tucán de Virginia, 1990) e *Arabian Knight y otros poemas* (Caracas: La Pequeña Venecia, 1993); organizou antologias e tem artigos publicados em livros e revistas de várias partes do mundo.

Margo Glantz

Escritora e ensaísta mexicana. Atualmente, Professora Emérita da Faculdade de Filosofia e Letras da Universidad Autónoma de México (UNAM). Em 1996, recebeu a bolsa Rockfeller e em junho de 98 recebeu a bolsa Guggenheim. Fundou e dirigiu a revista *Punto de Partida* (1966), obteve o Prêmio Magda Donato 1982 por *Las genealogías* e o Prêmio Xavier Villaurrutia por *Síndrome de naufragios*, além do Prêmio Universidad Nacional 1991. Foi Diretora de Literatura do INBA (1983-1986), adida cultural em Londres (1986-88) e professora visitante em muitas universidades, como Cambridge, Siena, Paris, Yale, Princeton, La Jolla, Berkeley, Rice; colaborou durante muitos anos na Radio Universidade e escreveu para vários jornais. Dentre suas publicações, destacam-se: na ficção: *Las mil y una calorías, novela dietética* (1978), *Doscientas ballenas azules* (1979), *No pronunciarás* (1980), *De la amorosa inclinación a enredarse en cabellos* (1984), e *Síndrome de naufragios* (1984), *Apariciones* (1996, reed. 1998); na crítica: *Intervención y pretexto* (1980), *El día de tu boda* (1982), *La lengua en la mano* (1984), *Erosiones* (1985), *Borrones y borradores* (1992), *Esguince de cintura* (1995), *Sor Juana Inés da la Cruz ¿Hagiografía o autobiografía?* (1995), *Sor Juana Inés de la Cruz, saberes y placeres* (1996).

Maria Esther Maciel

Nasceu em Patos de Minas, em 1963. Reside em Belo Horizonte desde 1981, onde exerce o cargo de professora de Teoria da Literatura da Faculdade de Letras da Universidade Federal de Minas Gerais. Doutora em Literatura Comparada. Fundou e dirigiu o Núcleo de Estudos Latino-Americanos (NELAM) da Faculdade de Letras da UFMG, no período entre 1996 e 1999. Publicações: *Dos haveres do corpo* (Belo Horizonte: Terra, 1985), *As vertigens da lucidez: poesia e crítica em Octavio Paz* (São Paulo: Experimento, 1995), *Lição do fogo: amor e erotismo em Octavio Paz* (São Paulo: Memorial da América Latina, 1998), *Borges em dez textos* (co-organizadora - Rio de Janeiro: Sette Letras, Belo Horizonte: Poslit, 1998) e *Triz* (poemas, Belo Horizonte: Orobó, 1998).

Maria Ivonete Santos Silva

Professora do Departamento de Ciências da Linguagem da Universidade Federal de Uberlândia. Doutora em Teoria da Literatura pela Universidade do Estado de São Paulo (UNESP – Araraquara), com tese sobre Octavio Paz. É Coordenadora do Curso de Especialização em Literatura Comparada da UFU e autora de vários artigos publicados em revistas do país.

Rodolfo Mata

Nasceu na Cidade do México, em 1960. Engenheiro, poeta, ensaísta e tradutor. Mestre em Literatura Latino-Americana pelo Programa de Integração da América Latina da Universidade de São Paulo. Pesquisador do Centro de Estudos Literários do Instituto de Investigaciones Filológicas da UNAM. Realizou vários estudos comparados entre a literatura mexicana e a brasileira, especificamente entre Oswald de Andrade e Manuel Maples Arce, e entre Haroldo de Campos e Octavio Paz. Coordenador do projeto "Crónica Mexicana Siglo XX", durante o qual foram editados dois volumes em CD-ROM: *La Babilonia de Hierro. Crónicas neoyorquinas de José Juan Tablada (1920-1936)* que reúne 725 crônicas do poeta mexicano, e *México de Día y de Noche. Crónicas Mexicanas (1928-1944)*. Coordena atualmente o projeto "Letra e imagem: Literatura en CD-ROM e internet". Junto com Gustavo Jiménez e Malva Flores é co-autor da antologia na internet *Horizonte de poesía mexicana* (http://www.arts-history.mx/horizonte/home1.html). Como poeta, publicou *Ventana de vísperas* (1989) (con Gustavo Jiménez y Ricardo Fiallega) y *Parajes y paralajes* (1998).

Livros de Octavio Paz publicados no Brasil*

1. *Constelação*. Rio de Janeiro: AGGS Indústrias Gráficas S.ª, 1972, 77p. Trad. e introdução, "Constelação para Octavio Paz", de Haroldo de Campos. Xilogravuras de Adão Pinheiro. Livro-homenagem fora de circulação comercial; ed. Limitada a 150 exemplares. (Antologia poética)

2. *Signos em rotação*. São Paulo: Perspectiva, 1972, 320p. Trad. Sebastião Uchoa Leite; 2ª edição., idem, 1976; 3ª edição idem, 1990. Inclui: Celso Lafer, " O poeta, a palavra e a máscara"; Sebastião Uchoa Leite, " O.P.: o mundo como texto"; Haroldo de Campos, " Constelação para O.P.". (Antologia de ensaios)

3. *O labirinto da solidão* e *Post scriptum*. Rio de Janeiro: Paz e Terra, 1976, 262p. Trad. Eliane Zagury.

4. *Marcel Duchamp ou O castelo da pureza*. São Paulo: Perspectiva, 1977, 95p. Trad. Sebastião Uchoa Leite e Vera Lucia Bolognani.

5. *Lévi-Strauss ou o novo festim de Esopo*. São Paulo: Perspectiva, 1977, 105p. Trad. Sebastião Uchoa Leite.

6. *Conjunções disjunções*. São Paulo: Perspectiva: 1979. Trad. Lúcia Teixeira Wisnik.

7. *O arco e a lira*. Rio de Janeiro: Nova Fronteira, 1982, 368p. Trad. Olga Savary.

8. *23 poemas de Octavio Paz*. São Paulo: Kempf, 1983, 56p. Trad. Olga Savary. (antologia poética bilíngüe)

9. *Os filhos do barro: do romantismo à vanguarda*. Rio de Janeiro: Nova Fronteira, 1984, 217p. Trad. Olga Savary.

10. *Águia ou sol?* Rio de Janeiro: O Globo, 1994, 32p. Trad. Horácio Costa.

11. *Transblanco: em torno a Blanco de Octavio Paz*. Rio de Janeiro: Guanabara, 1986, 222 p. Trad. Haroldo de Campos. 2ª ed. Ampliada: São Paulo: Siciliano, 1994, 315p. Reúne o texto original de Blanco; a "transcriação" em português de Haroldo de Campos; a correspondência entre Paz, Campos e Celso Lafer; notas e comentários de Paz sobre o poema; textos críticos de Emir Rodríguez Monegal, Julio Ortega e Haroldo de Campos; e uma pequena seleção de outros poemas de Paz. A 2ª ed. Agrega textos críticos de Eduardo Milán, Andrés Sánchez Robayna, Paulo Leminski e de Haroldo de Campos; e um diálogo entre Campos e Lafer.

12. *Solo a duas vozes. Com Julián Ríos*. São Paulo: Roswitha Kempf, 1987. Trad. Olga Savary.

13. *Pedra do sol*. Rio de Janeiro: Guanabara, 1988, 59p. Trad. Horácio Costa.

---

* Fonte: Verani, Hugo J. *Bibliografia crítica de Octavio Paz*. México: El Colegio Nacional, 1997.

14. *O mono gramático.* Rio de Janeiro: Guanabara, 1988, 59p. Trad. Lenora de Barros e José Simão.

15. *O ogro filantrópico.* Rio de Janeiro: Guanabara, 1989, 395p. Trad. Sônia Régis.

16. *Convergências: ensaios sobre arte e literatura.* Rio de Janeiro: Rocco, 1991, 240p. Trad. Moacir Werneck de Castro.

17. *A outra voz: poesia e fim de século.* São Paulo: Siciliano, 1993. Trad. Wladyr Dupont.

18. *A dupla chama: amor e erotismo.* São Paulo: Siciliano, 1994, 196p. Trad. Wladyr Dupont.

19. *Vislumbres da Índia.* São Paulo: Mandarim, 1996, 200p. Trad. Olga Savary.

20. *Sóror Juana Inés de la Cruz ou as armadilhas da fé.* São Paulo: Mandarim, 1998. Trad. Wladyr Dupont.

Este livro foi composto em tipologia
Palatino 10/13,5, e impresso
em papel Chambril 75g.,
na Artes Gráficas Formato